知名学者纵论
进一步全面深化改革

程恩富◎主　编
孙绍勇　曹守新◎副主编

中国经济出版社
CHINA ECONOMIC PUBLISHING HOUSE
北　京

图书在版编目（CIP）数据

知名学者纵论进一步全面深化改革 / 程恩富主编．北京：中国经济出版社，2025. 1. -- ISBN 978-7-5136-8066-0

Ⅰ. D61

中国国家版本馆 CIP 数据核字第 20252A0G62 号

策划编辑 李煜萍
责任编辑 张利影 贺 静
责任印制 李 伟
封面设计 华子设计

出版发行 中国经济出版社
印 刷 者 天津嘉恒印务有限公司
经 销 者 各地新华书店
开 本 787mm×1092mm 1/16
印 张 18.25
字 数 326 千字
版 次 2025 年 1 月第 1 版
印 次 2025 年 1 月第 1 次
定 价 98.00 元
广告经营许可证 京西工商广字第 8179 号

中国经济出版社 **网址** http://epc.sinopec.com/epc/ **社址** 北京市东城区安定门外大街 58 号 **邮编** 100011
本版图书如存在印装质量问题，请与本社销售中心联系调换（联系电话：010-57512564）

编写说明

2024 年 7 月 18 日，党的二十届三中全会通过了《中共中央关于进一步全面深化改革、推进中国式现代化的决定》（以下简称《决定》），全会充分肯定了新时代以来全面深化改革的成功实践和伟大成就，并作出当前和今后一个时期是以中国式现代化全面推进强国建设、民族复兴伟业的关键时期的重要判断。习近平总书记强调，“面对新一轮科技革命和产业变革，面对人民群众新期待，必须自觉把改革摆在更加突出位置，紧紧围绕推进中国式现代化进一步全面深化改革”。《决定》的公布引发国内外广泛关注，众多学术期刊和主流媒体持续推出专家学者关于“学习贯彻二十届三中全会精神”的一系列高质量研究成果，聚焦体制机制改革，系统解读会议精神，深入探讨了如何实现进一步全面深化改革、推进中国式现代化伟大进程的改革方略。

深入学习和领会党的二十届三中全会精神，对于当前和今后一个时期具有重大意义。习近平总书记强调，进一步全面深化改革的总目标是“继续完善和发展中国特色社会主义制度，推进国家治理体系和治理能力现代化”，要实现这一总目标，必须聚焦到构建高水平社会主义市场经济体制、聚焦到发展全过程人民民主、聚焦到建设社会主义文化强国、聚焦到提高人民生活品质、聚焦到建设美丽中国、聚焦到建设更高水平平安中国、聚焦到提高党的领导水平和长期执政能力这七个方面上来。党的二十届三中全会与往届三中全会相比不仅仍以经济建设为主题，更拓展至实现中国式现代化的各方面、各领域，更加注重系统集成，更加注重突出重点，更加注重改革实效。因此，学习贯彻好党的二十届三中全会精神，也需要系统性地去研究理论，科学实践，守正创新，奋勇开拓，确保中国式现代化伟大进程的持续推进和胜利实现。

本书由程恩富教授主编，并得到著名理论家王伟光、朱佳木等学者的支持。本书对党的二十届三中全会精神的深刻解读共分为“理论阐释”“实践探索”“国际影响”三个部分，可以帮助读者完整、准确、全面领会党的二十届三中全会精神，以便进一步全面深化改革、推进中国式现代化。

主编简介

程恩富，中国社会科学院学部委员、学部主席团成员，中国社会科学院大学首席教授；第十三届全国人大教科文卫委员会委员。曾任中国社会科学院马克思主义研究院院长。现兼任西北工业大学创新马克思主义研究中心首席专家。

程恩富教授主编在英国出版的《国际思想评论》《世界政治经济学评论》国际期刊，以及在国内出版的《政治经济学研究》《海派经济学》中文刊物；担任全球学术团体——世界政治经济学学会会长、中国政治经济学学会名誉会长，中华外国经济学说研究会名誉会长，世界文化论坛和中国创新马克思主义论坛理事长，日本理论经济学会国际顾问，俄罗斯圣彼得堡大学和经济法律大学荣誉教授；在中国、美国、俄罗斯、日本、意大利、印度、越南等 10 个国家发表 800 多篇文章，出版 40 多部著作，是中外著名马克思主义理论家和经济学家；曾在中共中央政治局集体学习会上作过讲解，在两任中共中央总书记主持的座谈会上汇报过理论问题。

目　录

第一篇　理论阐释

第二篇　实践探索

第三篇　国际影响

第一篇

理论阐释

作者简介

王伟光，中国社会科学院大学教授、南开大学终身教授、中共中央党校教授，哲学博士，博士研究生导师，中国社会科学院学部委员；中国共产党第十六次、第十七次、第十八次、第十九次全国代表大会代表；第十七届中央委员会候补委员，第十八届中央委员会委员；第十届全国人民代表大会代表、法律委员会委员；第十三届全国政协常委、民族和宗教委员会主任；第六届全国青联常委。现任南开大学·中国社会科学院大学 21 世纪马克思主义研究院院长、中国辩证唯物主义研究会会长，中央马克思主义理论研究和建设工程咨询委员会委员、首席专家，马克思主义理论一级学科、哲学一级学科学术带头人。曾任中共中央党校副校长，中国社会科学院院长、党组书记，中国社会科学院学部主席团主席，中国地方志指导小组组长，中国社会科学院大学校长，马克思主义研究基金会理事长。1987 年荣获国务院颁发的“作出突出贡献的中国博士学位获得者”称号。

主要研究领域集中在马克思主义哲学、马克思主义和马克思主义中国化、中国特色社会主义理论体系、习近平新时代中国特色社会主义思想、中国特色社会主义重大理论与实践问题和中华思想通史等方面。专著包括《社会主义通史》《新大众哲学》《社会矛盾论》《利益论》《王伟光自选集》《王伟光讲习录》《当代中国马克思主义的最新成果》《中华思想通史绪论》《中国社会形态史纲》《国际金融垄断资本主义论》等。在国家级报纸、期刊上发表论文 600 余篇。主持多项国家社科基金项目。

王伟光：聚焦体制机制改革　推进文化治理现代化

文化关乎国本、国运。习近平总书记强调："文化是一个民族的魂魄，文化认同是民族团结的根脉。"党的二十届三中全会通过的《中共中央关于进一步全面深化改革、推进中国式现代化的决定》（以下简称《决定》）将"聚焦建设社会主义文化强国"列为"七个聚焦"之一，彰显了中国共产党对文化在国家发展战略中核心地位和关键作用的深刻认识。为了实现这一目标，必须深化文化体制机制改革，以适应新时代文化发展的需要。

文化体制机制改革涉及文化治理模式的优化，以及在现代化进程中如何有效配置文化资源、创新文化管理手段、提升文化治理效能。不仅要构建一个与中国式现代化相匹配的文化治理框架，更要通过有效的政策实施和机制创新，全面提升国家文化软实力，进一步增强文化自信，为推动社会主义文化强国建设注入强大动力。党的十八大以来，以习近平同志为核心的党中央把文化建设提升到一个新的历史高度，文化体制机制建设在推动文化繁荣与发展方面取得了显著成效，文化事业投入逐年增加，文化资源配置趋于合理，文化创意产业蓬勃发展，文化产品在国际社会广泛传播，有力提升国家文化软实力，促进社会主义文化建设。但是，文化体制机制仍然存在一定的结构性问题，导致了文化资源配置的不均衡和文化创新动力的不足，在一定程度上影响了文化产业的创新能力和市场竞争力，亟须通过体制改革和机制创新加以解决。

第一，加强党的领导是推进文化治理现代化的关键。党的领导为文化建设提供了稳定的政策导向和统一的战略目标，确保了文化治理的方向性与一致性，可以避免因市场变动而带来的不确定性，从而为文化事业的长期发展提供坚实保障。在经济全球化与信息化快速发展背景下，文化环境更加复杂多变，党的领导强化了文化领域的意识形态安全和社会主义核心价值观引领，确保了文化方针政策的精准落实与有效执行，从而保障了文化事业的正确方向和社会的文化认同。党的政策和理论体系为文化领域的规范化、法治化提供了基础，确保文化治理与国家发展战略紧密对接。在党的集中统一领导下，文化治理现代化不仅能有效应对内外部挑战，还能实现文化政策的科学规划与实施，从而推动文化治理向更高水平发展。

第二，坚持以习近平文化思想为指引。马克思主义文化理论深刻揭示了文化与社会经济基础的辩证关系，提供了科学的文化发展理论和方法论，其对文化现象的批判性分析和对文化建设的社会功能定位，为文化发展奠定了理论基础。习近平文化思想是对马克思主义文化理论的继承和发展，是马克思主义基本原理同新时代中国文化建设实践、同中华优秀传统文化相结合的理论成果。习近平文化思想强调“文化自信是更基础、更广泛、更深厚的自信，是一个国家、一个民族发展中最基本、最深沉、最持久的力量”，“没有社会主义文化繁荣发展，就没有社会主义现代化”，“在新的起点上继续推动文化繁荣、建设文化强国、建设中华民族现代文明，是我们在新时代新的文化使命”，深刻洞察中国社会主要矛盾的变化，强调通过文化自信凝聚民族精神、通过文化创新推动社会进步，并在经济全球化背景下不断提升国家文化软实力和中华文化影响力。习近平文化思想不仅明确了文化发展的战略方向，还提出了文化建设的具体路径，为文化体制机制改革指明了方向，提供了新时代文化发展的战略方针。正确的思想指引既保证了改革的理论根基，又赋予了改革以时代特征，使文化体制机制改革既有深厚的理论基础，又能切实回应现实挑战，推动文化事业实现新的发展。

第三，优化文化治理结构。理顺权责关系，强化部门协调，才能确保文化政策的高效执行。文化治理结构的优化应以明确各级政府和文化机构的职能为基础，中央政府应主要负责宏观政策的制定与文化发展方向的总体把握；地方政府则应侧重结合区域特色，落实党和国家文化政策，实施具体的项目。应逐级明确各层级文化部门的职责与权限，避免职责重叠和管理空白，从而形成清晰的权责链条。强化部门之间的协调机制，克服条块分割和职能重叠，形成系统化、综合性的文化管理机系，建立常态化的沟通渠道和联动机制，为文化政策的高效执行提供有力保障，推动文化事业的长远发展。

第四，充分发挥市场在资源配置中的决定性作用。健全完善文化市场体系，以保障文化资源的优化配置与创新活力的释放，实现文化产业的高质量发展。市场机制通过价格信号和竞争机制，精准对接文化产品与服务的需求，促进资源的合理流动与配置，从而推动文化产品的多样化和高品质化。同时，要更好发挥政府作用，保护文化创作者的合法权益，激励原创力的提升，增强投资者对文化产业的信心，激发市场主体的投资热情和创新积极性。良好的制度环境能够有效消除市场的不确定性，推动资源向高效、优质的文化项目集中，从而形成文化保护、创新驱动与市场需求的良性循环，实现文化产业的全面提升与高质量发展。

第五，创新文化治理机制。鼓励探索融合科技与社会参与的新型文化治理模式，推动文化治理的现代化与智能化。作为新型文化治理模式的重要组成部分，数字化平台凭借其高效的信息整合能力和实时数据处理优势，为文化资源的管理和分配提供了精准工具。智能化的数据分析与算法推荐，能够实现对文化需求的精准把握与文化资源配置的优化。此外，互联网平台和社交媒体的广泛应用，使文化治理不再局限于传统模式，而是向社会各界开放，鼓励社会参与，提高文化活动的可达性和参与度，实现文化资源的全国乃至全球共享。要构建跨部门、跨领域的文化治理网络，促进科技、产业、学术与社会的深度融合，推动文化治理的协同创新，在治理中实现文化的传播与创新，并推动文化事业的全面现代化。

党的二十大提出到2035年建成文化强国、国家文化软实力显著增强的目标任务，围绕推进文化自信自强、铸就社会主义文化新辉煌作出重大部署。党的二十届三中全会通过的《决定》，围绕建设文化强国作出深化文化体制机制改革的部署。在新时代背景下，要着眼于推进物质文明和精神文明相协调的现代化，推动理想信念教育常态化制度化，改进创新文明培育、文明实践、文明创建工作机制；优化文化服务和文化产品供给机制，确保文化资源的高效配置与公平分配，建立优质文化资源直达基层机制；强化顶层设计、完善法规政策、整合资源力量以及提升社会参与，健全文化治理体系，尤其是网络综合治理体系；加快构建多渠道、立体式对外传播格局，构建中国话语和中国叙事体系，在文化自觉与文化自信双轮驱动下，全面提升国际传播效能，充分展现中华文化的独特魅力与强大影响力。

作者简介

朱佳木，二级研究员，博士研究生导师，中央社会主义学院特聘教授。现任中华人民共和国国史学会会长、中国社科院“陈云与当代中国”研究中心理事长。曾先后任胡乔木、陈云秘书，中共中央文献研究室室务委员，中央党史研究室副主任，中国社会科学院副院长兼当代中国研究所所长。是党的十四大、十五大代表，政协第十届、第十一届、第十二届全国委员会委员。代表著作有《陈云年谱》（主编）、《论陈云》、《再论陈云》、《我所知道的十一届三中全会》、《中国工业化与中国当代史》、《历史经验总结与中国当代史》、《改革开放与中国当代史》、《当代中国史理论问题十二讲》、《论中国当代史与当代史编研》、《社会主义的初级阶段与初级阶段的社会主义》、《地方志工作文稿（增订本）》等。

朱佳木：牢记改革开放的历史经验
坚持以人民为中心的改革原则

中国共产党成立100多年来，之所以能不断从胜利走向胜利，一个重要原因就在于重视并善于总结历史经验。革命时期是这样，建设时期也是这样，改革时期仍然是这样。党的二十届三中全会通过的《中共中央关于进一步全面深化改革、推进中国式现代化的决定》（以下简称《决定》）指出，“总结和运用改革开放以来特别是新时代全面深化改革的宝贵经验”告诉我们，要进一步全面深化改革，必须贯彻以下原则，包括：坚持党的全面领导，确保改革始终沿着正确政治方向前进；坚持以人民为中心，人民有所呼、改革有所应，做到改革为了人民、改革依靠人民、改革成果由人民共享；坚持守正创新，坚持中国特色社会主义不动摇。此外，《决定》在阐明进一步全面深化改革的指导思想时，强调要以促进社会公平正义、增进人民福祉为出发点和落脚点；在阐明进一步全面深化改革的总目标时，强调要聚焦提高人民生活品质、完善收入分配和就业制度、健全社会保障体系，推动全体人民共同富裕取得更为明显的实质性进展。显然，这些要求也都是对改革开放以来特别是新时代全面深化改革经验的总结和运用，也都是进一步全面深化改革必须贯彻的原则。笔者体会到，以上论述说明，以人民为中心是进一步全面深化改革的核心要义；要进一步全面深化改革，就要牢记改革开放特别是新时代全面深化改革的历史经验，把以人民为中心作为改革的重要原则，进一步坚定改革的正确政治方向不动摇，进一步明确改革的出发点和落脚点不走样，进一步聚焦改革的着重点不偏离。

一、社会主义制度的自我完善和发展是改革的正确政治方向

改革有没有方向，什么是改革的方向？关于这个问题，从改革开放伊始就存在两种不同主张的分歧和争论。党中央早在1984年作出的第一个改革决定，即党的十二届三中全会通过的《中共中央关于经济体制改革的决定》就明确指出，改革“是社会主义制度的自我完善和发展”①。2013年，党的十八届三中全会通过的《中共中央关于全面深化改革若干重大问题的决定》重申：改革要“推动中国特色社会主义制度自我完善和发展”②。这些说明，我们的改革是有方向的，这个方向就是完善和发展社会主义，就是社会主义而不是别的什么主义。曾几何时，有人鼓噪，“改革就是改革，无所谓社会主义方向、资本主义方向”，说什么“强调‘四项基本原则’会妨碍改革的发展”。还有人提出，改革就要“按照西方经济学原理办”，要“以北欧的民主社会主义为目标模式”，宣扬所谓“冰棍理论”，主张“国有企业晚卖不如早卖”，并要求“国有企业退出自然垄断和竞争性行业”“把国有资产量化到个人”。所有这些主张，说穿了就是要我们的改革朝着资本主义私有化方向改。党的十八大后，这种声音虽然小了，但明里暗里仍然存在，一有机会便会冒出来。比如，就在最近，有人抓住《决定》中只讲“毫不动摇巩固和发展公有制经济”，没有讲“公有制为主体”，便望文生义、欢呼雀跃，急不可耐地说什么“这种变化是历史性的”，说明“不再区分公有制、非公有制谁是主体地位”了，“两种所有制实现了真正的平等”，云云。

关于改革究竟有没有方向，什么是改革的方向的问题，习近平总书记早在党的十八大闭幕不久就指出：“中国特色社会主义是社会主义而不是其他什么主义。”③“我们说中国特色社会主义是社会主义，那就是不论怎么改革、怎么开放，我们都始终要坚持中国特色社会主义道路、中国特色社会主义理论体系、中国特色社会主义制度，坚持党的十八大提出的夺取中国特色社会主义新胜利的基本要求。”④“科学社会主义基本原则不能丢，丢了就不是社会主义。”⑤ 习近平总书记的这一系列重要论述说明，根据社会主义初级阶段理论，中国特色社会主义虽然在某些政策上与

① 中共中央文献研究室．十二大以来重要文献选编：中[M]．北京：人民出版社，1986：563.
② 中共中央文献研究室．十八大以来重要文献选编：上[M]．北京：中央文献出版社，2014：514.
③ 习近平．习近平著作选读：第1卷[M]．北京：人民出版社，2023：75.
④ 习近平．习近平著作选读：第1卷[M]．北京：人民出版社，2023：76.
⑤ 习近平．习近平著作选读：第1卷[M]．北京：人民出版社，2023：75.

社会主义高级阶段有所区别，但在主要原则上遵循的仍然是科学社会主义理论。而根据科学社会主义的基本原理，生产资料所有制的性质乃是区分社会主义和资本主义的根本标志之一。在新中国成立之初，无论是当时人们对科学社会主义的理解，还是大规模突击性工业化的客观需要，社会主义所有制都必须是完全的公有制，即全民所有制和集体所有制。然而，当资本主义工商业改造完成之后，人们认识到，看一个社会是不是社会主义，应当主要看公有制有没有占主体，只要占主体，即使有个体生产作补充，仍然是社会主义，因此提出了“三个主体，三个补充”的设想。这一设想在当年由于种种因素未能付诸实践，但在改革开放后成为改革的主导方针。通过改革实践，人们进一步认识到，所谓“公有制占主体”，指的主要是公有制经济对国民经济拥有绝对控制力。因此，中国特色社会主义尽管允许和发展个体与私营经济，但由于公有制经济对国民经济始终拥有绝对控制力，其仍然占据主体地位。也就是说，我们的改革仍然坚持社会主义原则，仍然以发展和完善社会主义为方向。

目前，我国个体私营企业虽然已占到全部税收的50%以上，国内生产总值的60%以上，技术创新的70%以上，城镇就业的80%以上，企业总数的90%以上，但无论是我国的宪法还是所有制结构的实际状况都表明，公有制经济对国民经济仍然拥有绝对控制力。改革开放后，我国对宪法进行了多次修订，但第六、第七、第九、第十条始终没有变。其中规定：“中华人民共和国的社会主义经济制度的基础是生产资料的社会主义公有制，即全民所有制和劳动群众集体所有制。”“国营经济，即社会主义全民所有制经济，是国民经济中的主导力量。国家保障国营经济的巩固和发展。”“矿藏、水流、森林、山岭、草原、荒地、滩涂等自然资源，都属于国家所有，即全民所有。”“城市的土地属于国家所有。农村和城市郊区的土地，除由法律规定属于国家所有的以外，属于集体所有；宅基地和自留地、自留山，也属于集体所有。”① 宪法是这样规定的，实际上也是这样做的。就是说，自从1956年对资本主义工商业、农业、手工业的社会主义改造完成，我国的所有土地、矿藏、河流、森林等凡是构成生产要素的自然资源，都已属于国家和集体所有了，任何个人对它们都只拥有使用权而没有所有权。改革开放后，虽然民营经济得到了大力发展，在国家税收、科技创新、吸收就业人口等方面发挥了重要作用，但凡是关系国民经济命脉的行业，如金融、运输、电信、能源、铁路、航空、港口、冶金、矿产等，仍

① 中共中央文献研究室．十二大以来重要文献选编：上[M]．北京：人民出版社，1986：220－221.

然由国有企业独资或控股经营；重大基本建设项目，如铁路、公路、发电站、长途输变电、输油管线的建设，也都由国家作为投资主体。而且，在全社会资产总额中，国有企业仍然占据着绝对优势。因此，《中华人民共和国宪法》第六条规定的“坚持公有制为主体、多种所有制经济共同发展的基本经济制度”[①] 中的“公有制为主体”，指的是而且必然是全民所有制和集体所有制经济对国民经济拥有绝对控制力。

至于“公有制为主体”这句话是否在某个文件中出现，要根据那个文件的具体情况决定，不出现并不等于取消了宪法的上述规定。比如，党的二十大报告中就没有写这句话，而是表述为：“坚持和完善社会主义基本经济制度，毫不动摇巩固和发展公有制经济，毫不动摇鼓励、支持、引导非公有制经济发展。”[②] 这里说的社会主义基本经济制度，当然是指“公有制为主体、多种所有制经济共同发展的基本经济制度”。习近平总书记在2021年中央财经委员会会议上讲到坚持基本经济制度时，既讲“两个毫不动摇”，又讲“要坚持公有制为主体，多种所有制经济共同发展”。[③] 因此，党的二十届三中全会通过的《决定》，在讲到“两个毫不动摇”时，虽然没有讲“公有制占主体”，但显然也是讲要坚持包括“公有制为主体”的社会主义基本经济制度。这一基本经济制度早已写入宪法，怎么可能因为某个文件没出现就变了呢？《中华人民共和国宪法》规定，我国国体是工人阶级领导的、以工农联盟为基础的人民民主专政的社会主义国家。这句话也不是在每个文件甚至重要文件中都出现，但不出现并不意味着我们的宪法和国体就变了。

在任何一种社会的经济体制中，所有制都具有决定性意义。进入新时代，以习近平同志为核心的党中央针对少数人搞官商勾结、中饱私囊，一些领域的资本在扩张中偏离国家政策目标和基本价值标准，肆意提升竞争门槛、操纵市场、牟取暴利等问题，斩钉截铁地提出，要防止资本野蛮生长和无序扩张，要有效控制资本逐利性的消极作用，“既不让‘资本大鳄’恣意妄为，又要发挥资本作为生产要素的功能”[④]；同时，旗帜鲜明地支持国有资本和国有企业做强做优做大，增强国有经济的竞争力、创新力、控制力、影响力、抗风险力。习近平总书记强调，国有企业是“保障人民共同利益的重要力量”[⑤]。“这是保证我国各族人民共享发展成果的制度性

① 中华人民共和国宪法[M]. 北京：人民出版社，2018：10－11.
② 习近平. 习近平著作选读：第1卷[M]. 北京：人民出版社，2023：24.
③ 中共中央党史和文献研究院. 十九大以来重要文献选编：下[M]. 北京：中央文献出版社，2023：392.
④ 习近平. 正确认识和把握我国发展重大理论和实践问题[J]. 求是，2022(10).
⑤ 中共中央文献研究室. 习近平关于社会主义经济建设论述摘编[M]. 北京：中央文献出版社，2017：54.

保证"[1]，要不断加大对国有资产的监管力度，提高国有资本上缴公共财政的比例，依法堵塞国有资产流失的各种漏洞。全国人大常委会于2024年6月28日通过的《中华人民共和国农村集体经济组织法》中也明确规定，农村集体经济是"巩固社会主义公有制、促进共同富裕的重要主体"，"是巩固党在农村执政根基的重要保障"。[2]《决定》中又特别写上了"促进农民合作经营"，"发展新型农村集体经济"。[3] 这些都说明，我们不仅要坚持公有制为主体，而且要使这个主体地位变得越来越强。

强调坚定改革的正确政治方向，巩固公有制为主体，做强做优做大国有企业，并不意味着要压缩民营企业。相反，《决定》在强调加快建立民营企业信用状况综合评价体系、健全民营中小企业增信制度、加强企业合规建设和廉洁风险防控的同时，也提出要制定民营经济促进法，完善民营企业参与国家重大项目建设长效机制，支持有能力的民营企业牵头承担国家重大技术攻关任务，向民营企业进一步开放国家重大科研基础设施，等等。总之，国家对于鼓励、支持、引导非公有制经济发展，同样是真心实意、毫不动摇的。只要是守法合规的民营企业，在社会主义市场经济框架内就必定具有广阔的发展空间。国有企业和民营企业不是此消彼长的关系，而是会优势互补，共同发展。这是社会主义初级阶段的必然要求，是坚持社会主义市场经济的必然要求，也是坚持改革正确政治方向的必然要求，是不会改变的。

进入新时代，习近平总书记提出了一个十分重要的方针，即"推动全党把坚持正确政治方向贯彻到谋划重大战略、制定重大政策、部署重大任务、推进重大工作的实践中去，经常对标对表，及时校准偏差"[4]。按照这一方针，党中央校正了过去在处理效率与公平、政府与市场、改革与民生、富裕地区与贫困地区等重大关系上出现的偏差。例如，在党的十八届三中全会将市场在资源配置中起基础作用的提法改为"起决定性作用"后，有人借此鼓吹"小政府、大市场"的论调。针对这种舆论，习近平总书记指出："市场在资源配置中起决定性作用，并不是起全部作用。"[5]"我们是在中国共产党领导和社会主义制度的大前提下发展市场经济，什么时候都不能忘了'社会主义'这个定语。之所以说是社会主义市场经济，就是要坚持我们

① 中共中央文献研究室．习近平关于社会主义经济建设论述摘编[M]．北京：中央文献出版社，2017：63.

② 中华人民共和国农村集体经济组织法[N]．人民日报，2024－07－03.

③ 中共中央关于进一步全面深化改革、推进中国式现代化的决定[N]．人民日报，2024－07－22.

④ 习近平在中共中央政治局第六次集体学习时强调 把党的政治建设作为党的根本性建设 为党不断从胜利走向胜利提供重要保证[N]．人民日报，2018－07－01.

⑤ 中共中央文献研究室．习近平关于全面深化改革论述摘编[M]．北京：中央文献出版社，2014：57.

的制度优越性，有效防范资本主义市场经济的弊端。我们要坚持辩证法、两点论，继续在社会主义基本制度与市场经济的结合上下功夫，把两方面优势都发挥好，既要‘有效的市场’，也要‘有为的政府’，努力在实践中破解这道经济学上的世界性难题。”①《决定》指出，要构建高水平的社会主义市场经济体制，既“放得活”又“管得住”，“弥补市场失灵”，就是朝着破解这道经济学难题方向迈出的又一步。

党的十八大以来，习近平总书记反复强调改革要坚持正确政治方向。他指出：“改革开放是一场深刻革命，必须坚持正确方向，沿着正确道路推进。方向决定道路，道路决定命运。……改革开放也是有方向、有立场、有原则的。有的人把改革开放定义为往西方‘普世价值’、西方政治制度的方向改，否则就是不改革开放。这是曲解我们的改革开放。不能笼统地说中国改革在某个方面滞后。在某些方面、某个时期，快一点、慢一点是有的，但总体上不存在中国改革哪些方面改了，哪些方面没有改。问题的实质是改什么、不改什么，有些不能改的，再过多长时间也是不改。我们不能邯郸学步。世界在发展，社会在进步，不实行改革开放死路一条，搞否定社会主义方向的‘改革开放’也是死路一条。在方向问题上，我们头脑必须十分清醒。我们的方向就是不断推动社会主义制度自我完善和发展，而不是对社会主义制度改弦易张。”② 显而易见，习近平总书记的这些重要论述，就是总结改革经验得出的结论。我们要坚持和维护好全面深化改革的原则，就要记住这个结论，牢牢把握改革的社会主义方向。

毛泽东在为1954年的《中华人民共和国宪法》草案作说明时指出，实行社会主义全民所有制，这是宪法中的社会主义原则性，“要达到这个原则就要结合灵活性”“灵活性是国家资本主义”。③ 这一重要讲话启示我们，建设社会主义既要有原则性，也要有灵活性。所谓“灵活性”，就是在不违反原则的情况下，把原则性与具体情况相结合。新中国成立75年来，正是按照这一指导思想，把社会主义的原则与国内实际情况和国际形势变化相结合，不断调整社会主义的生产关系和经济体制，使它最大限度地适应生产力发展的水平和需要，从而走出了一条坚持社会主义原则的中国式现代化道路。

---

① 中共中央文献研究室．习近平关于社会主义社会建设论述摘编[M]．北京：中央文献出版社，2017：64.

② 习近平．全面深化改革开放，为中国式现代化持续注入强劲动力[J]．求是，2024(10).

③ 毛泽东．毛泽东文集：第6卷[M]．北京：人民出版社，1999：327.

二、促进社会公平正义、增进人民福祉是改革的出发点和落脚点

改革的目的究竟是什么？用什么来检验改革的成功与否？对于这些问题，改革开放以来同样存在分歧和争论。有人提出，要用西方经济学的“经济人假设”作为依据，调动人的私心私欲来推动改革；还有人认为，“公有制效率低，改革要提高效率，就不能顾及公平，只要效率提高了，财富增加了，蛋糕做大了，公平自然就好办了”；等等。正是在这些思想的影响下，改革开放后一度提出“效率优先，兼顾公平”的口号，使群众无形中产生了一种心理，似乎改革与公平和自身利益没什么关系，甚至只要改革一次群众利益就会损失一次。

针对上述情况，习近平总书记早在党的十八大之后不久就明确提出：“全面深化改革必须以促进社会公平正义、增进人民福祉为出发点和落脚点。这是坚持我们党全心全意为人民服务根本宗旨的必然要求……如果不能给老百姓带来实实在在的利益，如果不能创造更加公平的社会环境，甚至导致更多不公平，改革就失去意义，也不可能持续。”① 他强调，要“把以人民为中心的发展思想体现在经济社会发展各个环节，做到老百姓关心什么、期盼什么，改革就要抓住什么、推进什么，通过改革给人民群众带来更多获得感”②。“要把促进社会公平正义、增进人民福祉作为一面镜子，审视我们各方面体制机制和政策规定，哪里有不符合促进社会公平正义的问题，哪里就需要改革；哪个领域哪个环节问题突出，哪个领域哪个环节就是改革的重点。”③ 后来，改革要“以促进社会公平正义、增进人民福祉为出发点和落脚点”这句话，被写入了党的十八届三中全会审议通过的《中共中央关于全面深化改革若干重大问题的决定》。从此，这一提法不仅没有变过，而且被不断强调，党的二十届三中全会通过的《决定》再次重申了这个提法，而且更加鲜明地提出：要坚持“人民有所呼、改革有所应，做到改革为了人民、改革依靠人民、改革成果由人民共享”。“加强普惠性、基础性、兜底性民生建设，解决好人民最关心最直接最现实的利益问题，不断满足人民对美好生活的向往”。④ 总之，按照习近平总书记的重要论述，改革的目标以及对改革成功与否的检验标准，都应当是解决人民群众所关

---

① 中共中央文献研究室．十八大以来重要文献选编：上[M]．北京：中央文献出版社，2014：552－553.
② 习近平．习近平谈治国理政：第2卷[M]．北京：外文出版社，2017：103.
③ 中共中央文献研究室．习近平关于全面深化改革论述摘编[M]．北京：中央文献出版社，2014：98.
④ 中共中央关于进一步全面深化改革、推进中国式现代化的决定[N]．人民日报，2024－07－22.

心、所期盼、所呼唤的问题，都应当看人民群众有没有在改革中取得获得感、幸福感、安全感。凡是符合这一标准的就是应该改的，就要坚决改；凡是不符合这一标准的就是不应该改的，就坚决不改。这无疑是对改革目的的一次创新定义，是对社会主义改革初衷的准确表达。

在社会主义初级阶段，由于生产力水平所限，只能实行按劳分配为主体的分配制度，即按劳动、资本、知识、技术、管理等生产要素的贡献大小决定报酬，以此促进效率的提高，而绝不能搞平均主义。但只要走社会主义道路，就必须把促进公平正义作为包括改革措施在内的一切政策的目的和初衷，不能为了提高效率而伤害公平正义。正因如此，党的十八大之后，效率与公平这对矛盾被置于了“以人民为中心”“使发展成果更多更公平惠及全体人民”这一总的指导思想之下，不再讲“效率优先、兼顾公平”，也不再讲“初次分配注重效率，再分配注重公平”了。

从习近平总书记的一系列重要论述中可以看出，人民群众对改革最关心、最期盼的问题，主要集中在收入分配不公，一些基本需求没能得到满足上。他说：“相对于增长速度高一点还是低一点，这些问题更受人民群众关注。如果只实现了增长目标，而解决好人民群众普遍关心的突出问题没有进展，即使到时候我们宣布全面建成了小康社会，人民群众也不会认同。”① “我们要在不断发展的基础上尽量把促进社会公平正义的事情做好，既尽力而为、又量力而行，努力使全体人民在学有所教、劳有所得、病有所医、老有所养、住有所居上持续取得新进展。”②

为了落实习近平总书记关于改革目的的新定位，体现改革以促进社会公平正义、增进人民福祉为出发点和落脚点的原则，《决定》在“健全保障和改善民生制度体系”的部分，对就业、社保、住房、医疗、生育、育儿、养老等人民群众所思所盼所忧所急的问题，从力所能及的实际出发，作出了一系列尽力而为的规定。例如，《决定》指出，在就业方面，要完善高校毕业生、农民工、退役军人等重点群体就业支持体系，推进户籍、用人、档案等服务改革，全面取消在就业地参保户籍限制，完善社保关系转移接续政策；在住房方面，要加快建立租购并举的住房制度，加大保障性住房建设和供给，满足工薪群体刚性住房需求；在医疗方面，要深化以公益性为导向的公立医院改革，建立以医疗服务为主导的收费机制；在生育和育儿方面，要建立生育补贴制度，支持用人单位办托、社区嵌入式托育、家庭托育点等多种模式发展；在养老方

① 中共中央文献研究室．习近平关于社会主义社会建设论述摘编［M］．北京：中央文献出版社，2017：19.
② 中共中央文献研究室．习近平关于全面深化改革论述摘编［M］．北京：中央文献出版社，2014：97.

面，要培育社区养老服务机构，健全公办养老机构运营机制，改善对孤寡、残障失能等特殊困难老年人的服务，加快建立长期护理保险制度；等等。显而易见，这些都是同群众切身利益密切相关的事，也都是对群众期盼的呼应。只要群众看到了这些改革的成效，就必将增强改革的获得感，从而增强对改革的亲近感，更加关心改革、支持改革，相应地促进效率的提高，使改革得以持续不断地向前发展。

三、推动全体人民共同富裕取得更为明显的实质性进展是改革的聚焦点

改革的着重点是什么？要不要提出共同富裕的目标？在这些问题上，改革开放以来也一直存在分歧和争论。旧中国处于半殖民地半封建社会，劳动人民深受“三座大山”的压迫，与剥削阶级的收入自然是天壤之别；同时，无论城乡之间还是不同区域之间，也都存在巨大的差别。新中国初期，通过社会主义改造，消灭了剥削制度，实行了生产资料的公有化和按劳分配，人们的贫富差别大为缩小，城乡和区域之间的差别也有所缩小。但是总体上，这种差别的缩小都还处于低水平状态；而且，在分配中出现了平均主义的倾向。改革开放初期，为促进经济发展，实行了一部分地区和一部分人先富起来的政策，产生了明显的积极效果。但与此同时，人群、城乡和区域之间的收入差距有了扩大趋势，甚至基尼系数和城乡差距一度超过了国际公认的警戒线与发达国家的状况。有人认为，“要改革就要拉大贫富差距，改革后的收入差距拉得还不够大”；还有人认为，“在社会主义初级阶段不能提共同富裕的目标”，否则就是“祸国殃民”。然而，早在20世纪90年代初，邓小平就提出了共同富裕的问题。

邓小平说：“中国搞资本主义行不通，只有搞社会主义，实现共同富裕，社会才能稳定，才能发展。社会主义的一个含义就是共同富裕。”① “中国发展到一定的程度后，一定要考虑分配问题。也就是说，要考虑落后地区和发达地区的差距问题。不同地区总会有一定的差距。这种差距太小不行，太大也不行。如果仅仅是少数人富有，那就会落到资本主义去了。”② “如果导致两极分化，改革就算失败了。”③ 他还说：“十二亿人口怎样实现富裕，富裕起来以后财富怎样分配，这都是大问题。

---

① 中共中央文献研究室．邓小平年谱(一九七五——一九九七)：下[M]. 北京：中央文献出版社,2004:1312.

② 中共中央文献研究室．邓小平年谱(一九七五——一九九七)：下[M]. 北京：中央文献出版社,2004:1356－1357.

③ 邓小平．邓小平文选：第3卷[M]. 北京：人民出版社,1993:139.

题目已经出来了，解决这个问题比解决发展起来的问题还困难。分配的问题大得很。我们讲要防止两极分化，实际上两极分化自然出现。要利用各种手段、各种方法、各种方案来解决这些问题。”“少部分人获得那么多财富，大多数人没有，这样发展下去总有一天会出问题。分配不公，会导致两极分化，到一定时候问题就会出来。这个问题要解决。过去我们讲先发展起来。现在看，发展起来以后的问题不比不发展时少。”① 他的这些话说明，贫富差距扩大现象早在改革进行到20年左右的时候就已经出现，并且已经引起了中央的注意。但正如他所说，解决富裕后的分配问题，比解决发展的问题更难。因此，问题虽然提出来了，解决起来却并不顺利。

2012年，党的十八大报告在讲到工作中存在的种种不足时，提到的一个不足就是“城乡区域发展差距和居民收入分配差距依然较大”②。党的十八大之后，习近平总书记针对收入分配差距较大的问题，更加鲜明地指出：“经济发展、物质生活改善并不是全部，人心向背也不仅仅决定于这一点。发展了，还有共同富裕问题。物质丰富了，但发展极不平衡，贫富悬殊很大，社会不公平，两极分化了，能得人心吗？”③“我们必须坚持发展为了人民、发展依靠人民、发展成果由人民共享，作出更有效的制度安排，使全体人民朝着共同富裕方向稳步前进，绝不能出现‘富者累巨万，而贫者食糟糠’的现象。”④ 他指出，我国社会历来有“不患寡而患不均”的观念。“‘蛋糕’不断做大了，同时还要把‘蛋糕’分好”⑤，“实现共同富裕不仅是经济问题，而且是关系党的执政基础的重大政治问题。我们决不能允许贫富差距越来越大、穷者愈穷富者愈富，决不能在富的人和穷的人之间出现一道不可逾越的鸿沟”⑥。他强调，“共同富裕是社会主义的本质要求，是中国式现代化的重要特征”⑦，“要自觉主动解决地区差距、城乡差距、收入差距等问题，坚持在发展中保障和改善民生……促进全体人民共同富裕是一项长期任务，也是一项现实任务，急不得，也等不得，必须摆在更加重要的位置，脚踏实地，久久为功，向着这个目标作出更加积极有为的努力”⑧。“现在，已经到了扎实推动共同富裕的历史阶段”⑨。

---

① 中共中央文献研究室．邓小平年谱（一九七五——一九九七）：下[M]．北京：中央文献出版社，2004：1364.
② 中共中央文献研究室．十八大以来重要文献选编：上[M]．北京：中央文献出版社，2014：4.
③ 习近平．做焦裕禄式的县委书记[M]．北京：中央文献出版社，2015：35.
④ 中共中央文献研究室．十八大以来重要文献选编：中[M]．北京：中央文献出版社，2016：827.
⑤ 中共中央文献研究室．习近平关于全面深化改革论述摘编[M]．北京：中央文献出版社，2014：97.
⑥ 中共中央党史和文献研究院．十九大以来重要文献选编：下[M]．北京：中央文献出版社，2023：88.
⑦ 中共中央党史和文献研究院．十九大以来重要文献选编：下[M]．北京：中央文献出版社，2023：392.
⑧ 中共中央党史和文献研究院．十九大以来重要文献选编：下[M]．北京：中央文献出版社，2023：129.
⑨ 中共中央党史和文献研究院．十九大以来重要文献选编：下[M]．北京：中央文献出版社，2023：391.

习近平总书记的这些重要论述清楚地表明，共同富裕已经成为新发展阶段全面深化改革的着重点和聚焦点。

分配问题涉及每个人的切身利益，要调整势必触动既得利益集团的利益，导致他们从中作梗。例如，习近平总书记在论述共同富裕时，既讲要量力而行，也讲要尽力而为；既讲急不得，也讲等不得；既讲这是一个长远目标、长期过程，也讲要把它摆在更加重要的位置。然而，有人却做文章，把重点放在前一句，而有意忽略或淡化后一句，实际上是做反面文章。又如，在党的二十届三中全会公报发表而《决定》尚未公布时，有人看到公报中没有写共同富裕，便在网上发文欢呼："三中全会提法出现了重大变化，不讲共同富裕了。"很显然，这些人就是阻挠全面深化改革的既得利益集团代言人。这充分说明，在共同富裕的道路上不可能一帆风顺，阻碍共同富裕的力量不仅存在，而且力量不小。正因如此，《决定》才会在一开篇就强调，要以伟大的历史主动、巨大的政治勇气、强烈的责任担当，"冲破思想观念束缚，突破利益固化藩篱，敢于突进深水区，敢于啃硬骨头，敢于涉险滩，坚决破除各方面体制机制弊端"，并把推动"全体人民共同富裕取得更为明显的实质性进展"，作为进一步全面深化改革的七个聚焦点之一。

党的十八大之后，以习近平同志为核心的党中央为了缩小城乡差别，以确保2020年全面建成小康社会为契机，在全国开展了一场人类历史上最大规模的脱贫攻坚战，使近1亿农村贫困人口（按当年标准）全部脱贫，832个贫困县和12.8万个贫困村全部摘帽出列；紧接着实施了乡村振兴战略，进行农村集体土地"三权分置"改革和农村集体产权制度改革，促进农民专业合作社规范运动，鼓励和支持农民承包土地向专业大户、家庭农场、农民合作社流转，发展多种形式的土地适度规模经营，以进一步增加农民收入。为了缩小地区差别，除继续推动西部大开发、东北振兴、中部崛起、东部率先实现现代化等战略外，又实施了京津冀协同发展、长江经济带发展、粤港澳大湾区建设、长三角一体化发展、黄河流域生态保护和高质量发展等战略，加大了对革命老区、民族地区、边疆地区、贫困地区发展的支持力度。为了解决各类群体之间收入差别过大的问题，党的十八大之后不再提"鼓励资本参与分配"，而是强调在收入分配制度改革中努力实现居民收入增长和经济发展同步、劳动报酬增长与劳动生产率提高同步，提高居民收入在国民收入分配中的比重，提高劳动报酬在初次分配中的比重；完善税收、社会保障、转移支付等再分配调节机制；增加低收入群体收入，扩大中等收入群体规模，合理调节过高收入；等等。

马克思主义政治经济学告诉人们，分配方式既取决于生产方式，又反作用于生产方式。如果贫富悬殊，多数人消费能力不足，那么不仅是不公平的，对生产发展也是不利的。因此，推动共同富裕，不仅因为进一步全面深化改革必须促进社会公平正义，而且因为只有这样才能促进经济的进一步繁荣，是相辅相成的事。人们只要认真学习《决定》便会看到，其中通篇贯彻着习近平总书记关于推动共同富裕既要量力而行又要尽力而为、把共同富裕摆在更加重要位置的思想。例如，为了在农村推进共同富裕，《决定》明确提出“缩小城乡差别，促进城乡共同繁荣发展”的任务，并要求“促进农民合作经营”“发展新型农村集体经济”“完善覆盖农村人口的常态化防止返贫致贫机制，建立农村低收入人口和欠发达地区分层分类帮扶制度”“允许农户合法拥有的住房通过出租、入股、合作等方式盘活利用”。① 为了促进地区间的共同富裕，《决定》除强调推动西部大开发形成新格局、东北全面振兴取得新突破、中部地区加快崛起、东部地区加快推进现代化的制度和政策体系外，又提出“推动京津冀、长三角、粤港澳大湾区等地区更好发挥高质量发展动力源作用，优化长江经济带发展、黄河流域生态保护和高质量发展机制”，还提出“构建跨行政区合作发展新机制，深化东中西部产业协作”。② 为了促进各类群体的共同富裕，《决定》除重申要运用税收调节收入分配、完善社会保障和转移支付等再分配调节机制外，还明确提出要“研究同新业态相适应的税收制度”，“完善综合和分类相结合的个人所得税制度，规范经营所得、资本所得、财产所得税收政策，实行劳动性所得统一征税”；要“形成有效增加低收入群体收入、稳步扩大中等收入群体规模、合理调节过高收入的制度体系”；“合理确定并严格规范国有企业各级负责人薪酬、津贴补贴等”。③ 可以相信，只要《决定》中的上述要求得到落实，人民群众就会真真切切感受到共同富裕不仅是一个口号，而且是看得见、摸得着、真实可感的事实；同时，也一定会使消费得到极大促进，从而带动经济的进一步发展繁荣。

改革开放至今已有46年，占到新中国史75年的60%多；新时代也已有12年，占到改革开放史的1/4强。作为新中国史的研究者、宣传者、教育者，我们要以学习贯彻党的二十届三中全会精神为契机，进一步加强对改革开放史，特别是新时代史的研究、宣传和教育，深入总结其中的宝贵经验，不断端正改革的正确方向、校准改革的出发点和落脚点、聚焦改革的着重点，从而为推进以人民为中心的改革和推进中国式现代化贡献自己的智慧和力量。

---

① 中共中央关于进一步全面深化改革、推进中国式现代化的决定[N]. 人民日报,2024－07－22.

② 中共中央关于进一步全面深化改革、推进中国式现代化的决定[N]. 人民日报,2024－07－22.

③ 中共中央关于进一步全面深化改革、推进中国式现代化的决定[N]. 人民日报,2024－07－22.

作者简介

程恩富，中国社会科学院学部委员、学部主席团成员，中国社会科学院大学首席教授；第十三届全国人大教科文卫委员会委员。曾任中国社会科学院马克思主义研究院院长。现兼任西北工业大学创新马克思主义研究中心首席专家。

程恩富教授主编在英国出版的《国际思想评论》《世界政治经济学评论》国际期刊，以及在国内出版的《政治经济学研究》（季刊）、《海派经济学》（季刊）中文刊物；担任全球学术团体——世界政治经济学学会会长、中国政治经济学学会名誉会长、中华外国经济学说研究会名誉会长，世界文化论坛和中国创新马克思主义论坛理事长，日本理论经济学会国际顾问，俄罗斯圣彼得堡大学和经济法律大学荣誉教授；在中国、美国、俄罗斯、日本、意大利、印度、越南等10个国家发表800多篇文章，出版40多部著作，是中外著名马克思主义理论家和经济学家；曾在中共中央政治局集体学习会上作过讲解，在两任中共中央总书记主持的座谈会上汇报过理论问题。

程恩富：论塑造与新质生产力相适应的新型生产关系

习近平总书记提出："发展新质生产力是推动高质量发展的内在要求和重要着力点。"① "生产关系必须与生产力发展要求相适应。发展新质生产力，必须进一步全面深化改革，形成与之相适应的新型生产关系。"② 党的二十届三中全会通过的《中共中央关于进一步全面深化改革、推进中国式现代化的决定》指出："健全因地制宜发展新质生产力体制机制……加快形成同新质生产力更相适应的生产关系。"③ 新质生产力的形成是生产要素的增量变革与存量调整，更需借助持续改造完善生产关系来为其开辟发展空间。根据马克思主义生产关系理论，"人们在自己生活的社会生产中发生一定的、必然的、不以他们的意志为转移的关系，即同他们的物质生产力的一定发展阶段相适合的生产关系"④。生产关系并不是永恒不变的，而是"随着物质生产资料、生产力的变化和发展而变化和改变的"⑤。相比于以往任何社会形态，社会主义生产关系在生产资料占有形式、产品分配形式上具有显著进步性。习近平总书记指出："在社会主义革命和建设的实践中，我们党对社会主义生产关系的内涵有了全面深刻的认识，认为社会主义生产关系既包含社会主义公有制的基本制度，也包括经济管理体制和经济运行机制等方面的内容。"⑥ 同生产力一定状况相适应的生产关系总和构成经济基础，而经济基础又以经济制度和经济体制为载体。其中，经济制度是生产关系在制度维度上的规范和体现，经济体制是经济制度的具

---

① 习近平．发展新质生产力是推动高质量发展的内在要求和重要着力点[J]．求是，2024(11)．

② 习近平在中共中央政治局第十一次集体学习时强调 加快发展新质生产力扎实推进高质量发展[N]．人民日报，2024-02-02．

③ 中共中央关于进一步全面深化改革、推进中国式现代化的决定[M]．北京：人民出版社，2024：10-11．

④ [德]马克思，恩格斯．马克思恩格斯选集：第2卷[M]．北京：人民出版社，2012：82-83．

⑤ [德]马克思，恩格斯．马克思恩格斯选集：第1卷[M]．北京：人民出版社，2012：340．

⑥ 习近平．论《〈政治经济学批判〉序言》的时代意义[J]．福建论坛(经济社会版)，1997(1)．

体实现形式和扩展，二者均影响着资源配置和经济运行，这就决定了塑造新型生产关系既要构建与其相适应的经济制度，也要对经济运行体制机制作出相应的调整与完善。

一、适应新质生产力，塑造“四主型”经济制度的新型生产关系

马克思指出：“为了进行生产，人们相互之间便发生一定的联系和关系；只有在这些社会联系和社会关系的范围内，才会有他们对自然界的影响，才会有生产。”① “随着新的生产力的获得，人们便改变自己的生产方式，而随着生产方式的改变，他们便改变所有不过是这一特定生产方式的必然关系的经济关系。”② 党的十九届四中全会通过的《中共中央关于坚持和完善中国特色社会主义制度、推进国家治理体系和治理能力现代化若干重大问题的决定》明确指出：“公有制为主体、多种所有制经济共同发展，按劳分配为主体、多种分配方式并存，社会主义市场经济体制等社会主义基本经济制度，既体现了社会主义制度优越性，又同我国社会主义初级阶段社会生产力发展水平相适应，是党和人民的伟大创造。”③ 党的二十大通过的《中国共产党章程》也强调：必须坚持和完善公有制为主体、多种所有制经济共同发展，按劳分配为主体、多种分配方式并存，社会主义市场经济体制等基本经济制度。《中共中央关于进一步全面深化改革、推进中国式现代化的决定》又强调指出：“坚持和完善社会主义基本经济制度，推进高水平科技自立自强，推进高水平对外开放。”④ 因此，新时代构建与新质生产力相适应的新型生产关系是社会主义生产关系的自我完善与发展，在这一过程中，应坚持“以人民为中心”的价值导向，在社会主义基本经济制度的原有框架下，通过产权、分配、调节、开放四个层面的优化与升级，构建一个“四主型”的经济制度体系，旨在培育有利于新质生产力发展的肥沃土壤，达到适应并促进新质生产力发展的效果。

---

① ［德］马克思，恩格斯．马克思恩格斯文集：第1卷［M］．北京：人民出版社，2009：724.

② ［德］马克思，恩格斯．马克思恩格斯选集：第4卷［M］．北京：人民出版社，2012：410.

③ 中共中央关于坚持和完善中国特色社会主义制度　推进国家治理体系和治理能力现代化若干重大问题的决定［M］．北京：人民出版社，2019：18.

④ 中共中央关于进一步全面深化改革、推进中国式现代化的决定［M］．北京：人民出版社，2024：4.

（一）产权：构建公有主体型的产权关系

公有制为主体、多种所有制经济共同发展，属于社会主义初级阶段必须长期坚持和完善的基本经济制度的重要组成部分。在公有制为主体的前提下发展多种所有制经济，通过优化组织形式和经营模式，使其更符合社会主义市场经济的发展要求。

第一，公有主体型的产权关系，是以公有制为主体、多种所有制经济共同发展的产权结构。这种产权关系的构建，首先需要明确包括国有经济和集体经济在内的公有制的主体地位。这不仅体现在对关键行业和领域的掌控上，更表现在其对市场行为的引导与示范效应上。这就要求，必须调整和优化国有资本布局，推动国有经济向产业链高端和价值链核心环节集中，发展战略性新兴产业和未来产业，注重原创性突破，加大基础攻关力度，提高国有企业在国防、战略科技、粮食、能矿资源方面的硬实力和软实力。与此同时，要深化国有企业混合所有制改革，重视公有制为主体的混合所有制企业内部生产关系的建立和完善，盘活国有资产存量，引导和带动社会资本共同发展，不断增强国有经济活力、控制力、影响力和抗风险能力。

第二，构建公有主体型的产权关系并不意味着对其他所有制经济的排斥或抑制。相反，应当在坚持公有制主体地位的同时，与多种所有制经济共同发展。“市场机制有效、微观主体有活力、宏观调控有度”① 是现代化经济体系的重要特征。为此，必须进一步做强做优做大国有企业和国有资本（包括各类平台建设），以分类改革为原则处理好国有经济和民营经济的关系。这并非“国进民退”，也非“国退民进”，而应该是“国民共进”，即国有经济与民营经济之间应该是共生共进、优势互补、相互融合的协同发展关系，而不是相互割裂、相互排斥的非此即彼关系。因此，应积极鼓励国有企业与民营企业在产业链上展开上下游协同攻关，在创新协同、人才支持、技术交流、数字化合作等方面建立合作平台，因地制宜发展新质生产力。同时，进一步强化对民营经济的产权界定和产权保护，加强知识产权法治保障，完善知识产权管理体制，持续强化民营企业的知识产权全链条保护，保障民营企业家合法的人身和财产权益。不过，那种认为只要民营经济为主体和主导，整个国民经济就能持续高质量发展的观点是不符合实际、站不住脚的，“因为照此看法的逻辑，以私有制（也就是所谓‘民营经济’）为主体的美国就不会出现 2008 年的金融和经

① 习近平．决胜全面建成小康社会　夺取新时代中国特色社会主义伟大胜利：在中国共产党第十九次全国代表大会上的报告（2017 年 10 月 18 日）［M］．北京：人民出版社，2017：30.

济危机，欧盟也不会陷入经济衰退”[①]。

第三，明确新型生产要素如技术、数据的产权制度。“各种经济时代的区别，不在于生产什么，而在于怎样生产，用什么劳动资料生产。”[②] 不同于传统生产要素，智能化数字信息基础设施等数据生产要素具有非排他性。这就要求，必须加快探索数字产权等新型产权确权授权方式，摒弃单纯的所有权思维，实现持有权、加工权、经营权的合理配置，探索并构建一种把劳动者和数据生产要素紧密结合的持有权的实现形式，从而促进数据的有序流动，激发数据要素活力。马克思、恩格斯指出：“每当工业和商业的发展创造出新的交往形式，例如，保险公司等，法便不得不承认它们都是获得财产的方式。”[③] 例如，在数据性的生产资料所有制关系中，既存在私益性个人数据，也存在公益性公共数据。但目前，个人、企业及公共机构之间在数据所有权上的法定界限仍显模糊，因此，必须建构并完善数据产权制度，优化多元主体数据产权配置结构，进一步实现数智化生产资料和数据要素的共享与融合，促进生产关系的合理调整。

（二）分配：构建劳动主体型的分配关系

在马克思主义政治经济学的分析框架中，分配是生产的产物，分配的结构和方式取决于生产的结构与方式，因此，生产资料所有制形式决定了分配方式。在构建与新质生产力相适应的新型生产关系的过程中，核心目标是满足人民群众日益增长的美好生活需要，确保劳动者的财富和收入与经济发展的水平同步提升。这就需要坚定不移地坚持公有制在基本经济制度中的主体地位，始终将人民置于中心地位，并不断努力满足人民对更高质量生活的追求和期待。资本主义是以“按资分配为主体”的方式，造成了严重的社会分配不公；与之不同，中国特色社会主义是以“按劳分配为主体”的分配方式。

第一，构建按劳分配为主体，多要素所有者可凭产权参与分配的初次分配制度。一方面，按劳分配为主体的分配结构是所有制结构的利益实现[④]，反映了社会主义初级阶段的基本特征。在高水平智能化生产条件下，劳动过程趋近马克思预判的

---

① 简新华，聂长飞．必须澄清对中国经济走势的几种误判[J]．政治经济学研究，2024(1)．

② [德]马克思．资本论：第1卷[M]．北京：人民出版社，2004：210．

③ [德]马克思，恩格斯．马克思恩格斯选集：第1卷[M]．北京：人民出版社，2012：214．

④ 程恩富，董金明．坚持以公有制为主体的共同富裕是中国特色社会主义的经济本质[J]．海派经济学，2023(21)．

“从简单的劳动过程向科学过程的转化”①，新质生产力虽然以科技创新为主要驱动力，但在公有制条件下劳动者依然是生产的主体，劳动者通过劳动知识等要素直接参与生产，逐渐颠覆了传统生产力对于活劳动、技术同机器体系的异化关系，劳动主体性更加突出，劳动个体越来越成为生产的主人，因而要提高劳动报酬在初次分配中的占比，提升劳动者综合素质，激发劳动者的积极性、创造性和主动性。另一方面，要健全知识、技术、数据等要素参与分配的机制。新质生产力以数字化、智能化为核心，因此，必须充分尊重资本、知识、技术等要素，使生产要素配置方式更多元化，坚持所有参与生产活动的要素均在初次分配中得以计酬，特别是数据作为一种新型生产要素，通过与劳动、资本等传统生产要素的融合参与价值创造过程中，理应成为价值分配的重要因素，以更好体现知识、技术、人才的市场价值。

第二，健全与新质生产力相适应的侧重公平的再分配制度体系。随着新技术的发展和广泛应用，社会劳动分工正在经历深刻的变革，劳动者的分布结构不断改变：一方面，中高技能劳动者正成为社会发展的核心力量，其数量、规模和类型正逐渐壮大并呈现出多元化特征；另一方面，众多低技能职业岗位正面临转型的压力，抑或转向新兴服务业，抑或面临被自动化技术替代的风险。此种情况容易造成社会上出现两类群体：占有技术的高知群体和低技能的劳动群体。长此以往，社会贫富差距鸿沟就会进一步扩大。这就要求政府进一步完善税收、社会保障支出等再分配制度，加大对初次分配结果的调节力度、弥补初次分配的不足。重点帮扶社会中低技能的劳动群体，更多设立面向中低技能劳动群体的专项资助基金，加大转移支付力度，减轻困难家庭的负担。

第三，构建以企业为主、社会组织为辅、家庭和个人为补充的第三次分配制度，探索第三次分配推动共同富裕的创新机制。第三次分配是企业履行社会责任的重要途径，随着新质生产力的加快形成，一部分科技创新企业正逐渐兴起，因而要鼓励实力强劲的大型企业成立慈善组织机构，前瞻性开展第三次分配的政策研究和实践创新。通过科技赋能慈善公益事业，推进第三次分配的完善与实现，夯实以新质生产力发展推进共同富裕的社会基础。

（三）调节：构建国家主导型的调节关系

习近平总书记强调：“在社会主义条件下发展市场经济，是我们党的一个伟大

---

① ［德］马克思，恩格斯．马克思恩格斯选集：第2卷［M］．北京：人民出版社，2012：778.

创举。我国经济发展获得巨大成功的一个关键因素，就是我们既发挥了市场经济的长处，又发挥了社会主义制度的优越性。”① 必须科学认识政府与市场的关系，构建国家主导型的多结构市场制度②，发挥国家调节与市场调节相结合形成的在功能上良性互补、效应上协同的有机整体作用，推动有效市场和有为政府高质量结合，进而激励创新、提高生产要素配置效率，扎实推动新质生产力发展。

一方面，要发挥有为高效政府的主导型作用。国家调控的主要依据不仅仅是弥补市场失灵，更重要的是，作为生产资料公有制和全体人民利益的总代表，在全社会范围内合理地配置社会资源，促进经济全面协调可持续发展。它既反映现代市场经济的一般特点，又体现社会主义制度的独特优势，将当前与长远、总量与结构、供给与需求、经济与生态等有机地结合起来。政府要发挥在宏观和中观调控以及微观规制上不可比拟的优势，加强科技创新并改进与其相对应的生产要素配置方式。让各类优质生产要素向新质生产力顺畅流动，围绕新型生产要素构建和完善高效配置的市场经济机制体系，畅通创新链、产业链、供应链各领域各环节；紧紧围绕新产业新布局的需要，着力推动高素质高技能劳动者、新材料新技术劳动资料、智能劳动对象的优化组合，使新型生产要素跨产业、跨领域、跨区域一体融合发展，着力打通束缚新质生产力发展的堵点卡点。在此过程中，对市场不愿承担的高风险、长周期的基础研究，要加大力度、集中稳定地投入，通过设立专项基金、资助科研项目等方式，解决市场对基础研究投入不足的问题。

另一方面，要发挥有效市场的要素配置导向作用。当前，我国推进全国统一大市场建设仍面临一些现实挑战，不同地区之间仍存在市场分割、产业同构的现象，要素和商品的跨地区流动往往面临较高的流通交易成本，区域间基于市场分工的一体化高质量发展仍不充分。因此，必须充分发挥市场在资源配置中的决定性作用，充分释放微观主体的市场自发探索潜力。一是全面深化市场准入、公平竞争、保护知识产权、建设统一大市场等市场经济制度改革，持续优化企业发展环境，提升市场监管、金融监管等部门的服务水平，建立公平竞争和有序竞争的规则，营造出一个健康的市场经济环境，确保各类企业主体在权益保护、市场准入、要素获取和市场执法等方面的平等地位。二是发挥好超大规模市场优势。2024 年 2 月 26 日，李强总理在国务院“建立健全公平竞争制度，加快完善全国统一大市场基础制度规

① 中共中央文献研究室．习近平关于社会主义经济建设论述摘编[M]．北京：中央文献出版社，2017：64.

② 高建昆，程恩富．论按比例规律与市场调节规律、国家调节规律之间的关系[J]．复旦学报（社会科学版），2015(6).

则”专题学习会议上指出：“要坚持目标导向，着眼于真正把我国超大规模市场、要素资源丰富、产业体系完备等优势充分发挥出来，扎实推进各项重点任务落实，切实打通制约经济循环的关键堵点，促进要素资源合理流动和高效配置。”① 鼓励支持企业加大基础创新投入，通过开发新业态、新模式、新技术和新产品增强市场竞争力。要确保“科技—金融—产业”这一统一大市场循环体系的顺畅运行，加速发展一体化资本市场，推广风险投资，壮大耐心资本，提升科研成果市场转化的及时性、有效性和便捷性。

（四）开放：构建自力主导型的开放关系

习近平总书记在《关于〈中共中央关于进一步全面深化改革、推进中国式现代化的决定〉的说明》中指出：“决定稿对完善高水平对外开放体制机制作出部署。提出稳步扩大制度型开放。”② 这说明对外开放体制是中国特色社会主义的主要经济制度之一。针对新时代的国内外新形势，习近平总书记指出：“面对世界百年未有之大变局，面对国内外发展环境发生的深刻复杂变化，我们要走一条更高水平的自力更生之路，实施更高水平的改革开放，加快构建以国内大循环为主体、国内国际双循环相互促进的新发展格局。”③ 我国已深度融入全球经济体系中，为了加快形成新质生产力，必然要把握国内国际发展大势，充分利用国内国际两个市场、两种资源，处理好引进国外技术和资本同发展自主知识产权、引导本国资本健康发展的关系，构建以内循环为主体的双循环对外开放格局，实现自力更生、自强自立与对外开放的有机统一。

第一，处理好国内大循环与国内国际双循环的关系。以国内大循环为主阵地，以国内国际双循环为支撑，构建起符合中国国情的自力更生高水平对外开放路径。一方面，增强国内大循环内生动力。本土市场规模是企业和产业的发展基础，因此，要畅通国内大循环就必须抓住消费这一环节。坚持扩大内需这个战略基点，深化消费和投资领域体制改革，不断增强消费对经济发展的基础性作用和投资对优化供给结构的关键作用，完善鼓励消费的制度措施。积极提升传统消费，培育新型消费，发展服务消费，增强国内大循环的巨大需求牵引力。与此同时，将扩大内需与扩大

---

① 李强主持国务院第六次专题学习[N]. 人民日报,2024－02－27.

② 习近平. 关于《中共中央关于进一步全面深化改革、推进中国式现代化的决定》的说明[J]. 求是,2024(16).

③ 本报评论员. 弘扬南泥湾精神,走更高水平的自力更生之路:论中国共产党人的精神谱系之三十[N]. 人民日报,2021－10－29.

供给的改革发展有机结合起来，实施创新驱动发展战略，强化企业科技创新主体地位，以强大有效的供给能力打通循环堵点，提高供给侧与需求侧匹配的灵活性，提高资源的配置效率。此外，形成国内大循环离不开区域的协调发展。在新形势下，既要通过城市群建设进一步增强中心城市和城市群等经济发展优势区域的经济与人口承载能力，也要跳出现有资源禀赋约束，用新技术新应用的系统工程寻找西部大开发的突破口，进而形成优势互补、高质量发展的区域经济布局。另一方面，要加快形成内需外需兼容互补、国内国际双循环相互促进的新格局。习近平总书记强调，“以国内大循环为主体，绝不是关起门来封闭运行，而是通过发挥内需潜力，使国内市场和国际市场更好联通，更好利用国际国内两个市场、两种资源”①。要促进两个市场、两种资源关联互动，就必须形成内外兼顾的国内国外产业链新布局，坚持进口和出口并重，利用外资和对外投资要协调，增强国际国内两个市场、两种资源的黏合度，促进国内产业链、供应链和全球产业链、供应链协同、互补发展。依托我国超大规模市场优势实现创新驱动发展，既有效利用世界通用技术，又推进关键核心技术突破创新，努力掌握世界前沿技术，提升我国产业技术发展水平，加快贸易创新发展，提升出口质量，实现国际产业链价值链的攀升。

第二，处理好开放与安全的关系。一方面，要推进高水平对外开放。新质生产力的发展既需要科技自立自强，孕育更多的颠覆性、革命性技术，推动构建现代化产业体系，又需要利用外力，积极推动高水平对外开放“走出去”，通过推进高质量共建“一带一路”、共建《区域全面经济伙伴关系协定》（RCEP）区域大市场、加快中国—东盟自贸区 3.0 版建设、持续完善高标准自贸区网络等途径，更广更深地参与国际市场开拓，通过对标推进高水平对外开放的目标任务，加大“出口创牌”力度，提升我国品牌的国际知名度②，将我国发展新质生产力的势能转化为对外开放的动能，提升对外投资的质量和效率。特别要强调的是，我国实行的对外开放是对等的“双向开放”，并不只是一味“走出去”，也鼓励优质生产要素向国内流动，即对内对外同步开放。在这个过程中，要围绕实行高水平对外开放深化改革，深化商品、服务、资金、人才等要素流动型对等开放，稳步推进规则、规制、管理、标准等制度建设，加快营造市场化、法治化、国际化的营商环境，推动建设更高水平开放型经济新体制。另一方面，要牢固树立总体国家安全观的理念，统筹开放与

---

① 习近平．习近平著作选读：第 2 卷［M］．北京：人民出版社，2023：324.

② 程恩富，陈健．大力发展新质生产力　加速推进中国式现代化［J］．当代经济研究，2023(12).

安全的关系。统筹开放与安全，既要在高水平对外开放中确保发展安全，又要在确保安全的情况下推进高水平对外开放。其中，最重要的是建立起高效率、全覆盖的风险防控体系，完善外资安全审查制度，构建海外利益保护和投资风险预警防控体系，健全与高水平对外开放相适应的风险防范体系，加大无理制裁我国企业和事业单位的对等制裁力度。

二、以经济体制改革为牵引，完善新型生产关系的体制机制

2013 年 12 月 3 日，习近平总书记在中共中央政治局以“历史唯物主义基本原理和方法论”为题进行集体学习时指出：“坚持和发展中国特色社会主义，必须不断适应社会生产力发展调整生产关系，不断适应经济基础发展完善上层建筑。”① 发展新质生产力，不仅要向科技创新和产业创新要活力，更要通过全面深化体制机制改革，向“新型生产关系”要动力。这里重点遵循党的二十届三中全会关于以经济体制改革为牵引的精神，以习近平总书记作出的重要部署和系列重要讲话为切入点，分析通过深化财税、金融、教育、科技、人才等体制综合改革，消除妨碍新质生产力的体制机制约束，释放推动国计民生高质量发展的创新活力。

（一）深化财税体制改革，健全完善财税体系

2023 年 12 月 11 日至 12 日的中央经济工作会议在部署 2024 年重点经济工作时部署了深化重点领域改革的清单，其中一项重要内容是谋划新一轮的财税体制改革，并提出“积极的财政政策要适度加力、提质增效”。② 遵循党的二十届三中全会关于深化财税体制改革的精神，当前亟须深化财税体制改革以创新完善中国特色财政调控体系，为推动新质生产力发展提供重要政策抓手。

一是明方向。深化财税体制改革不仅要考虑财税本身，更要锚定改革切入点，站在国家治理体系与治理能力现代化的高度，着眼于新时代经济发展需求，围绕促进共同富裕、推动高质量发展、加快形成新质生产力等重大战略任务，构建新型财政税收制度。将主要改革方向放在稳定相关行为主体的预期、激发相关行为主体内在动力和创新活力上，推进新型生产力要素和新型社会劳动发展，以此支撑新质生

① 中共中央文献研究室．习近平关于协调推进“四个全面”战略布局论述摘编[M]．北京：中央文献出版社，2015：74.

② 中央经济工作会议在北京举行[N]．人民日报，2023－12－13.

产力的发展需求。

二是抓重点。新一轮财税体制改革重点应根据当前经济运行中的主要矛盾展开。首先要明确中央与地方的事权和支出责任，充分发挥好中央与地方两个积极性，明晰界定省、市、县三级财政支出责任，在共同事权方面，考虑市县经济发展水平、财力状况及现有政策规定，差别化确定省、市、县三级支出责任分担比例，规范转移支付分类设置；其次要优化税制结构，规范政府和企业之间的财税分配关系，侧重支持科技创新和实体经济等重点领域，激发市场主体活力。

三是优组合。合理安排财政资金，优化支出结构。强化财政政策和货币政策的协同配合，拓展财政政策支持新质生产力发展的空间和提升财政资源的使用效率。在推动公共产品和服务适度均等化、兜牢基本民生底线的基础上，通过财政杠杆作用，引导资源向科技创新、教育人才、绿色发展等关键领域聚集。同时，为避免新旧生产力更替带来的经济波动及社会影响，财政应为传统生产力的改造升级提供专项资金扶持，以确保新旧要素能够顺利交替，实现生产力的平稳过渡。

（二）深化金融体制改革，构建现代金融体系

遵循党的二十届三中全会关于深化金融体制改革的精神，应构建现代金融体系，提高金融服务新质生产力发展的质量和效率，以适应新业态、新模式、新技术、新产品对高质量金融体系的建设要求。

一是深化金融监管体制改革。在党的二十大上，习近平总书记指出：“深化金融体制改革，建设现代中央银行制度，加强和完善现代金融监管，强化金融稳定保障体系。”① 金融是一把“双刃剑”，其对新质生产力发展所起的作用取决于如何对金融加以运用，只有深化金融监管体制改革，加强对金融机构、金融市场的监管和执法效能，营造良好的金融市场环境，才能增强服务新质生产力的效能。这就要求，加强对金融市场和金融机构的规范化管理与监管，防止市场乱象和不良行为，构建中央—地方金融监管合力，控制金融风险，守住不发生系统性金融风险的底线，加强投资者和企业的信任，建成金融保障新质生产力可持续发展体系。

二是深化金融供给侧结构性改革。2023 年 10 月 30 日，习近平总书记在中央金融工作会议上强调，“金融要为经济社会发展提供高质量服务”，“做好科技金融、

① 习近平．高举中国特色社会主义伟大旗帜　为全面建设社会主义现代化国家而团结奋斗：在中国共产党第二十次全国代表大会上的报告(2022 年 10 月 16 日)[M]．北京：人民出版社，2022：29.

绿色金融、普惠金融、养老金融、数字金融五篇大文章”。[①] 深化金融供给侧结构性改革、做好金融“五篇大文章”，能够为新质生产力的发展提供强有力的资金支撑。这就要求鼓励有条件的地区和银行保险机构结合科技型企业发展规律与特点先行先试，研发专项金融产品和服务，为科技型企业提供全生命周期金融服务，着力打通束缚新质生产力发展的堵点，创新资金要素配置方式，让各类先进优质生产要素向发展新质生产力顺畅流动。

三是构建现代化金融体系。在着力调整金融市场与金融体系结构、完善资本市场的直接融资功能的基础上，进一步发挥银行在间接融资方面的优势，支持传统产业转型升级，大力发展科技金融。加强政策性金融机构与商业性金融机构之间的合作，发挥商业银行在提供信贷资金和支持传统产业转型升级等方面的功能，聚焦小微企业、绿色发展、科技创新等重点领域，不断优化信贷投放结构，完善长期资本供给机制。与此同时，健全覆盖全社会的征信体系，建立与现代金融市场需求相匹配的政府—企业—个人“三位一体”的信用体系，降低创新企业的融资约束、成本和风险，打造良好的金融生态环境。

（三）深化教育体制改革，创新教育育人环境

党的二十大报告指出：“深化教育领域综合改革，加强教材建设和管理，完善学校管理和教育评价体系，健全学校家庭社会育人机制。”[②] 遵循党的二十届三中全会关于深化教育体制改革的精神，深化教育体制改革不仅是实现高质量发展的内在要求，还是推动新质生产力发展的迫切需要。

一是完善育人目标。新质生产力比传统生产力更加依赖高素质、创新型的劳动者，这种依赖性不仅体现在对劳动者专业知识深度和广度的要求上，更强调其创新思维与实践能力的结合。因此，必须纠正“重学历轻技能、重资历轻能力、重引进轻培育”等错误思想，在育人目标的改革与完善中，要坚持动态调整，鼓励研究性学习和跨学科学习，培养既具备深厚理论基础又能进行原创性科研的复合型人才。

二是更新育人内容。时代新人作为新质生产力的主体，要成为新模式的创造者、新领域的开拓者、新赛道的领跑者，必然要具备突出的“创新素养”。因此，要重视在新质生产力条件下对传统专业的调整和改革，对原有专业进行全面重构，增加

① 中央金融工作会议在北京举行[N]. 人民日报,2023-11-01.

② 习近平. 高举中国特色社会主义伟大旗帜　为全面建设社会主义现代化国家而团结奋斗:在中国共产党第二十次全国代表大会上的报告(2022年10月16日)[M]. 北京:人民出版社,2022:34.

创新性、批判性、跨学科性的培养。优化学科专业设置，引入最新的科技成果和理论，设计跨学科的课程模块，既要注重学科知识本身，又要将课程与当下的社会现实相关联，确保教育内容和研究方向紧贴产业前沿，形成项目式、主题式的教材单元，进而发展出充满活力的问题式教学、发现式教学、探究式教学等多种新型教学形态。

三是创新育人方法。在教学中，要创新教学方法，充分利用智能化、数字化的现代信息技术手段，改进、融通、变革教与学的时空环境和场域，让学生通过多样化的手段、多样化的资源，在不同场所、不同时间接受多元化知识输入。加强数字化资源开发建设，借助数字技术的强大助力，提高学生数字化学习和应用能力。创新课堂教学方法，以"人—机—人"多元交互式教学，促进学生数字技术运用的能力。在数字时代，只有具备较高数字素养，才能成为与新质生产力发展水平适配的新型劳动者。

（四）深化科技体制改革，形成创新文化氛围

2023 年 12 月 26 日，在纪念毛泽东同志诞辰 130 周年座谈会上，习近平总书记强调："要深化科技体制改革，发挥新型举国体制优势，强化国家战略科技力量，强化企业科技创新主体地位，优化配置创新资源，努力突破关键核心技术，推动实现高水平科技自立自强。"① 遵循党的二十届三中全会关于深化科技体制改革的精神，发展新质生产力，必须进一步完善科技创新体制，推进科技创新与产业创新深度融合，形成与新质生产力相适应的科技创新动力系统，赋能经济高质量发展。

一是夯实企业创新主体地位。党的二十大报告强调，"加强企业主导的产学研深度融合"，"强化企业科技创新主体地位，发挥科技型骨干企业引领支撑作用"，"优化国家科研机构、高水平研究型大学、科技领军企业定位和布局"。② 企业是国家创新体系的核心主体，是科技创新活动的主要组织者和参与者，必须进一步强化企业科技创新的主体地位。在政策上，给予科技型骨干企业相应的创新政策保障，完善重点领域首批次应用保险和补贴政策，发挥政府首购和订购制度作用，激发企业科技创新动力；在机制上，完善与科技创新企业相匹配的科技成果转化机制。强化企业在成果应用和转化中的主体地位，畅通技术研发、中试验证、产业化应用全

---

① 习近平．在纪念毛泽东同志诞辰 130 周年座谈会上的讲话[N]．人民日报，2023-12-27.

② 习近平．高举中国特色社会主义伟大旗帜　为全面建设社会主义现代化国家而团结奋斗：在中国共产党第二十次全国代表大会上的报告（2022 年 10 月 16 日）[M]．北京：人民出版社，2022：35-36.

链条，完善对技术专利的审核评价体系，推动更多具有实际经济效益的重大专利的产生和应用推广。

二是强化基础研究攻关。关键核心技术是要不来、买不来、讨不来的。只有全面加强基础研究，持续深耕科技创新的土壤，把关键核心技术掌握在自己手中，才能从根本上保障国家发展和安全。因此，在基础研究领域，必须高度重视战略统筹和规划布局的重要性，以体制机制创新为保障，加强从基础研究、关键技术、装备研制到成果转化的全链条设计，实现一体化部署，确保各个环节紧密衔接、高效协同。与此同时，应前瞻布局，瞄准未来科技和产业发展的制高点，发挥新型举国体制集中力量办大事的优势，统筹部署战略导向的体系化基础研究、前沿导向的探索性基础研究、市场导向的应用性基础研究，确保基础研究既有深度又有广度，既能服务国家战略又能推动产业升级。

三是培育科技创新文化。弘扬具有中国特色的创新文化，需要我们树立民族自信心和自豪感，将中华优秀传统文化与当代科学技术发展、当代文化思想融会贯通。面对新一轮科技革命和产业变革，必须进一步鼓励弘扬老一辈院士和科技工作者科学家精神，强调科学应为人民服务，而不是为资本服务，守牢科研底线。与此同时，大力弘扬企业家精神和工匠精神，营造激励企业家干事创业的浓厚氛围，构建多主体、多层级、多中心、网络式的科技创新格局，重视市场与社会公众在科技创新中的价值创造。进一步在全社会营造宽容鼓励的创新文化，引导社会公众正确认识创新理念、创新成就及创新失败，形成大胆探索、求真求实、鼓励创新、宽容失败的社会文化环境。

（五）深化人才发展体制改革，造就高素质人才体系

党的二十大报告提出，“深入实施人才强国战略”，“着力形成人才国际竞争的比较优势”。① 遵循党的二十届三中全会关于深化人才发展体制改革的精神，必须通过深化人才发展体制机制改革，优化人才发展生态，厚培国家战略人才力量，不断夯实新质生产力的人才之基。人力资源作为重要的高端生产要素，其数量与结构将直接影响一个行业在全球价值链中的地位和分配，造就结构优、集聚度高、科研攻关能力强且符合新质生产力发展要求的高素质人才体系，是建设人才强国的重要基

① 习近平．高举中国特色社会主义伟大旗帜　为全面建设社会主义现代化国家而团结奋斗：在中国共产党第二十次全国代表大会上的报告（2022 年 10 月 16 日）[M]．北京：人民出版社，2022：36.

础和关键手段。

一是人才流动体系。围绕实现高水平科技自立自强需要，完善人才培养使用、合理流动、特殊调配、集成支持、协同创新等机制，打造人才干事创业新型平台，深化重点人才发展体制机制改革，推动人才链、创新链、产业链、创业链深度融合。促进科技人才在高校、研究机构与产业间的有效流动和深度融合，鼓励科技人才从业界向高校、研究机构流动，引导科技人才跨产学研流动与共创。注重科技人才中介服务体系的建设，使其真正成为高校、研究机构和企业之间的桥梁，为人才流动提供有针对性的咨询和解决方案，以促进人才与岗位之间的高效匹配。

二是人才评价体系。坚持“破四唯”和“立新标”相结合，突出战略目标和使命导向，分类构建国家重大攻关任务、基础前沿研究、应用技术开发、成果转化类人才评价指标和评价方式，及时增设新兴产业人才评价专门通道，加快建立以创新价值、能力、贡献为导向的人才评价体系，探索将创新成果、发明创造、典型案例等作为评价标准。

三是人才激励体系。实行灵活的薪酬分配制度，兼顾短期与中长期激励、物质与精神激励。建立以创新能力、价值贡献为导向的科技人才激励体系，加大对新领域创新创业人才和甘坐“冷板凳”科技人才的扶持力度。同时，设计包含股权激励、项目资助、成果奖励等在内的多元化激励保障机制。设立特别研究基金，对促进战略性新兴产业发展和未来产业培育取得突出贡献的科技人才给予奖励。切实为人才减负松绑，真心爱才、倾心引才、精心用才，引导各类人才潜心研究，为发展新质生产力贡献力量。

四是人才引进体系。发展新质生产力不仅要培养本土人才，更要广开进贤之路、广纳天下英才。近年来，科技战逐渐转变为人才战，由此，要充分利用全球范围内的优质人才资源，在信息技术、人工智能、新能源等科技攻关领域“抢人才”，在此过程中，出台并完善相关移民法，统一人才引进的标准分类，形成引才“强磁场”。与此同时，也可鼓励高校、企业等主体通过“走出去”与国外人才建立联系，形成人才国际交流合作中心。

三、健全保障机制，推动新型生产关系适应新质生产力发展

《中共中央关于进一步全面深化改革、推进中国式现代化的决定》指出：“以经济体制改革为牵引，以促进社会公平正义、增进人民福祉为出发点和落脚点，更加

注重系统集成，更加注重突出重点，更加注重改革实效，推动生产关系和生产力、上层建筑和经济基础、国家治理和社会发展更好相适应，为中国式现代化提供强大动力和制度保障。”① 塑造与新质生产力发展相适应的新型生产关系，是一项综合性的系统工程，抓好各项工作的落实，必须有一整套高效管用的保障机制。只有不断健全落实保障机制，才能充分激发新型生产关系的活力和潜能，推动新质生产力的加快形成，提升经济发展的创新力和竞争力。

（一）坚持党对塑造新型生产关系的领导

历史发展的经验表明，生产关系可能超前于生产力的发展，也可能滞后于生产力的发展，当生产关系落后于生产力的发展时，必须变革与生产力发展不相适应的经济基础和上层建筑，但这个过程并不是依靠社会动力系统本身就能顺利完成的，必须有执政组织具备足够的智慧和能力去实现这种转变。坚持党对经济工作的领导，内在的逻辑就是不断调整生产关系和上层建筑以达到生产力、生产关系和上层建筑长期匹配与适应的均衡局面，进而解放发展生产力和实现经济高质量发展。新时代，生产力水平已达到前所未有的高度，随着新质生产力的加快形成，新型生产关系的塑造也亟须提上日程，而新型生产关系的调整与完善是一项复杂的系统性工程，会同时涉及多个部门、多个领域，必然要求统筹协调好这些错综复杂的利益关系。显然，在这一过程中，需要着重发挥党的统筹协调作用，确保体制机制的深化改革在党的集中统一领导下进行，以经济治理的宏观有效性确保市场主体预期的稳定性和持续的创新性，不断培育发展新质生产力。

（二）健全集中力量办大事的新型举国体制

习近平总书记在党的二十大报告中强调，“完善党中央对科技工作统一领导的体制，健全新型举国体制”②。健全新型举国体制，既是掌握科技创新主动权、加快形成新质生产力的必然要求，也是应对国内外各种风险挑战的现实需要。新型举国体制最显著的特征在于将集中力量办大事的制度优势与市场经济机制结合得更加紧密，实现政府规划组织、市场机制操作、经济主体（企事业）创新三者协同发力。在宏观资源配置和调控层面，由国家统筹布局，政府以“总协调人”的角色打造引

---

① 中共中央关于进一步全面深化改革、推进中国式现代化的决定[M]. 北京：人民出版社，2024：3－4.

② 习近平. 高举中国特色社会主义伟大旗帜　为全面建设社会主义现代化国家而团结奋斗：在中国共产党第二十次全国代表大会上的报告（2022年10月16日）[M]. 北京：人民出版社，2022：35.

领发展的战略科技力量和平台，承担重大科技创新组织任务，制定战略规划，重点运用市场方式、经济手段解决重大技术创新工程的立项、决策、预算投入、利益分配等问题，并在涉及国家安全和民生安全的重大战略性领域，如大型战略产品或基础设施、关系人民生命健康的重大创新、“卡脖子”技术等，形成跨领域、跨部门统筹机制，针对不同类型任务形成快速反应，建立国家积极治理与市场高效运作相结合的资源配置模式。在微观资源配置和运行层面，尊重市场主体的自主性，强化企业技术创新主体地位，加快转变政府科技管理职能，营造良好创新生态，激发创新主体活力，主要依靠市场机制解决利益分享，保护和激发各类创新主体的活力。在新型举国体制中，强政府与强市场的正能量相互依存、互为补充，共同构筑成一个能够激发各类创新主体活力与维护社会公正公平、互帮互助、齐心协力的“有机社会”。①

（三）全面深化改革，激活各要素生产活力

改革开放以来，正是因为不断地自觉调整生产关系和上层建筑以适应生产力的发展需要，我国创造了经济快速发展和社会长期稳定两大奇迹，使中国特色社会主义合乎规律地向前发展。习近平总书记指出：“我们要勇于全面深化改革，自觉通过调整生产关系激发社会生产力发展活力，自觉通过完善上层建筑适应经济基础发展要求，让中国特色社会主义更加符合规律地向前发展。”② 新时代，以新技术、新业态、高效能、高科技、高质量为特征的新质生产力的发展同样需要新型生产关系的调整与完善。这就要求，必须向全面深化改革要答案，通过经济体制、政治体制、文化体制、社会体制、生态文明体制和党的建设制度的一系列全面深化改革，破除生产、分配、交换、消费环节中的障碍，激活要素生产活力，使其高效配置到新质生产力领域中。在进一步全面深化改革中，必须抓好重点领域和关键环节，以主要矛盾和矛盾主要方面的解决带动其他矛盾的解决，由此，必须抓住经济体制改革这一重点，进一步完善社会主义市场经济体制，处理好政府与市场的关系，完善产权、市场准入、公平竞争等市场经济基础性制度，推进高标准市场体系的建设，并深化教育、科技、人才体制改革，打通束缚新质生产力的堵点卡点。在解决重点领域关键问题的同时，注重改革与开放和发展的辩证关系及协调性，统筹好政治、文化、

① 李玲，江宇．有为政府、有效市场、有机社会：中国道路与国家治理现代化[J]．经济导刊，2014(4)．
② 习近平．在纪念马克思诞辰200周年大会上的讲话[N]．人民日报，2018－05－05．

生态、社会等领域的改革，建立与之相适应的各类体制和运行机制，充分发挥新型生产关系对新质生产力形成与发展的推动作用。

（四）深化法治建设，营造公平竞争的市场环境

激发市场主体活力离不开公平竞争的市场环境，而公平竞争市场环境的实现离不开法治的保障，需要充分发挥法治固根本、稳预期、利长远的重要作用，通过法治领域的系统性，全方位加强释放各类创新主体动力的制度供给。尤其是对于新兴领域，要通过系统性的制度设计，解决瓶颈期困难，真正发挥法治在科技创新、改革、转化、保护等方面一系列的基础保障作用。新质生产力聚集科技创新全链条各环节，其首要任务是建立健全新兴领域的法律法规体系，如大数据交易法律法规、对新技术领域监管的法律法规等，为信息化、科技化浪潮下的新质生产力发展提供坚实的法律保障。同时，应依法平等保护国有、集体、合作、民营、个体、外资等各种所有制企业产权和自主经营权，切实保障各类市场主体依法平等使用资源要素、同等受到法律保护，破除妨碍市场准入和退出、妨碍商品和要素自由流动、影响生产经营成本与影响生产经营的制约因素，要以促进新产业、新模式、新动能健康发展为主制定相关条款，形成有利于科技创新发展的市场环境。通过立法机关、行政机关、审判机关、检察机关协同发力，提高立法质量、执法水平、监督效能，扎实开展公平竞争审查工作，持续优化公平竞争环境，推进公平竞争审查制度落地落实。加快构建中国特色社会主义法治体系，全面保障各类市场主体的公平竞争，有力捍卫市场主体的合法权益，形成新质生产力培育与法治环境优化的协同共进局面。

以上阐述遵循新时代党的文件，特别是党的二十届三中全会精神。与已有绝大多数文献不同，本文既重视一般体制机制层面的新型生产关系分析，也重视主要经济制度基本层面的新型生产关系分析。只要我们系统做好社会主义主要经济制度、具体体制和保障机制三个方面的改革完善工作，就一定能够比资本主义更适合新质生产力的大发展。诚然，新型生产关系的塑造并不是一蹴而就的，必须坚持好“先立后破、稳中求进”的工作总基调，处理好“立与破、取与舍、稳与进、快与慢、共性与个性”各种关系，以此来稳步高效地推动社会生产力的持续发展和社会的全面进步。展望未来，在党的二十届三中全会精神指引下，在以习近平同志为核心的党中央领导下，我们有信心、有能力、有定力塑造具有中国特色的新型生产关系，赋能新质生产力的发展，加快全面建设社会主义现代化国家。

（本文与安徽大学马克思主义学院副教授罗玉辉合著）

作者简介

辛向阳，中国社会科学院马克思主义研究院院长，第十四届全国人大代表，中国社会科学院大学马克思主义学院院长，中国社会科学院中国特色社会主义理论体系研究中心副主任、习近平新时代中国特色社会主义思想研究中心执行主任，研究员、博士研究生导师。出版个人专著20余部，主编和参与编写著作30余部，在《人民日报》《光明日报》《马克思主义研究》《中国特色社会主义研究》等报刊发表文章400余篇，主持和参与国家、省部级课题50余项，先后获得10余项国家和省部级奖项。

辛向阳：坚持系统观念是进一步全面深化改革的科学方法论

党的二十届三中全会通过的《中共中央关于进一步全面深化改革、推进中国式现代化的决定》（以下简称《决定》）明确指出，总结和运用改革开放以来，特别是新时代全面深化改革的宝贵经验，坚持系统观念，处理好经济和社会、政府和市场、效率和公平、活力和秩序、发展和安全等重大关系，增强改革系统性、整体性、协同性。坚持系统观念在党的二十届三中全会的《决定》中不仅得到充分贯彻，而且得到丰富与发展。

一、全面深化改革必须坚持系统观念，这是理论与实践的双重要求

党的十八大之后，全面深化改革取得历史性成就，一个重要原因就是无论从理论上还是从实践上，我们都认识到坚持系统观念的极端重要性，把坚持系统观念始终贯穿到全面改革的各个领域、各个环节。这既是马克思主义世界观和方法论特别是事物普遍联系方法的要求，也是习近平新时代中国特色社会主义思想特别是其世界观和方法论的要求。

（一）必须坚持系统观念是习近平新时代中国特色社会主义思想的世界观和方法论在全面深化改革中的内在要求

系统观念是具有基础性的思想和工作方法，是习近平新时代中国特色社会主义思想的重要立场观点方法，是对马克思主义事物普遍联系观点的丰富与发展。坚持和运用系统观念，就是要坚持发展地而不是静止地、系统地而不是零散地、普遍联系地而

不是孤立地、全面地而不是片面地、一分为二地而不是绝对地分析和解决问题。坚持发展地而不是静止地分析和解决问题就要求：把问题看作一个发展变化的过程，研究这个问题的历史由来、现实状况以及未来发展趋势等。坚持系统地而不是零散地分析和解决问题就要求：把问题的整体状况搞清楚、弄明白，要把握问题的总体性和全貌，把握问题产生的时代背景、条件以及运行变化的内在逻辑。坚持普遍联系地而不是孤立地分析和解决问题就要求：把问题与其他问题之间的内在关系讲清楚，不是孤立地就该问题谈该问题，而是在联系中谈问题，在谱系中认识问题，当然普遍联系不是生拉硬拽，而是有机的内在统一。习近平总书记指出："唯物辩证法认为，事物是普遍联系的，事物及事物各要素相互影响、相互制约，整个世界是相互联系的整体，也是相互作用的系统。坚持唯物辩证法，就要从客观事物的内在联系去把握事物，去认识问题、处理问题。"① 坚持全面地而不是片面地分析和解决问题就要求：把问题的方方面面都剖析彻底，既要把握问题最本质的内容，又要把握非本质的东西；既要知道问题的核心是什么，又要明白非核心问题如何影响核心问题的解决。坚持一分为二地而不是绝对地分析和解决问题就要求：把问题一定放在特定历史条件下进行研判，不能只讲问题的一面而忽视其他方面，不能只看到问题好的一面而忽视其不好的一面，同样也不能只说问题不好的一面而忽视其好的一面。

在推进全面改革中，必须坚持和运用习近平新时代中国特色社会主义思想的世界观与方法论，特别是坚持好系统观念。习近平总书记指出："要坚持系统的观点，依照新发展理念的整体性和关联性进行系统设计，做到相互促进、齐头并进，不能单打独斗、顾此失彼，不能偏执一方、畸轻畸重。"② 在全面深化改革中坚持系统观念有以下要求。

第一，既要从改革的整体出发，看到改革的整体问题，又要注重改革的具体问题。整体问题就是改革中的关键问题和核心问题，例如，在所有改革中，经济体制改革起到牵引作用，发挥着"牛鼻子"作用，要抓住"牛鼻子"进行改革；又如，构建高水平社会主义市场经济体制，就要处理好政府和市场关系这个核心问题，既要让市场在配置资源过程中发挥决定性作用，又要让政府更好发挥作用。这个"既要……又要……"是在两难选择或者多难选择中进行的，是特别复杂的，这就要求建立科学的

---

① 习近平在省部级主要领导干部学习贯彻党的十八届五中全会精神专题研讨班上的讲话(2016 年 1 月 18 日)[N]. 人民日报,2016 - 05 - 10.

② 习近平在省部级主要领导干部学习贯彻党的十八届五中全会精神专题研讨班上的讲话(2016 年 1 月 18 日)[N]. 人民日报,2016 - 05 - 10.

宏观调控体系、有效的政府治理制度体系，实现既“放得活”又“管得住”的目标。

第二，既要关注改革眼前问题，又要着眼于改革长远问题。改革必须注重眼前问题，就是要抓紧有利时机把当前迫切需要解决的问题解决掉、解决好，防止眼前问题累积成大问题；同时，又不能只盯着眼前问题，还要着眼于长远问题、根本问题，在解决根本问题的进程中自然地解决眼前问题。要认识清楚眼前问题与长远问题的内在关系：有的眼前问题是长远问题的一个重要组成部分，解决眼前问题就涉及解决长远问题；有的眼前问题恰恰是影响长远问题的绊脚石、拦路虎，只有解决掉眼前问题，才能为长远问题的解决扫清障碍。

第三，既要把各个领域的改革看成不可分割的有机整体，又要找到改革不同领域的内在联系。各个领域的改革是相互联动、彼此影响的。经济体制改革必然会影响到政治体制改革、文化体制改革、社会体制改革、生态文明建设体制改革，各个领域的改革都是在整体改革中前进的。要善于研究各个领域体制机制改革的联动性和相互作用的内在机制，发现其中的关联度和作用方式。

（二）必须坚持系统观念是全面深化改革实践的要求

新时代以来，在全面深化改革的实践中，我们党始终强调改革的全面性、系统性。习近平总书记一直强调，全面深化改革是一项复杂的系统工程，各项改革举措之间具有很强的作用性与反作用性。习近平总书记指出：“改革开放是一个系统工程，必须坚持全面改革，在各项改革协同配合中推进。改革开放是一场深刻而全面的社会变革，既包括经济体制又包括政治体制、文化体制、社会体制、生态体制，既涉及生产力又涉及生产关系，既涉及经济基础又涉及上层建筑，每一项改革都会对其他改革产生重要影响，每一项改革又都需要其他改革协同配合。”① 我们深刻认识到，全面深化改革不是单个领域、单个部门、单个方面的单项改革，而是涉及党和国家事业全局、经济社会发展各领域、一系列重大理论与现实问题的改革，是极为复杂的系统工程。随着中国式现代化事业不断展开，各个领域各个环节改革关联性、互动性明显增强，“牵一发而动全身”的效应十分明显，很多改革问题相互缠绕在一起，对一个领域进行改革就必然会牵动其他领域的改革，稍不留神就会造成一系列新问题，而且往往会出现经济领域的问题是社会领域某些改革不科学造成的，文化领域的问题是经济领域改革没有到位带来的，等等。

---

① 习近平．论坚持全面深化改革[M]．北京：中央文献出版社，2018：5－6.

新时代十多年的实践证明：注重系统性、整体性、协同性既是全面深化改革的内在要求，也是推进改革的重要方法。改革越深入，越向深水区，越过险关，越要注意协同。这个协同包括：改革方案协同，各个领域进行改革，在进行方案设计时，彼此之间应当相互沟通，看看对方改革方案对自身改革的可能性影响；改革落实协同，就要求在落实方案时相互提供信息，了解其他部门改革的进展，对自身领域改革的现实影响有多大多深，可以及时调整方案；改革效果协同，要及时关注自身改革的成效，看是否达到了自身设计的目标，同时，评估自身改革对其他领域改革带来的效果。新时代十多年来，系统性、整体性、协同性不断加强，各项改革举措在政策取向上相互配合，在实施过程中相互促进，在改革成效上相得益彰，全面深化改革的成效日渐明显。习近平总书记强调："谋划和推进改革，必须坚持系统观念、全局观念，强化战略思维、辩证思维，分轻重缓急，更加注重系统集成。要加强改革举措协调配套，推动各领域各方面改革举措同向发力，增强整体效能。"①

二、全面深化改革必须坚持系统观念，就要处理好若干重大关系

我们党历来注重正确处理涉及经济社会发展的重大关系问题，无论是在社会主义建设时期，还是在改革开放新时期，抑或是在中国特色社会主义进入新时代，都是如此。

（一）正确处理重大关系是我们党的优良传统

早在社会主义建设时期，毛泽东同志就强调要正确处理十大关系，即重工业和轻工业、农业的关系，沿海工业和内地工业的关系，经济建设和国防建设的关系，国家、生产单位和生产者个人的关系，中央和地方的关系，汉族和少数民族的关系，党和非党的关系，革命和反革命的关系，是非关系，中国和外国的关系。这些关系中有很多到现在依然存在。在改革开放不同时期，邓小平同志提出了一系列"两手抓"的战略方针，强调处理好各种重大关系。江泽民同志在推进社会主义现代化建设的过程中提出必须处理好十二大关系，即改革、发展、稳定的关系，速度和效益的关系，经济建设和人口、资源、环境的关系，一、二、三产业的关系，东部地区

① 征求对中共中央关于进一步全面深化改革、推进中国式现代化的决定的意见 中共中央召开党外人士座谈会 习近平主持并发表重要讲话[N]. 人民日报,2024－07－20.

和中西部地区的关系，市场机制和宏观调控的关系，公有制经济和其他经济成分的关系，收入分配中国家、企业和个人的关系，等等，这一思想有力地推动了现代化事业发展。进入新世纪，胡锦涛同志指出，要正确认识和妥善处理中国特色社会主义事业中的重大关系，统筹城乡发展、区域发展、经济社会发展、人与自然和谐发展、国内发展和对外开放，统筹中央和地方关系，统筹个人利益和集体利益、局部利益和整体利益、当前利益和长远利益，充分调动各方面积极性。

党的十八大以来，习近平总书记更是注重全面深化改革和推进中国式现代化进程中各种重大关系的正确处理。他强调，推进全面深化改革，必须从纷繁复杂的事物表象中把准改革脉搏，要把握全面深化改革的几个重大关系。2013 年 7 月，习近平总书记在湖北省考察时系统总结了全面深化改革要把握的五大关系，即解放思想和实事求是的关系、整体推进和重点突破的关系、顶层设计和摸着石头过河的关系、胆子要大和步子要稳的关系、改革发展稳定的关系①。在总结中国社会主义现代化历史经验，特别是中国式现代化历史经验的基础上，习近平总书记强调推进中国式现代化需要处理好六个重大关系。2020 年，在制定《中共中央关于制定国民经济和社会发展第十四个五年规划和二〇三五年远景目标的建议》时，习近平总书记强调处理好继承和创新的关系、政府和市场的关系、开放和自主的关系、发展和安全的关系、战略和战术的关系②。2023 年 2 月 7 日，在新进中央委员会的委员、候补委员与省部级主要领导干部学习贯彻习近平新时代中国特色社会主义思想和党的二十大精神研讨班上讲话中，习近平总书记指出，推进中国式现代化是一个系统工程，需要统筹兼顾、系统谋划、整体推进，正确处理好一系列重大关系，即顶层设计与实践探索的关系、战略与策略的关系、守正与创新的关系、效率与公平的关系、活力与秩序的关系、自立自强与对外开放的关系。坚持系统观念提出的要处理好经济和社会、政府和市场、效率和公平、活力和秩序、发展和安全等五大关系，既是对已有十大关系、十二大关系、八大关系的坚持和发展，也是对两个五大关系、一个六大关系论断的丰富与完善。

---

① 中共中央文献研究室．习近平关于全面深化改革论述摘编[M]．北京：中央文献出版社，2014：37.

② 征求对中共中央关于制定国民经济和社会发展第十四个五年规划和二〇三五年远景目标的建议的意见 中共中央召开党外人士座谈会 习近平主持并发表重要讲话 李克强汪洋王沪宁韩正出席[N]．人民日报，2020 - 10 - 31.

（二）全面深化改革要处理好五大关系

1. 处理好经济和社会的关系

处理好经济和社会的关系，这是系统观念在全面深化改革中的第一位的要求，其本质是解决好经济发展成果能否真正转化为最大多数人民群众利益的问题。在人类现代化的进程中，不少国家在一定时期经济发展很快，但发展成果就是不能惠及广大民众，出现了所谓“有经济增长无人类发展”的状况。全面深化改革就是要把经济高质量发展的成果最直接最快地惠及人民群众，促进社会事业发展；反过来，不断进步的社会事业为经济发展提供良好的社会环境和发展动力。我们从党的二十届三中全会通过的《决定》中看得十分明显。《决定》在谈到经济发展时强调构建高水平社会主义市场经济体制，这就要更好发挥市场机制作用，创造更加公平、更有活力的市场环境，实现资源配置效率最优化和效益最大化，激发全社会内生动力和创新活力。也就是说，高水平社会主义市场经济体制的构建不仅是要创造更有效率的经济体系，而且是要实现更加公平的社会正义。加强普惠性、基础性、兜底性民生建设，解决好人民最关心最直接最现实的利益问题，既是解决社会主要矛盾的要求，也是促进经济发展的要求，因为我们可以从企业和群众期盼中找准工作着眼点、政策发力点，在解决人民群众急难愁盼中培育新的经济增长点，例如，银发经济的发展可以创造出适合老年人的多样化、个性化就业岗位，使社会人力资源得到更充分发挥。

2. 处理好政府和市场的关系

坚持社会主义市场经济改革方向，核心问题是处理好政府和市场的关系，使市场在资源配置中起决定性作用和更好发挥政府作用。“市场在资源配置中起决定性作用”这个论断已经提出十多个年头了，在实践中其决定性作用的发挥也越来越明显。同时要看到，这个决定性作用发挥得并不完全充分，有的领域还因为种种非经济因素的限制，发挥得不完整不系统；有的领域还只是初步显现。针对这一问题，《决定》强调了一系列要求。①推进能源、铁路、电信、水利、公用事业等行业自然垄断环节独立运营和竞争性环节市场化改革。通过市场化改革使自然垄断行业有更强的市场经济竞争力，在提高效率的同时降低成本，更好地服务于民众。②完善主要由市场供求关系决定要素价格机制，防止政府对价格形成的不当干预；深化投资审批制度改革，完善激发社会资本投资活力和促进投资落地机制，形成市场主导的有效投资内生增长机制。这为市场主体自主发挥作用提供了制度化保障，使市场主体能够充分利用市场信号作出决策，保证自身利益的实现。③防止和纠正利用行政、刑事手段干预经济纠纷，健全依法甄别纠正涉企冤错案件机制。为市场主体提供良好的法治供给是政府应当承担的重要职责，是政府善为的重要方面。政府利用自身力量打压企业很容易让企业垮掉，应当切实防止这类问题的出现。当然，政府要发挥好自身的角色定位：战略规划师，构建国家战略制定和实施机制，加强国家重大战略深度融合，增强国家战略宏观引导、统筹协调功能；产业引航员，选定国家要坚决发展的产业，完善推动新一代信息技术、人工智能、航空航天、新能源、新材料、高端装备、生物医药、量子科技等战略性产业发展政策和治理体系；制度供给者，为经济社会发展提供高质量的制度供给，特别是加强关键共性技术、前沿引领技术、现代工程技术、颠覆性技术创新等新领域新赛道制度供给。

3. 处理好效率和公平的关系

处理好效率和公平的关系，始终是全面深化改革要着力解决的一道复杂难题，能否处理好这对关系，直接关系到改革的进程与成败。全面深化改革就是在处理好二者的关系中发展的，什么时候处理得好，改革就能顺利推进；反之，就会停滞不前。全面深化改革实质上就是要打破束缚生产力发展的体制机制障碍，提高经济发展的效率，同时，要解决好经济发展带来的不公平性，包括所有制、分配上等的不公平问题。从理论上讲，全面深化改革应当是效率与公平能够同时实现的“帕累托改进”，但在实践上，随着改革的深化，公平与效率之间兼容实现的条件越来越多、越来越高，甚至越来越苛刻。《决定》提出的制度和体制机制的设计就是要在新的历史条件下实现高水平的效率与公平的统一。①在强调推动技术革命性突破、生产要素创新性配置、产业深度转型升级的同时，还强调推动劳动者、劳动资料、劳动对象优化组合和更新跃升，二者都强调效率与公平的统一。②一方面，强调促进各类先进生产要素向发展新质生产力集聚，大幅提升全要素生产率；另一方面，强调破除跨地区经营行政壁垒，对侵犯各种所有制经济产权和合法利益的行为实行同责同罪同罚，完善惩罚性赔偿制度。③一方面，强调激励的市场化、效率化，提出健全劳动、资本、土地、知识、技术、管理、数据等生产要素由市场评价贡献，按贡献决定报酬的机制；另一方面，注重收入的公平性，提出“两个提高”，即提高居民收入在国民收入分配中的比重，提高劳动报酬在初次分配中的比重。④全面深化改革坚持以人民为中心，给人民创造历史伟业的舞台，让改革成果由人民共享。我们始终把促进更高效率基础上的社会公平正义作为一面镜子，审视我们各方面体制机制和制度政策规定，哪里有不符合促进社会公平正义的问题，哪里就需要改革。

4. 处理好活力和秩序的关系

处理好活力和秩序的关系，既是各国现代化面临的一道世界性难题，也是全面深化改革着力解决的重点问题。习近平总书记指出："在现代化的历史进程中，处理好这对关系是一道世界性难题。中国式现代化应当而且能够实现活而不乱、活跃有序的动态平衡。"① 从世界范围来看，现代化的过程既是一个催生新的社会阶层和群体的分化过程，也是已有社会阶层和群体不断产生新诉求与新需要的裂化过程，更是新旧社会阶层和群体之间相互对冲的演化过程。在这个分化、裂化、演化的过程中，会产生一系列问题，处理不好会冲击现代化，这包括：新的社会阶层和群体的需求在已有体制与组织架构下无法满足，或者无法及时满足，就会冲击现有体制的堤坝，如果堤坝不牢固，就会冲垮堤坝，产生很多无序行为甚至街头政治；已有社会阶层和群体产生的新需求与新社会阶层和群体产生的新需求之间会发生利益冲突，现有制度和体制机制在同一时间段内有可能只能满足一部分社会阶层和群体的要求，甚至是以牺牲其中一个或者几个社会阶层和群体来满足其他社会阶层和群体。全面深化改革就是要在破解这些难题中持续创造"经济快速发展"和"社会长期稳定"之间相互促进的世界奇迹。中国改革开放46年来已经实现了"经济快速发展"和"社会长期稳定"的两大奇迹，新时代续写了两大奇迹的新篇章。新时代新征程，全面深化改革要描绘更大更宏伟的两大奇迹新画卷。从《决定》中，我们可以看出画卷的绘就笔法。①推动国有资本和国有企业做强做优做大，增强核心功能，提升核心竞争力，使国有资本和国有企业成为活力之源。完善要素市场制度和规则，以良好的制度推动生产要素畅通流动、各类资源高效配置、市场潜力充分释放，使市场主体充满生机活力。②深化科技体制改革，让科技体制充满创新活力，允许科研类事业单位实行比一般事业单位更灵活的管理制度，探索实行企业化管理。③稳步扩大制度型开放，以开放促改革，以全面对外开放带动改革活力迸发。在产权保护、产业补贴、环境标准、劳动保护、政府采购、电子商务、金融等领域实现规则、规制、管理、标准相通相容，打造透明稳定可预期的制度环境；落实全面取消制造业领域外资准入限制措施，推动电信、互联网、教育、文化、医疗等领域有序扩大开放。在强调活力的同时，《决定》也特别强调秩序问题。①强调坚持稳中求进工作总基调，强调稳预期、稳增长、稳就业。稳预期就是稳住人们对未来的信心，稳住广大人民群众对未来的乐观期望。我们经常讲"信心比黄金更宝贵"。中国改革

---

① 习近平．推进中国式现代化需要处理好若干重大关系[J]．求是，2023(19)：4－8.

开放近半个世纪，取得世所罕见的奇迹，一个重要原因就是广大群众对未来始终有信心，感觉自己有奔头儿、有盼头儿。全面深化改革就是要增强人们的信心和预期。党的二十届三中全会通过的《决定》强调，完善改革激励和舆论引导机制，营造良好改革氛围。②推动国有资本向关系国家安全、国民经济命脉的重要行业和关键领域集中，向关系国计民生的公共服务、应急能力、公益性领域集中，向前瞻性战略性新兴产业集中。这“三个集中”是保持大局稳定的重要基础。③稳定城市常住人口的公共服务，推动其市民化。推行由常住地登记户口提供基本公共服务制度，推动符合条件的农业转移人口享有社会保险、住房保障、随迁子女义务教育等同迁入地户籍人口同等权利，加快农业转移人口市民化。④加强民族团结，消除民族隔阂和民族分裂，健全铸牢中华民族共同体意识制度机制，增强中华民族凝聚力。⑤完善促进机会公平制度机制，畅通社会流动渠道，防止阶层固化。

5. 处理好发展和安全的关系

处理好发展和安全的关系，既是中国式现代化的内在要求，也是全面深化改革的重要任务。发展和安全问题越来越关系密切，发展中的安全因素日益增多，有人民安全、政治安全、经济安全、军事科技文化社会安全、国际安全，有外部安全和内部安全、国土安全和国民安全、传统安全和非传统安全、自身安全和共同安全，等等。安全问题日益成为发展的内生因素，高水平的安全就会促进高质量的发展，安全水平低就难以实现高质量发展的要求。在全面深化改革的过程中，必须把国家安全体制机制改革同经济社会发展机制体制完善一起谋划和部署，一体推进和实施，既善于运用改革发展成果夯实国家安全的物质和经济基础，又善于塑造有利于经济社会发展的安全环境。《决定》提出以下两点。①突出风险的多样性。既强调了防范化解房地产、地方政府债务、中小金融机构等重点领域风险，又强调了织密社会安全风险防控网；既明确了有效防范化解意识形态风险问题，又明确了要有效应对外部风险挑战。②注重在全面深化改革中建立健全解决风险隐患问题的体制机制。如健全重大技术攻关风险分散机制，建立科技保险政策体系；建设安全高效的金融基础设施，建立风险早期纠正硬约束制度，筑牢有效防控系统性风险的金融稳定保障体系；健全金融消费者保护和打击非法金融活动机制，构建产业资本和金融资本“防火墙”；等等。

三、全面深化改革必须坚持系统观念，就要着力解决好一系列重大难题

当前和今后一个时期是以中国式现代化全面推进强国建设、民族复兴伟业的关键时期，我们面临的新矛盾新问题会层出不穷，面临的两难选择和多难选择问题会日益增多。全面深化改革就要在坚持系统观念中找到解决这些问题的具体的科学方法。

（一）运用好统筹兼顾的方法，科学解决诸多复杂难题

统筹兼顾是中国共产党长期运用的一个科学方法论，其哲学内涵就是马克思主义辩证法。1956 年，毛泽东在《论十大关系》中提出，社会主义建设的基本方针就是“统筹兼顾，各得其所”。2003 年 10 月，党的十六届三中全会作出的《中共中央关于完善社会主义市场经济体制若干问题的决定》提出了“统筹城乡发展、统筹区域发展、统筹经济社会发展、统筹人与自然和谐发展、统筹国内发展和对外开放”的新要求。

在新时代，由于中国特色社会主义事业的发展和全面建成社会主义现代化强国的新目标，统筹兼顾有新要求，因此《决定》提出了很多需要统筹的问题。

第一，统筹新型工业化、新型城镇化和乡村全面振兴，全面提高城乡规划、建设、治理融合水平，促进城乡要素平等交换、双向流动，缩小城乡差别，促进城乡共同繁荣发展。这是三个方面之间的统筹，新型工业化如何更好地带动新型城镇化和乡村全面振兴，新型城镇化如何更好地为新型工业化提供空间和动力，乡村全面振兴如何为新型工业化、新型城镇化提供更多支持。如果统筹得当，三者之间就会相互配合，形成合力；如果统筹不当，就会带来诸多问题。在推进新型工业化、培育壮大先进制造业集群的过程中，应当更多考虑在县域部署产业集群，让县域经济实力壮大起来，既有利于新型城镇化的推进，也有利于乡村全面振兴。

第二，统筹推进教育科技人才体制机制一体改革，使教育强国建设、科技强国建设、人才强国建设“三位一体”统一起来。《决定》提出建立科技发展、国家战略需求牵引的学科设置调整机制和人才培养模式，加强基础学科、新兴学科、交叉学科建设和拔尖人才培养，这一机制和模式的完善会为科技强国、人才强国建设提供重要保证。每一个强国建设中都包含统筹：统筹推进育人方式、办学模式、管理体制、保障机制改革；优化重大科技创新组织机制，统筹强化关键核心技术攻关；

推进科技创新央地协同，统筹各类科创平台建设。

第三，统筹建立粮食产销区省际横向利益补偿机制，在主产区利益补偿上迈出实质步伐，这是保证国家粮食安全和各地区协调发展的要求，意义重大。统筹推进粮食购销和储备管理体制机制改革，建立监管新模式，既能够促进粮食安全水平提高，又能够促进粮食节约和利用效率提升。这些统筹有的是整体领域上的统筹，有的是具体领域各个方面的统筹。

（二）在增强宏观政策取向一致性中实现决策科学化

由于改革总目标之下有多个分目标，在推进改革进程中，如何使多目标都趋向总目标，是一个重要问题。坚持系统观念，就要使分目标都围绕总目标展开和实现。要加强改革政策的合力效应，增强宏观政策取向一致性。系统观念要求围绕改革发展大局，围绕全面深化改革总目标，加强财政、金融、税收、产业、区域、科技、环保、就业、社保等政策协调配合，把非经济性政策纳入宏观政策取向一致性评估，强化政策统筹，确保同向发力、形成合力。《决定》明确指出，围绕实施国家发展规划、重大战略促进财政、货币、产业、价格、就业等政策协同发力，“把经济政策和非经济性政策都纳入宏观政策取向一致性评估”①。这种一致性评估意义重大，一方面，可以防止重大决策出现明显的长期化的负面效应；另一方面，可以解决不同部门之间的政策掣肘问题。

第一，一致性评估可以及时发现和预防政策实施在中长期过程中的变异。虽然很多政策特别是重大政策在短期内容易取得实效，但这些效果在中长期时间段内就会出现一些负面的问题，往往会消解已有的成效。早在 2018 年 11 月民营企业座谈会上的讲话中，习近平总书记就指出：“任何一项政策出台，不管初衷多么好，都要考虑可能产生的负面影响，考虑实际执行同政策初衷的差别，考虑同其他政策是不是有叠加效应，不断提高政策水平。”② 一致性评估就包括对政策的短期效应、中期效能、长期效度的连续性评估，使这一政策在时间上是连续进行的，而不是最终效果远离了甚至背离了政策制定的初衷。

第二，一致性评估可以有效防止公共政策上的所谓“合成谬误”。“合成谬误”是指对于个体来说是对的东西，在整体上并不总是对的。从各部门来看，虽然每项

---

① 中共中央关于进一步全面深化改革、推进中国式现代化的决定[M]. 北京：人民出版社，2024：18.

② 习近平. 在民营企业座谈会上的讲话（2018 年 11 月 1 日）[N]. 人民日报，2018－11－02.

政策的制定和执行都有一定道理，都有自身的合法依据，但当这些政策被齐头并进强力实施时，会出现南辕北辙的情形，有的部门是向东的，有的部门是往西的。在具体工作中，有些政策互相不协调，政策效应同向叠加或者工作方式简单，导致一些初衷是好的政策产生了相反作用。习近平总书记深刻地指出："要提高政府部门履职水平，按照国家宏观调控方向，在安监、环保等领域微观执法过程中避免简单化，坚持实事求是，一切从实际出发，执行政策不能搞'一刀切'。"①

全面深化改革是只有进行时没有完成时的伟大事业，是关乎14亿多中国人民、关乎世界人民利益的宏伟工程，在推进这一伟大事业、建设这一宏伟工程过程中，坚持系统观念有十分重要的现实意义。

① 习近平．在民营企业座谈会上的讲话(2018年11月1日)[N]．人民日报,2018－11－02.

作者简介

陈曙光，中共中央党校（国家行政学院）科研部主任、教授、博士研究生导师，入选国家“万人计划”哲学社会科学领军人才、全国文化名家暨“四个一批”人才、长江学者，享受国务院政府特殊津贴专家。兼任教育部思政课分教指委副主任委员、国家社科基金重大项目首席专家、全国21世纪马克思主义研究会常务副会长、全国辩证唯物主义研究会常务理事、中国人学学会常务理事。主持国家社科基金重大项目等6项，主持教育部重大专项1项。在《中国社会科学》《哲学研究》《政治学研究》《马克思主义研究》《求是》《人民日报》《光明日报》等报刊发表文章200余篇，出版个人学术专著8部。荣获中央党校、教育部人文社科成果二等奖，湖北省人文社科成果一等奖，中国马克思主义研究基金会优秀成果一等奖以及其他奖励10多项。在中央党校省部班、中青班等核心班次主讲多个专题，广受学员好评。

陈曙光：进一步全面深化改革要处理好若干重大关系

党的十八大以来，以习近平同志为核心的党中央高举改革开放的鲜明旗帜，作出全面深化改革的重大战略部署，系统谋划改革的实践路径、重大原则和科学方法，形成了改革开放以来最丰富、最全面、最系统的改革方法论，为全面深化改革提供了根本遵循。习近平总书记在省部级主要领导干部学习贯彻党的二十届三中全会精神专题研讨班开班式上发表重要讲话强调，“改革是一项系统工程，需要讲求科学方法，处理好方方面面的关系”。进一步全面深化改革涉及各个领域、方方面面，需要正确处理改革与法治、破与立、改革与开放、部署与落实等若干重大关系，坚持两点论，找准平衡点，照辩证法办事，推动进一步全面深化改革行稳致远。

一、改革与法治

2024 年 10 月 29 日，习近平总书记在省部级主要领导干部学习贯彻党的二十届三中全会精神专题研讨班开班式上的重要讲话中指出，要坚持改革和法治相统一，以改革之力完善法治，进一步深化法治领域改革，不断完善中国特色社会主义法治体系；更好发挥法治在排除改革阻力、巩固改革成果中的积极作用，善于运用法治思维和法治方式推进改革，做到重大改革于法有据，平等保护全体公民和法人的合法权益。

改革与法治同为实现国家善治的重要机制，二者是辩证统一的。习近平总书记指出，“改革和法治如鸟之两翼、车之两轮”，二者相辅相成、相伴相生，要一体考虑，协同推进，不可偏废。改革的特点是变，表现为创新性，强调革故鼎新；法律的特点是定，表现为稳定性，强调规则秩序。法治筑就底线，改革不能逾越法律红线，重大改革必须于法有据；改革破除藩篱，更好发挥法治在排除改革阻力、巩固改革成果中的积极作用。

推进国家治理体系和治理能力现代化，需要改革和法治双轮驱动、协同共进。古今中外，任何国家的改革往往首先体现为改法，法律的立改废是改革最重要的标志。我国历史上的历次变法，都是改革和法治紧密结合，变旧法、立新法，改旧制、出新章。战国时期商鞅变法是改革，宋代王安石变法是改革，明代张居正变法也是改革，晚清光绪变法还是为了改革。改革是社会发展的不竭动力，能够通过对旧制度、旧关系进行局部或根本性调整以解放和发展生产力，激发社会生机与活力，实现经济社会的可持续发展；法治是治理国家的重要方式，能够通过制定法律法规以维持社会秩序稳定，巩固改革发展成果，保障国家各项事业有序进行。只有把改革与法治统一于推进国家治理体系和治理能力现代化之中，统一于中国特色社会主义制度的完善之中，“在法治下推进改革，在改革中完善法治”，实现全面深化改革与全面依法治国良性互动、相得益彰，才能不断开创改革开放新局面。

在法治下推进改革，确保重大改革于法有据、有序推进。改革必须维护宪法法律权威，改革的目标和重大举措都必须纳入法治程序，任何组织和个人都不得有超越宪法法律的特权，任何重大改革都必须于法有据，任何时候都必须牢牢把握“法定职权必须为、法无授权不可为”的基本要求。改革过程中要自觉践行法治原则，在法治框架内规范改革：主动运用法治思维谋划改革工作，做到法治之下想问题；积极运用法治方式破解改革难题，做到法治之内办事情。严格地说，打法律的“擦边球”、钻法律的空子，这不是改革，也不是本事。随着改革开放的持续深入，我们面临的各种风险挑战不断增多，改革只有运用法治手段，才能化解重大风险；只有纳入法治轨道，才能行稳致远。

在改革中完善法治，“坚持改革决策和立法决策相统一、相衔接”。小智治事，中智治人，大智立法。法律具有稳定性，但并非一成不变，“改革要于法有据，但也不能因为现行法律规定就不敢越雷池一步，那是无法推进改革的”。面对社会变革的新形势，法治建设应主动适应改革的现实需要，改革走到哪一步，法治建设就要跟进到哪一步。要坚持立法主动适应改革需求，“处理好改革与相关法律立改废的关系”，“在研究改革方案和改革措施时，要同步考虑改革涉及的立法问题，及时提出立法需求和立法建议。实践证明行之有效的，要及时上升为法律。实践条件还不成熟、需要先行先试的，要按照法定程序作出授权。对不适应改革要求的法律法规，要及时修改和废止”。法治建设只有符合时代需求、适应改革需要，才能获得内生动力，取得治理成效。

二、破与立

习近平总书记指出，要坚持破和立的辩证统一，破立并举、先立后破，该立的积极主动立起来，该破的在立的基础上及时破，在破立统一中实现改革蹄疾步稳。

古人云：“不破不立，不塞不流，不止不行。”破不是要“打倒一切”“砸烂一切”，立不是要“改弦易辙”“另起炉灶”。破与立的真谛在于当破则破，当立则立，破为立之始，立在破之中。有破无立，必然导致社会失序，出现治理真空地带，甚至走向无政府状态；只立不破，必然出现改革反复，该立的最终也难以立起来。

破旧与立新是对立统一的关系。破，就是要突破陈规，就是要有辩证的否定精神，敢于破除已经被实践证明是错误的东西，打破习惯势力和主观偏见的束缚，把思想认识从那些不合时宜的观念、做法和体制的束缚中解放出来，从对马克思主义的错误的和教条式的理解中解放出来，从主观主义和形而上学的桎梏中解放出来，使主观与客观相符合，使思想与实际相一致；立，就是要创立新说、创新实践、创设制度，就是要秉承科学的创新精神，大力推进实践基础上的理论创新、实践创新、制度创新、文化创新以及其他各方面创新。

全面深化改革既要敢于破，又要善于立；既要破中有立防止失序，又要立中有破防止反复。习近平总书记指出：改革“一定要有自我革新的勇气和胸怀，跳出条条框框限制，克服部门利益掣肘，以积极主动精神研究和提出改革举措”；“搞改革，现有的工作格局和体制运行不可能一点都不打破”。只要经过充分论证和评估，只要符合实际，该破的就要大胆地破。破就是破经济社会发展的瓶颈，破体制机制的障碍，破利益固化的藩篱，破权力寻租的土壤，破不合时宜的思维定式；立就是围绕进一步全面深化改革的总目标，确立与国家治理体系和治理能力现代化相匹配的新体制、新机制、新做法、新理念、新制度。

全面深化改革的过程就是破与立相结合的过程。党的十八大以来，党中央出台的每一项改革举措都体现了“破立结合”的改革辩证法。比如，在经济体制改革方面，不破除 GDP 崇拜，新发展理念就难以立起来，供给侧结构性改革就推不下去，不破除市场壁垒、地方保护之弊，就难以立全国统一大市场之制；在政治体制改革方面，不结束过去多头管理的反腐败格局，就不可能建立集中高效的国家监察体系；在行政体制改革方面，不破除过去的行政许可审批格局，“一站式”改革、“只跑一趟”改革就难以落地；在社会体制改革方面，不废除养老金的“双轨制”，就无法建立更公平、更可持续的养老金制度；在军事体制改革方面，不摒弃大军区体制、“大陆军”思维，现代军事体制就立不起来。此外，在破旧立新的过程中，旧与新要衔接好，避免出现真空和缝隙。如果不注意配套和衔接，不注意时序和步骤，就极容易产生体制机制上的漏洞。党的二十届三中全会通过的《中共中央关于进一步全面深化改革、推进中国现代化的决定》（以下简称《决定》）对进一步全面深化改革作出了战略部署，这些重大改革举措既蕴含了破的功夫，也体现了立的要求，贯穿了“破立并举、先立后破”的改革方法论。

三、改革与开放

改革与开放既紧密联系又有所区别，二者互为条件、相互依存、互相促进。习近平总书记曾深刻阐明改革和开放的内在关系。他指出，改革和开放相辅相成、相互促进，改革必然要求开放，开放也必然要求改革。坚持向改革要动力，善于用改革的办法解决发展中的问题。中国的改革不会停顿，开放不会止步。

改革开放是党和人民大踏步赶上时代的重要法宝。在新时代，统筹推进深层次改革和高水平开放，是用好改革开放这一法宝的重要保障。2013 年 9 月 29 日，我国首个自由贸易试验区在上海诞生。2014 年 5 月，习近平总书记在深入上海自贸试验区考察调研时，提出要把扩大开放同改革体制结合起来。每一轮改革总是带来新一轮开放，而更深层次的开放也必将推动改革向纵深迈进。如今，上海自贸试验区外商投资准入负面清单从 190 条缩减至 27 条，国家层面已累计复制推广了 349 项自贸试验区制度创新成果。2013 年以来，我国已先后设立 22 个自贸试验区，形成了覆盖东西南北中，统筹沿海、内陆、沿边的改革开放创新格局。党的十八大以来，我国持续推进营商环境建设，在经济合作与发展组织发布的全球营商环境排名中，位次逐步提升。

开放是中国式现代化的鲜明标识。必须坚持对外开放基本国策，坚持以开放促改革，依托我国超大规模市场优势，在扩大国际合作中提升开放能力，建设更高水平开放型经济新体制。“制度型开放”成为新时代改革开放的亮丽名片。党的二十届三中全会后，习近平总书记发出了“扩大制度型开放”的明确信号，在纪念邓小平同志诞辰 120 周年座谈会上强调“稳步扩大制度型开放”，向美中关系全国委员会 2024 年度颁奖晚宴致贺信中强调“中国将加大制度型开放力度”，在福建考察时要求“福建和厦门要适应形势发展，稳步推进制度型开放，对接国际高标准深耕细作”。在2024年10月29日省部级主要领导干部学习贯彻党的二十届三中全会精神专题研讨班开班式上，习近平总书记深刻指出，“要坚持改革和开放相统一，稳步扩大制度型开放，主动对接国际高标准经贸规则，深化外贸、外商投资和对外投资管理体制改革，营造市场化、法治化、国际化一流营商环境”。进一步加快国内制度规则与国际接轨，推动由商品和要素流动型开放向规则、规制、管理、标准等制度型开放转变，推动建设更高水平开放型经济新体制，以高水平开放促进深层次改革和高质量发展。党的二十届三中全会以来，习近平总书记多次对扩大制度型开放提出明确要求、指明发力方向的讲话，为我们统筹推进深层次改革与高水平开放指明了前进方向，提供了根本遵循。

四、部署与落实

习近平总书记指出，要处理好部署和落实的关系，改革方案的设计必须把握客观规律，注重各项改革举措的协调配套，增强改革取向的一致性，建立健全责任明晰、链条完整、环环相扣的工作机制，强化跟踪问效，推动改革举措落实落细落到位。

实践观点是马克思主义哲学首要的基本的观点，实践第一是中国共产党人的重要品质。马克思曾批判道，哲学家只是解释世界，问题在于改变世界。社会生活在本质上是实践的，社会主义是干出来的，改革开放是干出来的，世界上的事情都是干出来的。不争论、不折腾，拿事实来说话，拿实践来检验，这是改革开放获得成功的重要经验。空谈误国，实干兴邦。进一步全面深化改革，只能立足于干；不干，半点希望都没有。

全面深化改革，关键在落实。习近平总书记指出，“制定出一个好文件，只是万里长征走完了第一步，关键还在于落实文件”。全面深化改革，“一分部署，九分落实”，这是对马克思主义实践品格的最好阐释，也是对中国共产党人实干精神的真实写照。各级党委政府、各级领导干部，要以“钉钉子”精神抓好改革落实，既当拥护改革、推进改革的改革促进派，又当干在实处、走在前列的改革实干家，共同做好全面深化改革这篇大文章，奋力谱写新时代改革开放新篇章。

改革争在朝夕，落实难在方寸。今天，进一步全面深化改革的时间表、路线图已经出来，能否确保党的二十届三中全会提出的重大改革举措精准落地，能否确保党中央确定的改革方向不偏离、党中央明确的改革任务不跳票、党中央绘制的改革蓝图不落空、党中央承诺的改革时间表不拖宕，能否确保改革精准对接发展所需、基层所盼、民心所向，关乎改革成败，关乎政道人心，关乎国家长治久安。如果不沉下心来抓落实，那么再好的目标、再美的蓝图、再实的举措，也不过是镜中花、水中月。习近平总书记要求，全党必须聚焦聚神聚力抓改革落实，抓铁有痕、踏石留印，盯住抓、反复抓，直至抓出成效。

抓落实要讲究章法，注重节奏。全面深化改革不能单兵突进，也不能齐头并进；不能畸轻畸重，也不能同等发力；不能一哄而上，也不能拖宕停滞。习近平总书记强调："要有序推进改革，该中央统一部署的不要抢跑，该尽早推进的不要拖宕，该试点的不要仓促推开，该深入研究后再推进的不要急于求成，该得到法律授权的不要超前推进。"全面深化改革要踩准节奏，讲究章法，注重优先顺序，掌握方法步骤，对条件成熟的加快推进，对各方面认识不一致的寻找最大公约数，对各方面要求强烈的不要拖宕，对看准了的立行立改，对一时把不准的先行试点。在任何时候，改革都不能自乱阵脚、失了方寸。

以"钉钉子"精神抓改革落实。全面深化改革，涉及点多、面广、事杂，不能东一榔头西一棒槌，不能捡了芝麻丢了西瓜，要一个难关接着一个难关啃，一个问题接着一个问题解决。关乎长远的改革，要有一张蓝图绘到底的定力，一茬接着一茬干，切忌有始无终、半途而废，切忌虎头蛇尾、朝令夕改，切忌推倒重来、搞"兜底翻"；要有"功成不必在我"的思想境界，不折腾、不反复，久久为功，直至取得改革实效；要有言必信、行必果的担当，改革不做样子，不做表面文章，真抓实干、力求实效；要有踏石留印、抓铁有痕的劲头，盯着抓、反复抓，积小胜为大胜。

作者简介

卫庶，人民日报海外版高级编辑、高级记者，现任人民日报海外版正局级编委、副总编辑。曾担任内蒙古自治区乌拉特前旗旗委副书记，并在人民日报社青海分社、天津分社担任社长职务。2020 年 9 月 4 日成为中国作家协会会员，显示出在新闻报道和文学创作方面的卓越成就。

卫　庶：文明因交流而多彩　文明因互鉴而丰富

2023 年 3 月，在中国共产党与世界政党高层对话会上，习近平总书记提出了“共同倡导尊重世界文明多样性”“共同倡导弘扬全人类共同价值”“共同倡导重视文明传承和创新”“共同倡导加强国际人文交流合作”等全球文明倡议。习近平总书记提出的相关一系列重要理念、重大主张，为推动人类文明进步、应对全球共同挑战提供了战略指引。习近平总书记关于促进文明交流互鉴的重要论述，深刻揭示了人类文明发展的基本规律，体现了我们大党大国的天下情怀和责任担当。党的二十届三中全会通过的《中共中央关于进一步全面深化改革、推进中国式现代化的决定》进一步提出，“建设全球文明倡议践行机制。推动走出去、请进来管理便利化，扩大国际人文交流合作”。

一、世界文明之园万紫千红、生机盎然

2019 年 5 月 15 日，习近平总书记在亚洲文明对话大会开幕式上的主旨演讲中指出：“每一种文明都扎根于自己的生存土壤，凝聚着一个国家、一个民族的非凡智慧和精神追求，都有自己存在的价值。”

人类文明多样性是世界的基本特征，也是人类进步的源泉。世界上有 200 多个国家和地区、2500 多个民族、多种宗教。不同历史和国情、不同民族和习俗，孕育了不同文明，使世界更加丰富多彩。每一个国家和民族的文明都扎根于本国本民族的土壤之中，都有自己的本色、长处、优点。文明差异不应该成为世界冲突的根源，而应该成为人类文明进步的动力。我们应该少一点傲慢和偏见、多一些尊重和包容，拥抱世界的丰富多样，努力做到求同存异、取长补短，谋求和谐共处、合作共赢。

坚持世界是丰富多彩的、文明是多样的理念。文明的繁盛、人类的进步，离不

开求同存异、开放包容，离不开文明交流、互学互鉴。历史呼唤着人类文明同放异彩，不同文明应该和谐共生、相得益彰，共同为人类发展提供精神力量。让人类创造的各种文明交相辉映，编织出斑斓绚丽的图画，共同消除现实生活中的文化壁垒，共同抵制妨碍人类心灵互动的观念纰缪，共同打破阻碍人类交往的精神隔阂，让各种文明和谐共存，让人人享有文化滋养。

不同文明、制度、道路的多样性及交流互鉴可以为人类社会进步提供强大动力。中国有句古话："万物并育而不相害，道并行而不相悖。"正如中国人喜欢茶而比利时人喜爱啤酒一样，茶的含蓄内敛和酒的热烈奔放代表了品味生命、解读世界的两种不同方式。但是，茶和酒并不是不可兼容的，既可以酒逢知己千杯少，也可以品茶品味品人生。我们应该维护各国各民族文明多样性，加强相互交流、相互学习、相互借鉴，而不应该相互隔膜、相互排斥、相互取代，只有这样世界文明之园才能万紫千红、生机盎然。

二、文明是平等的

习近平总书记指出："文明没有高下、优劣之分，只有特色、地域之别。"

文明是平等的。人类文明因平等才有交流互鉴的前提。各种人类文明在价值上是平等的，都各有千秋，也各有不足。世界上不存在十全十美的文明，也不存在一无是处的文明。人类文明没有高低、优劣之分，因为平等交流而变得丰富多彩，正所谓"五色交辉，相得益彰；八音合奏，终和且平"。

文明是包容的。人类文明因包容才有交流互鉴的动力。海纳百川，有容乃大。人类创造的各种文明都是劳动和智慧的结晶，每一种文明都是独特的。在文明问题上，生搬硬套、削足适履不仅是不可能的，而且是十分有害的。一切文明成果都值得尊重，一切文明成果都要珍惜。只要秉持包容精神，就不存在什么"文明冲突"，就可以实现文明和谐。这就是中国人常说的："萝卜青菜，各有所爱。"

不同文明没有优劣之分，只有特色之别。在漫长历史长河中，如亚洲的黄河和长江流域、印度河和恒河流域、幼发拉底河和底格里斯河流域以及东南亚等地区孕育了众多古老文明，彼此交相辉映、相得益彰，为人类文明进步作出了重要贡献。今天的亚洲，多样性的特点仍十分突出，不同文明、不同民族、不同宗教汇聚交融，共同组成多彩多姿的亚洲大家庭。

三、交流互鉴是文明发展的本质要求

习近平总书记指出："文明因交流而多彩，文明因互鉴而丰富。文明交流互鉴，是推动人类文明进步和世界和平发展的重要动力。"习近平总书记强调："我们应该推动不同文明相互尊重、和谐共处，让文明交流互鉴成为增进各国人民友谊的桥梁、推动人类社会进步的动力、维护世界和平的纽带。我们应该从不同文明中寻求智慧、汲取营养，为人们提供精神支撑和心灵慰藉，携手解决人类共同面临的各种挑战。"

文明交流互鉴，是推动人类文明进步和世界和平与发展的重要动力。文明因交流而多彩，文明因互鉴而丰富。一切生命有机体都需要新陈代谢，否则生命就会停止。文明也一样，如果长期自我封闭，就必将走向衰落。交流互鉴是文明发展的本质要求。历史告诉我们，一种文明只有同其他文明交流互鉴、取长补短，才能保持旺盛生命力。我们要通过推动跨国界、跨时空、跨文明的交流互鉴活动，促进各国人民相互了解、相互理解、相互支持、相互帮助，在世界各国人民心灵中坚定和平理念、坚定共同发展理念，形成防止和反对战争、推动共同发展的强大力量。

"物之不齐，物之情也。"文明交流互鉴不应该以独尊某一种文明或者贬损某一种文明为前提。推动文明交流互鉴，可以丰富人类文明的色彩，让各国人民享受更富内涵的精神生活、开创更有选择的未来。对待不同文明，我们需要比天空更宽阔的胸怀。文明如水，润物无声。我们应该推动不同文明相互尊重、和谐共处，坚持交流互鉴，才能建设一个开放包容的世界。

"和羹之美，在于合异。"文明相处需要和而不同的精神。只有在多样中相互尊重、彼此借鉴、和谐共存，这个世界才能丰富多彩、欣欣向荣。不同文明凝聚着不同民族的智慧和贡献，没有高低之别，更无优劣之分。文明之间要对话，不要排斥；要交流，不要取代。人类历史就是一幅不同文明相互交流、互鉴、融合的宏伟画卷。我们要尊重各种文明，平等相待，互学互鉴，兼收并蓄，推动人类文明实现创造性发展。

尺有所短，寸有所长。我们要树立平等、互鉴、对话、包容的文明观。历史告诉我们，只有交流互鉴，一种文明才能充满生命力。迈向命运共同体，必须坚持不同文明兼容并蓄、交流互鉴，以文明交流超越文明隔阂，以文明互鉴超越文明冲突，以文明共存超越文明优越。我们要倡导交流互鉴，注重汲取不同国家、不同民族创造的优秀文明成果。要促进不同文明不同发展模式交流对话，在竞争比较中取长补短，在交流互鉴中共同发展，让文明交流互鉴成为增进各国人民友谊的桥梁、推动人类社会进步的动力、维护世界和平的纽带。

进行文明相互学习借鉴，要坚持从本国本民族实际出发。要坚持取长补短、择善而从，讲求兼收并蓄；但兼收并蓄不是囫囵吞枣、莫衷一是，而是要去粗取精、去伪存真。要积极架设不同文明互学互鉴的桥梁，深入开展教育、科学、文化、体育、旅游、卫生、考古等各领域人文合作，加强议会、政党、民间组织往来，密切妇女、青年、残疾人等群体交流，形成多元互动的人文交流格局。

四、推动中华文化更好走向世界

2022 年 10 月 16 日，习近平总书记在党的二十大报告中强调，深化文明交流互鉴，推动中华文化更好走向世界。2023 年 10 月，习近平总书记对宣传思想文化工作作出重要指示，提出“七个着力”的要求，其中之一是“着力加强国际传播能力建设、促进文明交流互鉴”。2024 年 7 月，党的二十届三中全会通过的《中共中央关于进一步全面深化改革、推进中国式现代化的决定》提出，“建设全球文明倡议践行机制。推动走出去、请进来管理便利化，扩大国际人文交流合作”。

中华文明具有突出的包容性。这从根本上决定了中华民族交往交流交融的历史取向，决定了中国各宗教信仰多元并存的和谐格局，决定了中华文化对世界文明兼收并蓄的开放胸怀。中华文明在 5000 多年不间断的历史传承中兼容并蓄、创新升华。中华人民共和国成立 70 多年来，中国坚持保护和传承中华优秀传统文化，推动中外文明交流互鉴，为人类文明进步作出了积极贡献。

中国共产党将致力于推动文明交流互鉴，促进人类文明进步。当今世界不同国家、不同地区各具特色的现代化道路，植根于丰富多样、源远流长的文明传承。人类社会创造的各种文明都闪烁着璀璨光芒，为各国现代化积蓄了厚重底蕴、赋予了鲜明特质，并跨越时空、超越国界，共同为人类社会现代化进程作出了重要贡献。中国式现代化作为人类文明新形态，与全球其他文明相互借鉴，必将极大丰富世界文明百花园。以文载道、以文传声、以文化人，我们要向世界阐释推介更多具有中国特色、体现中国精神、蕴藏中国智慧的优秀文化。要注重把握好基调，既开放自信也谦逊谦和，努力塑造可信、可爱、可敬的中国形象。

我们要推动中华优秀传统文化创造性转化、创新性发展，不断增强中华民族凝聚力和中华文化影响力，深化文明交流互鉴，讲好中华优秀传统文化故事，推动中华文化更好走向世界。要讲清楚中国是什么样的文明和什么样的国家，讲清楚中国人的宇宙观、天下观、社会观、道德观，展现中华文明的悠久历史和人文底蕴，促使世界读懂中国、读懂中国人民、读懂中国共产党、读懂中华民族。

用文明交流交融破解“文明冲突论”。中华文明5000多年发展史充分说明，无论是物种、技术，还是资源、人群，甚至于思想、文化，都是在不断传播、交流、互动中得到发展、得到进步的。互联网是传播人类优秀文化、弘扬正能量的重要载体。中国愿通过互联网架设国际交流桥梁，推动世界优秀文化交流互鉴，推动各国人民情感交流、心灵沟通。我们愿同各国一道，发挥互联网传播平台优势，让各国人民了解中华优秀文化，让中国人民了解中国优秀文化，共同推动互联网文化繁荣发展，丰富人们精神世界，促进人类文明进步。

担负起凝聚共识的责任，坚守和弘扬全人类共同价值。在各国前途命运紧密相连的今天，不同文明包容共存、交流互鉴，在推动人类社会现代化进程、繁荣世界文明百花园中具有不可替代的作用。我们要本着对人类前途命运高度负责的态度，做全人类共同价值的倡导者，以宽广胸怀理解不同文明对价值内涵的认识，尊重不同国家人民对价值实现路径的探索，把全人类共同价值具体地、现实地体现到实现本国人民利益的实践中去。

作者简介

陈志刚，北京大学哲学博士，中国社会科学院社会学研究所博士后。现为中国社会科学院马克思主义研究院纪委书记、副院长，二级研究员，博士研究生导师，兼任中国社会科学院习近平新时代中国特色社会主义思想研究中心主任、中国人学学会常务理事。2023 年，获国务院政府特殊津贴。主要研究方向为马克思主义理论、党建理论、习近平新时代中国特色社会主义思想。

专著有《全球化与现代性的超越》《现代性批判及其对话》《新时代党的建设探微》等。译著有《哈贝马斯》《全球化与反全球化》《反对资本主义》等。主编“中国共产党伟大精神丛书”、《党建蓝皮书》。在《哲学研究》《马克思主义研究》《中国特色社会主义研究》《党的文献》《红旗文稿》《人民日报》《光明日报》《经济日报》等报刊发表文章近 200 篇。目前正主持国家社科基金重大项目“中国共产党领导人民创造的人类文明新形态研究”（批准号：22ZDA020）；主持完成中宣部、中纪委、全国政协委托课题，国家社科基金课题 10 多项；获省部级奖励 10 多项。

陈志刚：中国式现代化的强大动力和制度保障

习近平总书记指出 ：“改革开放是当代中国发展进步的活力之源，是我们党和人民大踏步赶上时代前进步伐的重要法宝，是坚持和发展中国特色社会主义的必由之路。”① 新时代新征程，必须进一步全面深化改革，为中国式现代化提供强大动力和制度保障。党的二十届三中全会审议通过的《中共中央关于进一步全面深化改革、推进中国式现代化的决定》（以下简称《决定》），紧紧围绕“推进中国式现代化”这个主题擘画进一步全面深化改革战略举措，是指导新征程上进一步全面深化改革的纲领性文件，必将为中国式现代化提供强大动力和制度保障。

一、进一步全面深化改革对于推进中国式现代化具有重大意义

（一）进一步全面深化改革、推进中国式现代化，是推进国家治理体系和治理能力现代化的必然要求

制度建设具有根本性、全局性、稳定性和长期性。完善的制度体系是治理体系和治理能力现代化的根本保证。党的十八届三中全会确定了全面深化改革的总目标，即完善和发展中国特色社会主义制度、推进国家治理体系和治理能力现代化。当前，我国各领域基础性制度框架基本建立，许多领域还实现了历史性变革、系统性重塑、整体性重构，中国特色社会主义制度更加成熟更加定型，国家治理体系和治理能力现代化水平明显提高，总体如期完成了党的十八届三中全会提出的改革目标任务。新征程上，国际国内形势的新变化提出了许多新课题，已有的制度需要不断健全，

① 中共中央文献研究室．习近平关于全面深化改革论述摘编[M]．北京：中央文献出版社，2014：3.

新领域新实践也需要推进制度创新、填补制度空白。因此，进一步全面深化改革，继续完善和发展中国特色社会主义制度、推进国家治理体系和治理能力现代化，必将不断把我国制度优势更好转化为国家治理效能。

（二）进一步全面深化改革、推进中国式现代化，是贯彻新发展理念、更好适应我国社会主要矛盾变化的必然要求

中国特色社会主义进入新时代，我国社会主要矛盾已经转化为人民日益增长的美好生活需要和不平衡不充分的发展之间的矛盾。“创新、协调、绿色、开放、共享”新发展理念的提出，深化了对我国经济发展阶段性特征和规律的认识。

面对创新能力不适应高质量发展要求、关键核心技术受制于人的局面没有得到根本性改变的问题，必须坚持创新是引领发展的第一动力，深化科技体制改革，深入实施创新驱动发展战略，实现高水平科技自立自强，牢牢掌握发展主动权；面对农业基础还不稳固、城乡区域发展和收入分配差距仍然较大的问题，必须坚持协调是持续健康发展的内在要求，完善城乡融合发展体制，完善收入分配制度，解决好收入城乡差距、地区差距、分配差距问题；面对生态环境保护仍然存在短板的问题，必须坚持绿色是永续发展的必要条件和人民对美好生活追求的重要体现，深化生态文明体制改革，坚持人与自然和谐共生，坚持绿色低碳发展；面对国际社会逆全球化和保护主义思潮抬头的问题，坚持开放是国家繁荣发展的必由之路；面对一些领域机会不公平、规则不平等的问题，必须打破利益的藩篱和体制壁垒，完善全过程人民民主制度体系，健全保障和改善民生制度体系等，让人民共享经济、政治、文化、社会、生态等各方面发展成果，有更多、更直接、更实在的获得感、幸福感、安全感。

（三）进一步全面深化改革、推进中国式现代化，是坚持以人民为中心、让现代化建设成果更多更公平惠及全体人民的必然要求

中国式现代化是全体人民共同富裕的现代化，在发展中保障和改善民生是中国式现代化的重大任务。党的十八大以来，我们党深入贯彻以人民为中心的发展思想，人民生活全方位改善，人民群众获得感、幸福感、安全感更加充实、更有保障、更可持续，共同富裕取得新成效。

在迈向全面建设社会主义现代化国家新征程中，我们必须清醒看到，人民在就业、教育、医疗、托育、养老、住房等方面依然面临着难题，必须进一步全面深化

改革，以促进社会公平正义、增进人民福祉为出发点和落脚点，健全保障和改善民生制度体系，不断满足人民对美好生活的向往。

（四）进一步全面深化改革、推进中国式现代化，是应对重大风险挑战、推动党和国家事业行稳致远、在百年变局中赢得战略主动的必然要求

当前和今后一个时期，是以中国式现代化全面推进强国建设、民族复兴伟业的关键时期。这一关键时期，是战略机遇和风险挑战并存、不确定难预料因素增多的时期，各种“黑天鹅”“灰犀牛”事件随时可能发生，我们必须准备经受风高浪急甚至惊涛骇浪的重大考验，以进一步的全面深化改革坚决破除体制机制弊端，充分彰显中国特色社会主义的制度优势，切实防范化解各种风险挑战。

当前，世界之变、时代之变、历史之变正以前所未有的方式展开。一方面，和平、发展、合作、共赢是不可阻挡的时代潮流；另一方面，和平赤字、发展赤字、安全赤字、治理赤字加重，人类社会面临前所未有的挑战。

中国式现代化是走和平发展道路的现代化。实现中国式现代化，必须统筹国际国内两个大局。把国内发展与对外开放统一起来，以高水平的社会主义市场经济体制推进高水平的对外开放，积极推动构建人类命运共同体，深化外事工作机制改革，参与引领全球治理体系改革和建设，在激烈的国际竞争中赢得战略主动，坚定维护国家主权、安全、发展利益，为进一步全面深化改革、推进中国式现代化营造良好外部环境。

（五）进一步全面深化改革、推进中国式现代化，是深入推进新时代党的建设新的伟大工程、建设更加坚强有力的马克思主义政党的必然要求

办好中国的事情，关键在党，关键在坚持党要管党、全面从严治党。“在新时代，我们党领导人民进行伟大社会革命，涵盖领域的广泛性、触及利益格局调整的深刻性、涉及矛盾和问题的尖锐性、突破体制机制障碍的艰巨性、进行伟大斗争形势的复杂性，都是前所未有的。”[①] 我们党只有时刻保持解决大党独有难题的清醒和坚定，不断推进新时代党的建设新的伟大工程，不断推动全面从严治党向纵深发展，把党建设得更加坚强有力，才能为强国建设、民族复兴提供坚强保证。

---

① 习近平．习近平著作选读：第 2 卷［M］．北京：人民出版社，2023：190.

二、切实贯彻进一步全面深化改革的重大原则，推动中国式现代化行稳致远

第一，坚持党的全面领导，确保改革始终沿着正确政治方向前进。党的领导是进一步全面深化改革、推进中国式现代化的根本保证。中国特色社会主义制度的最大优势是中国共产党领导，只有坚持党的全面领导，坚定维护党中央权威和集中统一领导，发挥党总揽全局、协调各方的领导核心作用，把党的领导贯穿于改革各方面全过程，才能确保改革始终沿着正确政治方向前进。

坚持和完善中国特色社会主义制度、推进国家治理体系和治理能力现代化，必须抓住“国家治理的关键和根本”，坚持和完善党的全面领导制度不动摇。党的百余年奋斗历史表明：“坚持和加强党的全面领导，关系党和国家前途命运。”党的领导是全面的、系统的、整体的，必须全面、系统、整体加以落实。

进一步全面深化改革，不但要更加注重改革的系统性，而且要攻坚克难、爬坡过坎，面对一系列风险挑战。只有坚持党的全面领导，坚定维护党中央权威和集中统一领导，充分发挥党总揽全局、协调各方的领导核心作用，不断提高党把方向、谋大局、定政策、促改革的能力和定力，才能加强改革的顶层设计、统筹谋划，才能团结一切可以团结的力量，确保改革开放这艘“航船”沿着正确航向破浪前行。

第二，坚持以人民为中心，确保全面深化改革的正确立场。坚持以人民为中心是全面深化改革的根本立场，是全面深化改革的出发点和落脚点，也是全面深化改革能够攻坚克难的力量源泉。

首先，必须坚持改革为了人民。为什么人的问题，是检验一个政党、一个政权性质的试金石。人民对美好生活的向往，就是我们的奋斗目标。全面深化改革必须以促进社会公平正义、增进人民福祉为出发点和落脚点，这是坚持我们党全心全意为人民服务根本宗旨的必然要求。其次，必须坚持改革依靠人民。人民群众是历史的主体，是社会物质财富和精神财富的创造者，更是我们力量的源泉。必须尊重人民主体地位和首创精神。再次，必须坚持改革发展成果由人民共享。全面深化改革，只有真正解决与人民群众切身利益密切相关的问题，让广大人民群众有更多获得感、幸福感、安全感，才能得到广大人民群众的支持。最后，改革发展成功与否，最终的判断标准在于人民。人民拥护不拥护、赞成不赞成、高兴不高兴、答应不答应是衡量一切工作得失，包括改革成败的根本标准。

第三，坚持守正创新，确保中国特色社会主义不断开创新局面。坚持守正创新，是进一步全面深化改革的基本原则。中国特色社会主义是前无古人的伟大事业，守正才能不迷失方向、不犯颠覆性错误，创新才能把握时代、引领时代。

改革开放能够取得举世瞩目的成就，用几十年时间走完了西方发达国家几百年走过的工业化历程，最重要的就在于我们坚持守正创新，创造了中国式现代化新道路。我们党坚持把马克思主义基本原理同中国具体实际相结合、同中华优秀传统文化相结合，以巨大的理论勇气和魄力，把社会主义制度和市场经济有机结合起来，奋力开创中国特色社会主义新局面，使科学社会主义在21世纪的中国焕发出强大的生机活力，实现了马克思主义中国化新的飞跃。

坚持全面深化改革推进中国式现代化，必须继续坚持守正和创新的统一。既要坚持马克思主义基本原理不动摇，坚持党的全面领导不动摇，坚持中国特色社会主义不动摇，又要深刻认识我国社会主要矛盾发展变化带来的新特征新要求，以及百年变局带来的新矛盾新挑战，不断推进中国特色社会主义的理论创新、实践创新、制度创新、文化创新，确保中国式现代化取得更大的成就和辉煌。

第四，坚持以制度建设为主线，确保中国特色社会主义制度更加成熟定型、优势更加彰显。坚持以制度建设为主线，是全面深化改革的重要路径。改革开放以来，我们党对制度建设的认识越来越深入。特别是党的十八大以来，为了加强全面深化改革的系统性、整体性、协同性，以习近平同志为核心的党中央把制度建设摆到更加突出的位置，围绕制度建设这条主线，坚决破除各方面体制机制弊端，中国特色社会主义制度更加成熟定型，展示了中国特色社会主义制度的显著优势和“中国之治”的奇迹。

新征程上，进一步全面深化改革，必须增强以改革推进国家制度和国家治理体系建设的自觉性，突出制度建设这条主线。在制度建设的方法上，要更加注重系统集成，切实加强各项改革的顶层设计、总体谋划，确保紧扣推进中国式现代化的主题，做到统筹协调、协同高效；坚持破立并举、先立后破，贯彻稳中求进的工作总基调，反对未立先破、只破不立导致制度缺位。在总体要求上，既要坚定制度自信，不断筑牢根本制度、完善基本制度，又要适应新领域新实践需要推进的制度创新、填补的制度空白，确保以更加显著的制度优势防范化解各种风险挑战，为推进强国建设、民族复兴伟业提供更完善的制度保证。

第五，坚持全面依法治国，确保在法治轨道上深化改革。法治兴则国家兴，法治衰则国家乱。坚持全面依法治国，是党领导人民治理国家的基本方略，是发展社会主义市场经济的客观需要，是社会文明进步的重要标志，更是全面深化改革的重要保障。习近平总书记明确指出 ："改革和法治相辅相成、相伴而生。我国历史上的历次变法，都是改革和法治紧密结合，变旧法、立新法，从战国时期商鞅变法、宋代王安石变法到明代张居正变法，莫不如此。"① 改革和法治如鸟之两翼、车之两轮，二者互相统一、互相促进。

我们必须继续在法治轨道上推进中国式现代化，做到在法治下推进改革、在改革中完善法治。一方面，对实践证明已经比较成熟的改革经验和行之有效的改革举措，要尽快上升到法律层面，确保重大改革于法有据；另一方面，对于不适应改革要求的现行法律法规，通过法定程序及时修改或废止，不能让一些过时法律条款成为改革的"绊马索"。

第六，坚持系统观念，确保改革的系统性、整体性、协同性。坚持系统观念，是以习近平同志为核心的党中央在对新时代党和国家各项事业进行战略谋划时提出的，是推动各领域工作和社会主义现代化建设的基础性思想与工作方法，也是指导进一步全面深化改革，切实增强改革系统性、整体性、协同性的重要方法。坚持系统观念，既是 40 多年改革开放成功的经验密码，也是我国进一步全面深化改革的制胜之道。

全面深化改革是一项复杂的系统工程，牵一发而动全身，需要坚持系统观念，加强顶层设计和整体谋划。党的十八大以来，我们坚持系统观念，坚持"五位一体"总体布局，协调推进"四个全面"战略布局，统筹推进各项改革，有效避免畸轻畸重、顾此失彼，着力提升整体发展效能，新时代中国特色社会主义取得了巨大的成就。

随着进一步全面深化改革进入深水区、攻坚期，涉及问题之多、领域之广、矛盾之深前所未有，改革的系统性、整体性、协同性增强，碎片化、分散化改革难有成效。只有坚持系统观念，统筹国内国际大局，切实处理好经济和社会、政府和市场、效率和公平、活力和秩序、发展和安全等重大关系，形成改革的整体合力，才能为中国式现代化提供持续的强大动力和长效的制度保障。

简而言之，进一步全面深化改革的六项重大原则，相互联系、相互促进，是一个具有严密逻辑的整体，深刻阐明了改革的领导力量、政治立场、基本要求、根本主线、重要保障和基本方法，体现了坚持党的领导、人民当家作主、依法治国有机

---

① 中共中央文献研究室. 习近平关于全面依法治国论述摘编[M]. 北京:中央文献出版社,2014:51 - 52.

统一，体现了习近平新时代中国特色社会主义思想的世界观和方法论。只有把它贯穿于进一步全面深化改革的全过程，才能确保全面深化改革行稳致远，为实现中华民族伟大复兴提供有力保证。

三、切实推动生产关系和生产力、上层建筑和经济基础、国家治理和社会发展更好相适应

进一步全面深化改革是一场深刻的社会革命。在以中国式现代化全面推进强国建设、民族复兴伟业的关键时期，习近平总书记强调："必须自觉把改革摆在更加突出位置"，"推动生产关系和生产力、上层建筑和经济基础、国家治理和社会发展更好相适应"。这充分体现了我们党以伟大自我革命引领伟大社会革命的高度政治自觉和历史主动。

第一，进一步全面深化改革是社会基本矛盾运动的内在要求。马克思主义认为，生产力和生产关系的矛盾、经济基础和上层建筑的矛盾是人类社会的基本矛盾。无论是革命还是改革，都是社会基本矛盾运动的内在要求，也是解决社会基本矛盾并推动社会前进的重要动力。

中国共产党自成立之日起就确立马克思主义作为自己的指导思想，以马克思主义为指导来分析历史问题，深刻洞察社会矛盾变化，深刻把握历史发展大势，争取历史主动。在改革开放和社会主义现代化建设新时期，我们党立足社会主义初级阶段基本国情，深刻洞察和平发展时代潮流，作出了改革开放的重大抉择，实现从高度集中的计划经济体制到充满活力的社会主义市场经济体制、从封闭半封闭到全方位开放的历史性转变，推动生产关系与生产力发展相适应，实现从生产力相对落后状况到经济总量跃居世界第二的历史性突破。

党的十八大以来，以习近平同志为核心的党中央立足我国社会主要矛盾的新变化和国际发展的新形势，开启了新时代全面深化改革、系统整体设计推进改革新征程，实现了经济、政治、文化、社会、生态文明和党的建设等许多领域的历史性变革、系统性重塑、整体性重构，为实现中华民族伟大复兴提供了更为完善的制度保证、更为坚实的物质基础、更为主动的精神力量。

生产力的不断发展、科技革命的不断变革和世界经济的普遍联系，决定了改革不停顿、开放不止步。只有深刻把握社会矛盾的变化，积极主动地对不适应生产力发展的体制机制等进行变革，才能不断解放和发展社会生产力、激发和增强社会活

力，充分彰显社会主义的优越性。

第二，推动“三个更好相适应”体现了党高度的政治自觉和历史主动。一是抓住发展新质生产力这一重要着力点，锚定高质量发展这一全面建设社会主义现代化国家的首要任务。坚持高质量发展是新时代的硬道理，关系到强国建设、民族复兴的宏伟目标。而如何推进高质量发展，必须落实到生产力上。习近平总书记明确指出：“生产力是人类社会发展的根本动力，也是一切社会变迁和政治变革的终极原因。高质量发展需要新的生产力理论来指导，而新质生产力已经在实践中形成并展示出对高质量发展的强劲推动力、支撑力，需要我们从理论上进行总结、概括，用以指导新的发展实践。”“发展新质生产力是推动高质量发展的内在要求和重要着力点。”① 新质生产力的特点是创新，关键在质优，本质是先进生产力。因此，面对新一轮科技革命和产业变革，能否发展新质生产力，关系到我们能否打破关键核心技术受制于人的局面，关系到国家前途和民族命运。

着眼于生产力和生产关系、经济基础和上层建筑的辩证关系，习近平总书记指出：“发展新质生产力，必须进一步全面深化改革，形成与之相适应的新型生产关系。”② 此次《决定》不仅明确提出了“健全因地制宜发展新质生产力体制机制”的改革任务，而且要求“健全相关规则和政策，加快形成同新质生产力更相适应的生产关系，促进各类先进生产要素向发展新质生产力集聚，大幅提升全要素生产率”③，充分体现出我们党对历史大势的深刻把握。

二是强调推动“国家治理和社会发展更好相适应”，紧紧抓住了解决社会主要矛盾的关键。“三个更好相适应”是对马克思主义关于社会基本矛盾运动学说的重大发展。这一创新论断，不仅增加了国家治理和社会发展这一对范畴，拓展了社会基本矛盾的内涵外延，而且凸显了生产关系对生产力、上层建筑对经济基础、国家治理对社会发展的积极作用，从而更加锚定了全面深化改革的总目标。究其根本，要推动生产关系与生产力、上层建筑与经济基础更好相适应，关键在于国家治理体系和治理能力的提升。这不仅与经济、政治、文化、社会、生态文明等的改革相关，还与党的建设制度改革相关，而且前者的改革成效在很大程度上取决于后者。换句话说，党的自我革命是推动社会革命的关键，能否顺利推动社会革命，关键在于能否不断推进党的自我净化、自我完善、自我革新、自我提高，切实提高党对进一步

---

① 习近平．发展新质生产力是推动高质量发展的内在要求和重要着力点[J]．求是，2024(11)．

② 习近平．发展新质生产力是推动高质量发展的内在要求和重要着力点[J]．求是，2024(11)．

③ 中共中央关于进一步全面深化改革、推进中国式现代化的决定[M]．北京：人民出版社，2024：10－11．

全面深化改革、推进中国式现代化的领导水平。“三个更好相适应”的提出，充分体现了我们党勇于跳出治乱兴衰历史周期率的政治自觉和历史主动，体现了我们党对共产党执政规律、社会主义建设规律、人类社会发展规律认识的深化。

作者简介

侯为民，中国社会科学院马克思主义研究院研究员，中国社会科学院大学教授、博士研究生导师；中国社会科学院马克思主义经济社会发展研究中心主任，国家马克思主义理论研究和建设工程专家，国家哲学社会科学基金项目评审专家；中国政治经济学学会会长，中华外国经济学说研究会常务理事。主要研究方向：马克思主义政治经济学、社会主义经济理论与实践。

侯为民：深刻理解高水平社会主义市场经济体制的理论内涵

社会主义市场经济体制的成熟化和定型化，决定了中国式现代化的新起点和新要求。党的二十届三中全会审议通过的《中共中央关于进一步全面深化改革、推进中国式现代化的决定》（以下简称《决定》）指出："高水平社会主义市场经济体制是中国式现代化的重要保障。必须更好发挥市场机制作用，创造更加公平、更有活力的市场环境，实现资源配置效率最优化和效益最大化，既'放得活'又'管得住'，更好维护市场秩序、弥补市场失灵，畅通国民经济循环，激发全社会内生动力和创新活力。"① 科学认识高水平社会主义市场经济体制，需要从理论上澄清若干基本问题。

一、构建高水平社会主义市场经济体制的重要性与紧迫性

推进中国式现代化建设，必须加快完善社会主义市场经济体制，推动经济更有效率、更加公平、更可持续发展。党的十八届三中全会通过的《中共中央关于全面深化改革若干重大问题的决定》指出："经济体制改革是全面深化改革的重点，核心问题是处理好政府和市场的关系，使市场在资源配置中起决定性作用和更好发挥政府作用。"市场决定资源配置是市场经济的一般规律，健全社会主义市场经济体制必须遵循这条规律，着力解决市场体系不完善、政府监管不到位等问题。2020 年 10 月 29 日，党的十九届五中全会首次提出"高水平社会主义市场经济体制"的概

① 本书编写组.《中共中央关于进一步全面深化改革、推进中国式现代化的决定》辅导读本[M]. 北京：人民出版社，2024：18－19.

念，指出："全面深化改革，构建高水平社会主义市场经济体制。坚持和完善社会主义基本经济制度，充分发挥市场在资源配置中的决定性作用，更好发挥政府作用，推动有效市场和有为政府更好结合。"2022 年 10 月 16 日，党的二十大报告在"加快构建新发展格局，着力推动高质量发展"部分再次强调提出，要"构建高水平社会主义市场经济体制"。这次党的二十届三中全会通过的《决定》提出，"到二〇三五年，全面建成高水平社会主义市场经济体制，中国特色社会主义制度更加完善，基本实现国家治理体系和治理能力现代化，基本实现社会主义现代化，为到本世纪中叶全面建成社会主义现代化强国奠定坚实基础"。全面建成高水平社会主义市场经济体制，是中国式现代化能否最终实现宏伟目标的关键。

（一）实现高质量发展，必须加快构建高水平社会主义市场经济体制

高水平社会主义市场经济体制既是中国经济社会发展到历史新阶段的客观要求，也是中国社会主义现代化建设事业站在发展新起点的必然指向。随着我国经济社会的发展，中国经济的深层次矛盾与问题开始浮现。市场规模的扩大和市场经济活动的多元化，使我国宏观经济管理体制面对着新的对象，包含着新的内容，面临着新的难点，具有着新的特点。只有全面建成高水平社会主义市场经济体制，中国的社会主义经济制度优势才能得到发挥，中国的国家治理优势才能最终得到体现，社会主义现代化强国目标的实现才有可靠保障。全面建成高水平社会主义市场经济体制，是推动经济高质量发展的制度性基础，对于加快推进中国式现代化具有决定性意义。在新的历史起点上，由于科学技术发展的新特点以及中国内部社会主要矛盾的深刻变化，中国现代化发展道路既面临更大的挑战，也有着新的历史机遇。特别是在当前数字经济等经济形态快速形成，新技术、新业态、新组织不断涌现，生产要素结构加速重组和优化的情况下，经济管理体制改革的滞后会阻碍生产力快速发展，不利于国家综合经济实力的提升和人民生活水平的快速提高，最终不利于现代化目标的实现。只有在更高水平上更好地发挥市场机制作用，立足更高的发展阶段切实发挥政府作用，才能进一步释放经济活力和潜力，更快地促进新质生产力的生成与发展，有效推动经济更有效率、更加公平和更可持续发展。

（二）高水平开放和改善民生，必须加快构建高水平社会主义市场经济体制

高水平社会主义市场经济体制是促进经济进一步开放的体制，是立足于国内国

际双循环发展新格局的体制。高水平社会主义市场经济体制是对社会主义市场经济体制的进一步完善，它立足于激发内生发展动力，有利于中国的科技自立自强，有利于中国更好地在参与和融入全球化进程中寻求国际合作共赢，使中国对外开放水平得以进一步提升。高水平社会主义市场经济体制也是提升民生福祉的保证，有利于确立国家经济安全的安全阀。高水平社会主义市场经济与西方市场经济体制具有本质的区别，同时又是对中国社会主义市场经济体制的丰富和完善。高水平社会主义市场经济体制具有鲜明的人民性，它是以共同富裕为目标的经济体制模式，能够更好地促进民生事业的全面进步和发展。高水平社会主义市场经济体制具有更强的系统性和整体性特征，具有更强的独立自主发展基因，能够更好地保障国家的整体利益和人民群众的长远利益。

（三）畅通国民经济循环，必须加快构建高水平社会主义市场经济体制

畅通国民经济循环，必须立足于以国内经济循环为主体，以国际循环促进国内经济循环。畅通国民经济循环必须建立在经济自力自主和自强的基础之上，始终把握中国在经济发展和融入全球化过程中的主导权。塑造以内需为根本动力的新发展格局，突破西方发达国家在技术和市场层面的封锁打压，需要发挥我国全国统一大市场的优势，激发自我发展的内生动力。没有高水平社会主义市场机制，这一目标就很难实现。

畅通国民经济循环，关键是要促进社会总供给与总需求的动态平衡。这既需要在经济增长中促进生产扩大的同时保证交换活动的正常进行，也需要化解消费升级与优化问题，更需要解决好分配公平的难题。这些都需要在更大范围内发挥市场机制的调节功能，在更高水平上发挥政府调控的核心作用。

二、高水平社会主义市场经济体制的经济主体内涵

多种不同所有制经济主体的并存，是社会主义市场经济体制运行的前提。《决定》指出：“坚持和落实‘两个毫不动摇’。毫不动摇巩固和发展公有制经济，毫不动摇鼓励、支持、引导非公有制经济发展，保证各种所有制经济依法平等使用生产要素、公平参与市场竞争、同等受到法律保护，促进各种所有制经济优势互补、共

同发展。”① 全面建成高水平社会主义市场经济体制，首先要重视所有制结构问题，只有分清主从关系，才能明确发展重点和主要任务。

（一）坚持“两个毫不动摇”是完整统一体

坚持“两个毫不动摇”，是中国改革开放不断取得历史性成就的重要历史前提。党的十五大把“公有制为主体、多种所有制经济共同发展”确立为我国的基本经济制度。党的十六大提出“必须毫不动摇地巩固和发展公有制经济”，“必须毫不动摇地鼓励、支持和引导非公有制经济发展”。公有制经济和非公有制经济都是经济权利主体，拥有制度赋予的财产权利、发展权利。同时，公有制经济与非公有制经济都是市场微观主体，拥有平等竞争、相互合作的权利。党的十八大以来，我们党围绕坚持“两个毫不动摇”，在理论和实践上实现了一系列重要创新，把对基本经济制度的认识提到了新高度。党的十八届三中全会在“两个毫不动摇”基础上提出了“两个都是”，即公有制经济和非公有制经济都是社会主义市场经济的重要组成部分，都是我国经济社会发展的重要基础；党的第十九届四中全会审议通过的《中共中央关于坚持和完善中国特色社会主义制度、推进国家治理体系和治理能力现代化若干重大问题的决定》明确，社会主义基本经济制度包括“公有制为主体、多种所有制经济共同发展，按劳分配为主体、多种分配方式并存，社会主义市场经济体制等”，从所有制结构、分配方式和运行机制三个方面拓展了社会主义基本经济制度的内涵。需要指出的是，在三个基本经济制度中，“公有制为主体的所有制结构是整个经济制度的基础，决定了中国特色社会主义经济性质的总体格局”②。

“两个毫不动摇”是社会主义市场经济活力的基础，是高水平社会主义市场经济体制的基础。改革开放40多年来，正是因为我国坚持“两个毫不动摇”，调动公有制经济和非公有制经济两个方面的积极性，发挥两个方面的优势，公有制经济和非公有制经济都得到充分的发展，我国的社会生产力、经济实力、科技实力、综合国力大大增强，人民生活水平、居民收入水平、社会保障水平显著改善。“‘两个毫不动摇’是坚持和完善社会主义基本经济制度的重要内容，是长久之策，过去没有变，以后更不会变。”③ 实践证明，只有坚持“两个毫不动摇”，既不搞单一公有制，

---

① 本书编写组.《中共中央关于进一步全面深化改革、推进中国式现代化的决定》辅导读本[M]. 北京：人民出版社，2024：19.

② 程恩富，王朝科. 我国基本经济制度的新概括[J]. 前线，2020(5).

③ 仲音. 坚持和落实“两个毫不动摇”[N]. 人民日报，2024－07－30.

也决不搞全盘私有化，才能始终坚持和发展中国特色社会主义，实现全面建成社会主义现代化强国的目标。

（二）公有制经济主体地位不容否定

一个社会的经济运行管理体制，始终是由其基本经济制度决定的。公有制的产生具有历史必然性，它不是凭空设想的产物，而是社会发展到一定历史阶段的产物。马克思指出："劳动主体所组成的共同体，以及以此共同体为基础的所有制，归根到底归结为劳动主体的生产力发展的一定阶段，而和该阶段相适应的是劳动主体相互间的一定关系和他们对自然的一定关系。"① 显然，高水平社会主义市场经济体制必须体现社会主义制度的优越性，也必然要以社会主义基本经济制度为前提。

关于所有制问题，习近平总书记强调指出："马克思主义政治经济学认为，生产资料所有制是生产关系的核心，决定着社会的基本性质和发展方向。"② 一些人试图将公有制主体地位摒弃于高水平社会主义市场经济体制之外，祭出所谓"淡化论"或"消失论"，认为《决定》模糊或放弃了公有制经济为主体的表述，这是对《决定》相关论述的公然歪曲。习近平总书记指出："一段时间以来，社会上对我们是否还搞社会主义市场经济、是否坚持'两个毫不动摇'有一些不正确甚至错误的议论。我们必须亮明态度、决不含糊，始终坚持社会主义市场经济改革方向，坚持'两个毫不动摇'。"③ 实际上，在高水平社会主义市场经济体制中，公有制经济作为主体，不仅不会也没有淡化或消失，而且必须强化。

毫不动摇巩固和发展公有制经济，核心是坚持以公有制经济为主体。尽管"公有制经济为主体、国有经济为主导"的具体文字表述没有被明确写入《决定》，但《决定》强调，"坚持和完善社会主义基本经济制度"，其内涵包括公有制为主体、多种所有制经济共同发展等内容。公有制经济为主体是我国宪法和党章的明确规定。

巩固和发展公有制经济，本质上是坚持公有制主体地位不能动摇、国有经济主导作用不能动摇。这是我国各族人民共享发展成果的制度性保证，也是巩固党的执政地位、坚持我国社会主义制度的重要保证。公有制经济的现代实现形式，是中国式现代化的微观支撑。国企改革三年行动实施以来，我国已经完成国企功能界定和分类，国有经济布局优化和结构调整跃上新台阶。国有资本向国家安全和国民经济

① ［德］马克思，恩格斯．马克思恩格斯文集：第8卷［M］．北京：人民出版社，2009：146.

② 习近平．不断开拓当代中国马克思主义政治经济学新境界［J］．求是，2020(16).

③ 习近平．当前经济工作的几个重大问题［J］．求是，2023(4).

命脉、公共服务和民生领域、前瞻性和战略性新兴产业等领域集中，国企战略性整合和专业化重组取得实质性进展，国企尤其是央企对战略性新兴产业投资力度持续加大，国有资本结构进一步优化，配置效率明显提高。国有企业公司制改革顺利推进，中央党政机关和直属事业单位管理企业中公司制企业占比达97.7%，地方国有企业中公司制企业占比达99.9%，实现了历史性突破。国有企业“去行政化”取得进展，国企股权结构进一步改善，国有资本授权经营全面落实，国有资产注入方式得到改进，国有资本总量不断增加。国有企业创新政策加快落地、创新协同不断增强。一系列具有市场竞争特点的管理方式，如市场化选聘、市场化考核、市场化薪酬、经理人项目跟投等被引入，增强了国企的活力和竞争力。中国特色现代企业制度的建立和完善，为民营经济发展开辟了前景。[①] 毫不动摇地巩固和发展公有制经济，有利于经济持续稳定协调发展，有利于保障人民共同利益、实现共同富裕，有利于维护国家安全、推进自主发展。

（三）巩固和发展公有制经济要坚持两个“三做”与“三集中”

国有资本和国有企业是公有制经济的基础，巩固发展公有制经济必须两者并重。国有资本和国有企业做强做优做大，两者同样重要。《决定》指出：“推动国有资本和国有企业做强做优做大，增强核心功能，提升核心竞争力。”[②] 在全面深化国有企业的改革中，既要完善管理监督体制机制，增强各有关管理部门战略协同，推进国有经济布局优化和结构调整，又要重视国有企业自身的发展壮大问题。做强做优做大国有资本，必须以做强做优做大国有企业为基础。公有资本之所以在性质上公有，核心在于它体现的是自由联合劳动关系，而私人资本下的只能是雇佣劳动关系，两者具有本质的区别。因此，从严格意义上说，没有国有企业也就没有国有资本。同样地，“只有从资本本质属性出发，才能对当代中国社会主义市场经济条件下资本的分类作出基本的规范性判断”。[③] 主张只做强做优做大国有资本，而放弃做强做优做大国有企业，不仅在逻辑上不成立，而且在实践中会导致国有资本本身性质的蜕变，更无助于公有制经济主体地位的巩固与发展。

国有企业要做强做优做大，首先要坚守主责、做强主业，而不能丢掉主业和放

---

① 侯为民．中国式现代化的生成基因与发展保障[J]．政治经济学研究，2024(2).

② 本书编写组．《中共中央关于进一步全面深化改革、推进中国式现代化的决定》辅导读本[M]．北京：人民出版社，2024：19.

③ 何干强．以马克思主义资本观规范和引导各类资本健康发展[J]．政治经济学研究，2023(2).

弃实业，在虚拟资本领域中盲目扩张。《决定》指出："进一步明晰不同类型国有企业功能定位，完善主责主业管理，明确国有资本重点投资领域和方向。推动国有资本向关系国家安全、国民经济命脉的重要行业和关键领域集中，向关系国计民生的公共服务、应急能力、公益性领域等集中，向前瞻性战略性新兴产业集中。"[①]《决定》还明确，要健全国有企业推进原始创新制度安排，建立国有企业履行战略使命评价制度，完善国有企业分类考核评价体系，开展国有经济增加值核算。这些举措，将进一步增强我国国有经济的"定海神针"功能和"现代化主力军"作用。

在高水平社会主义市场经济体制下，必须摒弃国有经济的"补位论"。过去在谈国有经济改革和布局调整时，一些学者从单纯片面的改革思维出发，过多强调国有经济收缩战线的必要性，认为国有经济应当更多退回个别战略产业、自然垄断、公益事业、公共服务、民生等部门。这种"补位论"观点，使公有制经济主体地位在无形中受到了限制和削弱。这次《决定》强调，国有资本不仅要聚焦战略安全、保障国民经济命脉等核心功能，还要向战略性新兴产业集中。这对于全面理解高水平社会主义市场经济体制显然具有指导性意义。

国有资本重点投资领域和方向的"三集中"，有利于改进国有企业的布局和发展。当前，事关国家安全、国民经济命脉的重要行业日益增多，不仅包括数据产业等新兴领域，也包括能源、资源、粮食等传统领域。无论是对新兴领域还是传统领域，主动权都要牢牢抓在国家手中，这些只能依靠国有企业的做强做优做大来实现。在产业发展层面，国有经济聚焦前瞻性战略性新兴产业，是构建现代化产业体系、实现高水平科技自立自强、增强产业控制力的关键。推动国有资本向战略性新兴产业集中是国有企业的新使命，有利于发挥新型举国体制优势，发挥其关键核心技术攻关的主导作用，破解"卡脖子"难题。这些都是整合科技创新资源、加快形成新质生产力所必需的。

（四）非公有制经济在高水平社会主义市场经济体制下要有新定位和新发展

非公有制经济是高水平社会主义市场经济体制下的重要经济主体，是我国基本经济制度的内在要素。鼓励、支持和引导非公有制经济发展，是我国发展社会主义

---

① 本书编写组.《中共中央关于进一步全面深化改革、推进中国式现代化的决定》辅导读本[M]. 北京：人民出版社，2024：19.

市场经济的客观要求。非公有制经济的存在和发展，为社会主义市场经济的发展提供了多种市场经济主体，促进了不同市场主体的良性竞争，提高了不同企业经营管理水平，增强了企业市场竞争力。

民营经济是非公经济的主要经济组织形式，伴随社会主义市场经济的发展而发展壮大，是我国经济制度的内在要素，是推进中国式现代化的重要力量。毫不动摇地鼓励、支持、引导非公有制经济发展，有利于促进增长、增加就业、改善民生和推进创新，增强经济的活力。为实现经济高质量发展和推进中国式现代化，国家对新兴领域要继续加大投入，这些也需要民间投资的积极加入，形成同频共振；对传统领域要加快产业整合与加快创新，同样也离不开民营经济的参与和投入，只有这样才能真正形成建设世界一流企业所需的经营规模和竞争优势。

三、科学理解不同所有制经济间的平等权利内涵

高水平社会主义市场经济体制是更加公平正义的体制。促进平等和同等，是鼓励市场主体公平竞争、增强市场机制功能的需要，更是国民共进、形成发展合力的需要。对高水平社会主义市场经济体制下不同所有制经济的平等权利，有必要进行科学的理解。

（一）在差异性中促进不同所有制经济的公平竞争

《决定》提出，“各种所有制经济依法平等使用生产要素、公平参与竞争、同等受到法律保护”①。坚持不同所有制在市场经济活动中的平等权利，是在实践中落实“两个毫不动摇”的具体要求。公有制经济和非公有制经济统一于中国特色社会主义市场经济制度框架内，两者的发展也统一于中国式现代化进程之中。但是，这种统一之中也存在差异性，即它们在建设中国特色社会主义市场经济中的地位并不相同，“毫不动摇地巩固和发展公有制经济，毫不动摇地鼓励、支持、引导非公有制经济发展”② 的政策内涵是不同的。

在高水平社会主义市场经济体制下，各种所有制经济依法平等使用生产要素、公平参与市场竞争和同等受到法律保护，能够更好地维护“两个毫不动摇”。一方

① 本书编写组.《中共中央关于进一步全面深化改革、推进中国式现代化的决定》辅导读本[M].北京：人民出版社，2024：19.

② 洪功翔.坚持“两个毫不动摇”的统一性、差异性与长期性[J].教学与研究，2023(8).

面，只有坚持各种所有制经济依法平等使用生产要素，才能促进公有制经济增强自身创新发展能力，进一步做强做优做大，才能为非公有制经济发展营造良好环境和提供更多机会，促进各种所有制经济优势互补、共同发展；另一方面，只有各种所有制经济同等受到法律保护，才能维护公平的竞争环境，维护公有制经济的合法利益，保护好非公有制经济的合法权益，促进各类市场参与主体的积极性，使非公有制经济在中国式现代化进程中无后顾之忧，专心致力于创新与发展。

在促进所有制经济平等权的具体措施上，《决定》提出，要引导民营企业更多参与国家重大创新，支持有能力的民营企业牵头承担国家重大技术攻关任务，激发企业家精神，制定民营企业促进法，为民营企业创造更好的营商环境。这些举措，必将大大提高与激发高水平社会主义市场经济体制下微观主体的活力和动力。

（二）依法平等使用生产要素与同等受到法律保护的内涵有别

平等使用生产要素与同等受到法律保护不是同一个理论层面的问题。其区别主要在于两个方面。使用生产要素限于生产领域，是关于生产条件的规定。这里的平等，是指“依法”平等，而不是没有前提条件的平等。有些学者和社会人士将其解读为“打破所有制界限”“摆脱所有制羁绊”，似乎从此就可以瓦解或消解“公有制主体地位”了。这种解读是不正确的。“公有制为主体”是宪法和党章中的规定，这种规定必然也会体现于其他的法律规章中。这次《决定》提出，要“健全保证宪法全面实施制度体系，建立宪法实施情况报告制度”①。宪法全面实施情况，显然就包括巩固发展公有制经济主体地位的情况。

进一步说，在涉及公益性、战略性、国民经济关键部门和重大科技前沿等领域时，国有企业由于承担的国家任务和社会责任不同，在特定生产要素的使用上必然会有相应的保障。即使是民营企业，如果其承担国家重大任务或科研项目，同样也会优先使用某些重要的生产要素（如国家重点实验室等），从而与一般民营企业相区别。这里并不存在侵犯平等权利或所有制歧视的问题，而仅涉及是否符合国家法律法规的问题。可以肯定地说，国家在这方面的法律法规，其合理性与正当性只能来自是否以全体人民整体利益和长远利益为出发点。

① 本书编写组.《中共中央关于进一步全面深化改革、推进中国式现代化的决定》辅导读本[M]. 北京：人民出版社，2024：43－44.

四、高水平社会主义市场经济体制的经济调节内涵

高水平社会主义市场经济体制的目标模式，是由中国特色社会主义经济制度的特点及中国式现代化的发展要求所决定的。在现实指向上，它既涉及我国社会主义市场经济体制的进一步完善，也涉及对市场机制功能与作用的重新认识和调整。

（一）市场机制作用的判断标准

高水平社会主义市场经济体制能够更好发挥市场机制作用。市场环境是衡量市场机制作用的重要客体。市场环境的优劣，关键在于能否调动各市场主体的积极性和发挥市场各要素的协同作用。《决定》将“更加公平、更有活力”作为优化市场环境与推进市场经济体制改革的重要着力点，并且将“更加公平”放在更重要的次序上，突破了单纯注重效率的市场经济体制定位，为新时代处理好“公平与效率”关系提供了新思路。在新的历史条件下，创造更加公平的市场环境有利于新生产要素功能的充分发挥，能够通过保障市场主体利益发挥激励机制的作用，更好地调动各市场主体的积极性，从而形成经济发展的合力。而更有活力的市场环境，则有利于推动各类资源的优化组合与充分利用，能够更好地贯彻创新发展理念，发挥科技创新催生内在发展动力的能力，进而更有利于新质生产力的孕育与发展新动能的形成。

（二）市场机制作用领域与效果的衡量指标

高水平社会主义市场经济体制能够实现资源配置的最优化与效益最大化的有机结合。高水平社会主义市场经济体制是资源配置导向的体制模式，必须以资源配置的最优化为目标。市场机制在资源配置中的决定性作用的发挥，归根结底是因其可以促进资源更好地配置，以达到强化激励、提高效率的目的。资源配置的最优化，就是在整体上保证经济资源得到最大限度的合理利用，以促进产出最大化和经济快速增长。

市场机制不仅要重视资源配置最优，还要注重效益最好。效益与资源配置的区别在于两者分别构成发展的成果和发展的条件，针对的领域与问题各异。西方自由市场机制下的资源配置最优化，建立在西方“理性经济人”假设基础上，其指向的效益最大化是利润最大化，即资产者利益的最大化而非包括全社会劳动者利益的效

益最大化。以共同富裕为目标的高水平社会主义市场经济体制，其效益最大化显然与西方经济体制不同。其追求的效益最大化，本质上是节约资源、成本、劳动和追求集约化生产，核心是劳动生产率水平的提高。换而言之，高水平社会主义市场经济体制注重的效益最大化，是整体和全社会的效益，而非个体和微观层面的效益最大化，它与资源配置的优劣并不完全等同或直接相关，但在本质上与资源配置最优化具有一致性。

（三）市场经济中政府作用的科学定位

高水平社会主义市场经济体制能够更好发挥政府作用，实现“放得开”与“管得住”的统一。政府是现代市场经济生活的管理者与重要参与者，政府的功能与作用是现代市场经济体制必不可少的内容。党的十八届三中全会指出，要更好发挥政府作用。《决定》在此基础上进一步提出，要既“放得活”又“管得住”，这明确了高水平社会主义市场经济体制的构建方向与西方自由市场体制的本质区别，同时也对政府管理经济生活提出了具体要求，避免了政府缺位、失位和错位等问题的产生。

有的学者提出，在高水平社会主义市场经济体制下，政府“要在市场起不到作用的领域有效发挥政府作用，应该退出的领域要坚决退出，应该清理的市场干预措施要予以破除”，并且要“以‘店小二’为突出特征推进政府转型，加强精准服务”。① 这种以“政府退出”为主要导向的深化改革观点，实质上构成了对高水平社会主义市场经济体制内涵的消解，不仅无益于市场体制的完善与健全，还会导致政府管理的滞后与市场秩序的无序。很显然，创新总是引领市场导致新规则出台的滞后，而追求利润最大化的盲目性冲动，也必然会使市场机制初期对产品、技术、信息、数据乃至产权等不起作用，事后的政府干预和纠正往往会花费更大代价。特别是在一些新兴领域和部门，政府从开始就要深度介入，给予规范和约束，而非退出。

维护市场秩序、弥补市场失灵是高水平社会主义市场经济体制的重要内容。市场秩序是市场环境的重要维度，关系到经济公正、交易公平、市场活跃度以及经济活动的稳定，维护市场经济秩序是社会主义国家政府的核心经济职能之一。

高水平社会主义市场经济体制必须更好发挥政府作用，弥补市场失灵是现代政

① 王彪，黄应来．中国（海南）改革发展研究院院长迟福林：构建高水平社会主义市场经济体制实现“放得活”又“管得住”[N]．南方日报，2024－07－30（A01）．

府的重要功能，更是我国社会主义国家政府职能的突出优势。由于公有制经济主体地位的确立，代表广大人民根本利益的政府能够把市场调节这只“看不见的手”和政府调控这只“看得见的手”有机结合起来，两手抓两手硬。社会主义国家政府在资源配置上的作用与效率要明显优越于资本主义市场经济。①《决定》将“弥补市场失灵”重新写入党的文件加以强调，充分证明中国式现代化的以人民为中心的核心宗旨。

习近平总书记指出：“我们是在中国共产党领导和社会主义制度的大前提下发展市场经济，什么时候都不能忘了‘社会主义’这个定语。”② 高水平社会主义市场经济体制，必须包含更多的社会主义因素，后者不仅蕴藏在所有制、分配制度、共同富裕等目标上，还体现于过程中，即通过经济管理和运行体制得到体现。维护市场秩序和弥补市场失灵，不仅需要补齐我国现代化进程中的短板，通过民生事业等发挥托底保障功能的作用，还需要在市场机制难以发挥作用的领域防止出现国家治理的空白和真空，重点防止资本野蛮生长和无序发展。但更重要的是，要认识到市场本身的局限。实际上，即使在市场发挥作用的领域，政府同样需要适当地介入、参与和干预，并可以发挥更大和更好的作用。

五、高水平社会主义市场经济体制的运行规则内涵

高水平社会主义市场经济体制需要完善的基础性制度来支撑。这既包括产权制度，也包括信息披露制度、商业秘密保护制度、惩罚性赔偿制度，还包括市场准入制度、社会信用体系和监管制度等。《决定》指出：“完善市场经济基础制度。完善产权制度，依法平等长久保护各种所有制经济产权，建立高效的知识产权综合管理体制。完善市场信息披露制度，构建商业秘密保护制度。对侵犯各种所有制经济产权和合法利益的行为实行同责同罪同罚，完善惩罚性赔偿制度。加强产权执法司法保护，防止和纠正利用行政、刑事手段干预经济纠纷，健全依法甄别纠正涉企冤错案件机制。完善市场准入制度，优化新业态新领域市场准入环境。深化注册资本认缴登记制度改革，实行依法按期认缴。健全企业破产机制，探索建立个人破产制度，

① 程恩富，谭劲松．社会主义比资本主义能更好地运用市场经济[J]．当代经济研究，2015(3)．

② 中共中央文献研究室．习近平关于社会主义经济建设论述摘编[M]．北京：中央文献出版社，2017：64.

推进企业注销配套改革，完善企业退出制度。健全社会信用体系和监管制度。”① 建设高水平社会主义市场经济体制，需要进一步健全和完善市场经济基础性制度。

第一，构建高水平社会主义市场经济体制，要求健全归属清晰、权责明确、保护严格、流转顺畅的现代产权制度，这是高水平社会主义市场经济体制下微观经济主体的立足基石。现代产权保护制度以公平为原则，是依法平等保护各种所有制企业和各经济行为主体财产权利的完整制度体系，这是维护市场公平的基础。进一步完善以管资本为主的经营性国有资产产权管理制度，加快推进民营经济促进法的立法进程，才能从制度和法律上把“平等对待”的要求落实，才能推进市场企业主体的诚信经营和可持续发展。健全现代产权制度，必须加快建立高效的知识产权综合管理体制，这有利于经济管理体制更好适应市场的要求，有利于科技、信息、知识、数据和数字等新质生产要素并入生产过程，更好促进生产力发展和经济增长。

第二，完整准确的市场信息披露和严格的商业秘密保护，是高水平社会主义市场经济体制的基础性制度，是约束市场经济微观主体和市场经济活动参与者的基本行为准则。《决定》提出，要完善市场信息披露制度，构建商业秘密保护制度，这从根本上有利于加强对投资者和企业经营者的保护，促进企业经营者保护投资者利益，促进经营者尊重他人权利，在根本上有利于形成鼓励创新的氛围，培育诚信经营的营商环境，对于推进中国式现代化具有重大意义。

第三，惩罚和赔偿制度是约束市场主体行为的重要机制，是市场经济繁荣发展的保证。《决定》提出，对侵犯各种所有制经济产权和合法利益的行为实行同责同罪同罚，完善惩罚性赔偿制度。市场经济是法治经济，侵犯产权和他人合法利益的行为必须受到惩罚。同时，市场经济也是维护公平公正的经济，违法和不当行为所受处罚应受到公平的约束与纠正，同罪同罚，而不应受到其他因素如地区、法院、人情等的干扰。建立健全和完善惩罚性赔偿制度，有利于各经济主体树立守法经营和交易理论，有利于市场交易成本的节约，这是高水平社会主义市场经济体制发展与依法监管并重的必然要求。在具体措施上，《决定》提出，要加强产权执法司法保护，防止和纠正利用行政、刑事手段干预经济纠纷，健全依法甄别纠正涉企冤错案件机制，这有利于保护企业家和经营者的正当利益，促进市场繁荣。

第四，准入制度和退出制度是市场经济的重要制度，是市场活动正常开展的安

① 本书编写组.《中共中央关于进一步全面深化改革、推进中国式现代化的决定》辅导读本[M]. 北京：人民出版社，2024：22.

全阀。《决定》提出，要完善市场准入制度，优化新业态新领域市场准入环境。深化注册资本认缴登记制度改革，实行依法按期认缴。健全企业破产机制，探索建立个人破产制度，推进企业注销配套改革，完善企业退出制度。市场准入制度的完善化，一方面有利于创业者有更多机会参与市场，另一方面有利于保证其参与者资格，通过注册资本认缴登记避免市场欺诈等不正当行为的产生，从源头上为规范市场秩序创造前期条件。市场退出制度在高水平社会主义市场经济体制中同样重要，企业依法破产、依法注销可以避免给社会带来更多损害；个人依法破产可以保证个体参与者的利益，并极大化解社会风险。总之，高水平社会主义市场经济体制的风险防范能力和体系应当更加完善。

第五，现代市场经济是信用经济，高水平社会主义市场经济体制的全面建成需要健全的社会信用体系和完善的监管制度。《决定》提出要健全社会信用体系和监管制度。这是立足社会主义现代化新征程提出的新课题。社会信用缺失、监管制度滞后，从根本上不利于形成稳定的、正常的交易环境，不利于市场经济的可持续发展。高水平社会主义市场经济体制，必然伴随着健全统一的社会信用体系，在这方面既要编制出台全国公共信用信息基础目录，也要完善信用信息标准，同时还要建立公共信用信息同金融信息共享整合机制，形成覆盖全部信用主体、所有信用信息类别、全国所有区域的信用信息网络。健全的信用监管是高水平社会主义市场经济的重要标志之一。只有全面推广信用承诺制度，建立企业信用状况综合评价体系，以信用风险为导向优化配置监管资源，依法依规编制出台全国失信惩戒措施基础清单，加快推进社会信用立法，才能使信用体系服务于中国式现代化的建设目标。

作者简介

王传利，清华大学马克思主义学院教授、博士研究生导师，清华大学党史党建学科学术带头人；国家“万人计划”哲学社会科学领军人才，中国高等教育学会研究分会副理事长，中国政治学会常务理事；北京市习近平新时代中国特色社会主义思想研究中心特约研究员，中国社会科学院世界社会主义研究中心特约研究员。主要研究方向为马克思主义和党的建设理论与实践，独立出版著作 12 部，在《政治学研究》《马克思主义研究》等报刊独立发表学术论文 200 余篇。主持并完成国家社会科学基金项目 3 项，正主持一项国家社科基金重点课题和一项委托重大课题。完成教育部社会科学研究基地重点研究课题 2 项，清华大学“985”计划重点资助项目 1 项。研究成果被相关部门领导参阅，获得北京市优秀成果奖励。获得清华大学“良师益友”称号。

王传利：中国共产党的领导与中国式现代化

中国共产党二十届三中全会认为，党的领导是进一步全面深化改革、推进中国式现代化的根本保证。这个论断，为我们科学认识中国式现代化的内涵，充分认识在推进中国式现代化新征程上发挥党的领导的政治优势，加强党对中国式现代化的领导，提供了行动指南和根本遵循。

一、没有中国共产党领导的近代化或现代化，不属于中国式现代化的范畴

在学界已经开展的关于中国式现代化的热烈讨论中，有学者以所谓的“现代化叙事”研究中国近代化或现代化的历史。以现代化史观研究中国历史，必然排斥中国人民的革命运动，必然抬高科学救国论、洋务运动的历史地位。有人自觉不自觉地将洋务运动置于中国式现代化的范围内。社会上不时传来夸大民国时期经济建设成就的声音，也把这一时期的经济发展成就归于中国式现代化的范畴。这种观点，不符合党的二十大报告提出的中国式现代化是中国共产党领导的社会主义现代化的论断，是对中国式现代化范畴的误读或曲解。

范畴是指把事物作归类整理依据的共同性质，也就是说：范畴是事物种类的本质。范畴与概念的内涵有相近之处。所谓“概念的内涵”，是指这个概念的含义，即该概念反映的事物对象所特有的能够区别他物的属性。与概念的内涵相对的是概念的外延，它是指某个概念所反映的事物对象的范围。关于中国式现代化的范畴或概念内涵，党的二十大报告里有清晰的界定，明确地说“中国式现代化，是中国共

产党领导的社会主义现代化”[1]，党中央提出的中国式现代化的范畴，是含义清晰、界定明晰的科学范畴或概念，洋务运动不属于其外延的范围。

既然规定中国式现代化是中国共产党领导的社会主义现代化，这就表明，中国式现代化必须坚持中国共产党的领导。没有中国共产党领导的近代化或现代化，不是中国式现代化。众所周知，洋务运动兴起于19世纪60年代，那时，既不具备产生康梁改良主义政治团体的社会条件，也不具备产生孙中山领导的同盟会的社会条件。一句话，那时的中国，没有产生任何近代政党组织的社会条件。因此，洋务运动不存在任何一个现代政党的领导，更遑论中国共产党的领导了。中国共产党是与现代工业生产条件相联系的无产阶级的先锋队，是1921年成立的，在长期革命战争年代，中国共产党仅取得局部执政的地位，一直到1949年才取得执政党地位，根本不可能领导19世纪60年代的洋务运动。因此，没有现代政党领导的洋务运动，发生在尚无中国共产党时代的洋务运动，当然不属于党的二十大报告确定的中国式现代化的范畴。毕竟洋务运动是发生在中国大地上，发生在中国近代历史上并且对中国近现代工业产生一定影响和作用的运动，如果一定要将洋务运动与“近代化”“现代化”联系起来，那么姑且称为“中国的近代化”或“中国的现代化”，属于中国近代化或中国现代化的范畴，而不可将其纳入已经被党中央文件赋予确切含义的“中国式现代化”范畴，不可称为“中国式现代化”。

党的二十大报告还进一步讲明：“中国式现代化的本质要求是：坚持中国共产党领导，坚持中国特色社会主义，实现高质量发展，发展全过程人民民主，丰富人民精神世界，实现全体人民共同富裕，促进人与自然和谐共生，推动构建人类命运共同体，创造人类文明新形态。”[2] 这里讲的“本质要求”，其实就是中国式现代化范畴要求的本质规定。不符合这个本质规定的中国历史上的近代化或现代化运动，不属于中国式现代化的范畴。

中国共产党的领导，是实现中国式现代化本质要求的基本保证。如果没有中国共产党这个领导核心，中国式现代化就无法制定科学的发展战略，亿万民众的“精气神”就无法凝聚起来，甚至出现一盘散沙、四分五裂的局面，也就是说，如果没有中国共产党的领导，那么我们将无法达到“实现高质量发展，发展全过程人民民主，丰富人民精神世界，实现全体人民共同富裕，促进人与自然和谐共生，推动构

---

① 中国共产党第二十次全国代表大会文件汇编[M].北京：人民出版社，2022：18.

② 中国共产党第二十次全国代表大会文件汇编[M].北京：人民出版社，2022：20.

建人类命运共同体，创造人类文明新形态”① 的本质要求。

我们不是彻底否定洋务运动的历史作用。被一些人热捧的洋务运动，冲破了顽固派的禁锢，搞了一些军用企业和民用企业，培养训练了一批技术人员和技术工人，开阔了国人的眼界，但就其本质而言，洋务派具有浓厚的封建性、垄断性、买办性，力图把近代工业技术和成果垄断与控制起来，壮大洋务集团官僚资本，压抑民族资本。洋务派通过各种方式与外国资本发生这样那样的联系，明里暗里勾结外国资本，直接间接地打压民族资本，稳固和强化外国资本在中国的地位。洋务派从经营管理中捞取油水、营私舞弊、贪污中饱的兴趣，远远大于对创造企业利润、积累资本扩大再生产的兴趣。特别是由于官府及洋务派官僚鼠目寸光、腐朽昏聩，缺乏远大政治抱负与经营管理才能，动辄以出让主权来换取外债，这不仅使企业丧失自主权，而且要承受巨额的“镑亏”，饮鸩止渴，最后一个一个地变成了外国侵略资本的囊中之物。指望低效能的封建衙门和贪腐泛滥的洋务官吏体制实现近代工业迅速发展，“实现高质量发展，发展全过程人民民主，丰富人民精神世界，实现全体人民共同富裕，促进人与自然和谐共生”②，简直是痴人说梦、异想天开。在外国资本的挤压与剥削阶级的统治下，旧中国的工业发展缓慢，生产力水平极其低下，生产手段基本仍然以手工为主。在1933年的工业总产值中，手工业生产占72.02%。在全国总人口中，工业就业人口占2.84%。③ 抗战开始后，中国政府加强军事力量，致力重工业发展，曾经达到旧中国历史的最高水平，之后难以为继。1949年中国的生铁产量，不及英国1835年产量的1/4④；1949年中国钢产量15.8万吨，仅是日本当年钢产量的5%⑤；1950年中国石油产量20万吨，而美国已经达到2.6亿吨。

必须强调指出，在新兴的封建制度确立前后，一切巩固、稳定新生的封建制度的努力，都具有历史进步意义，但是，在近代以来中国的封建制度行将就木之时，一切维护垂死的封建制度的近代化或现代化的努力，都将起到历史的退步作用。清政府已经类似于千疮百孔处于风雨飘摇中即将倒塌的一座大厦，洋务派代表人物承认，自己的努力仅起到无济于事的“风雨裱糊匠”的作用。洋务运动发生在封建制

---

① 中国共产党第二十次全国代表大会文件汇编[M].北京:人民出版社,2022:20.

② 中国共产党第二十次全国代表大会文件汇编[M].北京:人民出版社,2022:20.

③ 吴承明,董志凯.中华人民共和国经济史:第1卷(1949—1952)[M].北京:中国财政经济出版社,2001:53,54.

④ 吴承明,董志凯.中华人民共和国经济史:第1卷(1949—1952)[M].北京:中国财政经济出版社,2001:53,54.

⑤ 中华人民共和国成立十周年纪念文集[M].北京:人民出版社,1959:115.

度走下坡路、将要退出历史舞台的时期，它以建立制造洋枪洋炮为中心的军事工业，有反抗外敌入侵、推动中国早期工业发展的历史进步意义，但从本质来看，它的目的是维护摇摇欲坠的封建统治，助其苟延残喘，助少数统治者牟取暴利，并不是谋求中国的工业化、发展资本主义工业。

没有中国共产党的领导，旧中国的科技事业无法得到长足发展。在近现代历史上，有一种科学救国论，希图靠发展科学技术的渠道，疗救苦难的中国，让贫困的中国走向繁荣富强。首先这是一种具有家国情怀的爱国思想，要求科学家投身于救国事业中，但是，近现代历史上的许多胸怀科学救国美好愿望者，大都空怀希望。中国近现代历史上包括洋务运动在内的发展近现代工业的努力、发展近现代科技的努力，毫无例外地收效甚微。他们在国家破败、民不聊生的旧中国，艰难地发展科学、教育文化事业，培养了少得可怜的人才，建立了很不完整的研究机构。到 1949 年中华人民共和国成立之前，“科学技术研究单位只有四十个上下，专门从事科学技术研究试验的人员仅几百人。科学技术工作缺乏起码的房屋设备和仪器，经费极端微薄”。[①] 新中国从旧中国接收过来的自然科学基础十分薄弱，科学人员数量很少，全国地质技术人才仅 200 人左右[②]。科学门类不全，密切结合生产的和新兴的科学部门几乎完全是空白，大多数研究工作是脱离中国实际的。只是同地域性质的调查研究工作相联系的那些学科，如地质学、生物学等，以及像数学那样可以不依靠近代实验设备而进行工作的理论学科，才能有些发展。而且这些发展，主要还是依靠科学家自己的努力。一些新发展的科学技术部门和需要设备经费稍多的研究试验工作，则完全没有条件进行。不少正直的科学家虽然有发展中国科学技术的良好愿望，但是在国民党的反动统治下，到处碰壁，备受摧残，无法开展工作。许多满怀科技救国美好愿景的科学家和企业家的热情、才华都化为泡影。

在现代化史观看来，洋务运动和科学救国论具有重要的积极的历史意义，而人民的英勇起义和革命战争则是干扰了近代化现代化的进程。但是，近代化或现代化史观，是符合客观历史事实的科学叙事方式吗？为什么被现代化史观抬高了历史地位的洋务运动、科学救国论必然失败或成效不大？

事实上，中国自鸦片战争以后，逐步变成了一个半殖民地半封建的社会，在封建主义和帝国主义统治下，没有民主自由，没有民族独立，根本谈不上国家的富强

① 中华人民共和国成立十周年纪念文集[M].北京:人民出版社,1959:443.
② 中华人民共和国成立十周年纪念文集[M].北京:人民出版社,1959:203.

和人民的幸福。中国人民的主要任务就是对外推翻帝国主义压迫，对内推翻封建地主阶级压迫。党的十五大报告指出："鸦片战争后，中国成为半殖民地半封建国家。中华民族面对着两大历史任务：一个是求得民族独立和人民解放；一个是实现国家繁荣富强和人民共同富裕。前一任务是为后一任务扫清障碍，创造必要的前提。"① 毛泽东说："没有独立、自由、民主和统一，不可能建设真正大规模的工业"，"政治不改革，一切生产力都遭到破坏的命运，农业如此，工业也是如此"。②

究竟用什么样的历史观看待中国近现代历史？毛泽东指出："帝国主义和中国封建主义相结合，把中国变为半殖民地和殖民地的过程，也就是中国人民反抗帝国主义及其走狗的过程。从鸦片战争、太平天国运动、中法战争、中日战争、戊戌变法、义和团运动、辛亥革命、五四运动、五卅运动、北伐战争、土地革命战争，直至现在的抗日战争，都表现了中国人民不甘屈服于帝国主义及其走狗的顽强的反抗精神。"③ 因此，中国人民为反帝反封建进行的前仆后继的革命斗争，是整个近代中国历史发展的主线。那种以现代化叙事为主线夸大洋务运动意义的历史观，是根本错误的。洋务运动不从根本上改革或推翻这种制度，不改变旧的生产关系，反而以维护腐朽的封建制度为目的，是逆历史潮流之举。那种抬高洋务运动历史作用的做法，是违背历史发展规律要求的。

革命是为了解放生产力。历史和人民选择了中国共产党。中国共产党和中国人民以英勇顽强的奋斗，成立中华人民共和国，实现民族独立、人民解放，彻底结束了旧中国半殖民地半封建社会的历史，彻底结束了极少数剥削者统治广大劳动人民的历史，彻底结束了旧中国一盘散沙的局面，彻底废除了列强强加给中国的不平等条约和帝国主义在中国的一切特权，才有推进中国式现代化的社会前提条件。如果没有中国共产党领导，那么民族独立、人民解放是不可能实现的，中国历史上的任何近代化或现代化运动不会有重大成就，科学救国论践行者的宏愿注定难以圆满实现。

---

① 中共中央文献研究室．十五大以来重要文献选编：上[M]．北京：人民出版社，2000：2.

② 毛泽东．毛泽东选集：第3卷[M]．北京：人民出版社，1991：1080.

③ 毛泽东．毛泽东选集：第2卷[M]．北京：人民出版社，1991：632.

二、中国共产党领导中国式现代化的显著优势

（一）中国共产党具有马克思主义理论武装的理论优势

毛泽东指出："我们的党从它一开始，就是一个以马克思列宁主义的理论为基础的党，这是因为这个主义是全世界无产阶级的最正确最革命的科学思想的结晶。"① 马克思主义是科学真理，是中国共产党的根本指导思想，是确立党的性质宗旨、初心使命的理论基础，为中国共产党提供了领导中国式现代化的科学世界观、方法论。中国共产党有了马克思主义这个先进的思想武器，就能科学地领导中国人民实现中国式现代化。"马克思主义是科学理论，具有强大真理力量。马克思主义指导我们找到了我国革命、建设、改革的正确道路，给我国社会带来深刻变革，给中国人民带来巨大福祉。"②

中国共产党人掌握了马克思主义关于坚守人民立场的思想，在领导中国式现代化过程中，始终把人民立场作为根本立场，把为人民谋幸福作为根本使命，坚持全心全意为人民服务的根本宗旨，贯彻群众路线，凝聚起众志成城的磅礴力量，团结带领人民共同创造中国式现代化的历史伟业。中国共产党人掌握了马克思主义关于生产力和生产关系的思想，在领导中国式现代化过程中，勇于全面深化改革，自觉通过调整生产关系激发社会生产力发展活力，自觉通过完善上层建筑适应经济基础发展要求，让中国式现代化事业更加符合规律地向前发展。中国共产党人掌握了马克思主义关于文化建设的思想，在领导中国式现代化过程中，巩固马克思主义在意识形态领域的指导地位，发展社会主义先进文化，推动中华优秀传统文化创造性转化、创新性发展，不断铸就中华文化新辉煌。中国共产党人掌握了马克思主义关于社会建设的思想，在领导中国式现代化过程中，抓住人民最关心最直接最现实的利益问题，不断保障和改善民生，促进社会公平正义，让发展成果更多更公平惠及全体人民，不断促进人的全面发展，朝着实现全体人民共同富裕不断迈进。中国共产党人掌握了马克思主义关于人与自然关系的思想，在领导中国式现代化过程中坚持人与自然和谐共生，牢固树立和切实践行"绿水青

① 毛泽东．毛泽东选集:第3卷[M].北京:人民出版社,1991:1093.

② 中共中央文献研究室．习近平关于社会主义文化建设论述摘编[M].北京:中央文献出版社,2017:99.

山就是金山银山”的理念，动员全社会力量推进生态文明建设，共建美丽中国。中国共产党人掌握了马克思主义关于世界历史的思想，在领导中国式现代化过程中，站在世界历史的高度审视当今世界发展趋势和面临的重大问题，坚持和平发展道路，坚持独立自主的和平外交政策，坚持互利共赢的开放战略，不依附别人，更不掠夺别人，同各国人民一道努力构建人类命运共同体，把世界建设得更加美好。中国共产党人掌握了马克思主义关于马克思主义政党建设的思想，在领导中国式现代化过程中，持之以恒推进全面从严治党，坚持把党的政治建设摆在首位，坚持和加强党的全面领导，坚决维护党中央权威和集中统一领导，做到坚持真理、修正错误，永远保持共产党人政治本色，把党建设成为始终走在时代前列、人民衷心拥护、勇于自我革命、经得起各种风浪考验、朝气蓬勃的马克思主义执政党！总而言之，有了马克思主义理论武装的中国共产党，能够胜任领导中国人民实现中国式现代化的历史重托。

（二）中国共产党具有推进中国式现代化的实践优势

中国共产党领导的中国式现代化经历了从探索到开创、从建立到拓展、从借鉴到超越的过程。中国共产党领导中国革命、建设、改革事业，久经风浪，具备了推进中国式现代化的经验优势。

新中国成立之初，一穷二白，百废待兴，党面临着极为严峻的国内外形势，领导人民确立了人民代表大会制度、中国共产党领导的多党合作和政治协商制度、民族区域自治制度，为推进社会主义建设提供政治制度保障。在社会主义革命和建设时期，党领导人民学习借鉴苏联社会主义现代化建设经验，探索符合国情的中国式现代化道路。毛泽东提出要把中国“建设成为一个工业化的具有高度现代文化程度的伟大的国家”①，党中央提出社会主义过渡时期总路线，制订“一五”计划，重点发展重工业，推进社会主义工业化进程。“以毛泽东同志为主要代表的中国共产党人，结合新的实际丰富和发展毛泽东思想，提出关于社会主义建设的一系列重要思想，包括社会主义社会是一个很长的历史阶段，严格区分和正确处理敌我矛盾和人民内部矛盾，正确处理我国社会主义建设的十大关系，走出一条适合我国国情的工业化道路，尊重价值规律，在党与民主党派的关系上实行‘长期共存、互相监督’

---

① 中共中央文献研究室．建国以来重要文献选编：第5册[M]．北京：中央文献出版社，1993：461.

的方针，在科学文化工作中实行‘百花齐放、百家争鸣’的方针等。”① 这些独创性理论成果，为处于新历史时期开创中国特色社会主义的中国共产党人领导中国人民实现中国式现代化提供了宝贵启示。

在改革开放和社会主义现代化建设新时期，党提出“把全党工作的着重点和全国人民的注意力转移到社会主义现代化建设上来”②、实行改革开放的历史性决策，深刻揭示社会主义本质，确立社会主义初级阶段基本路线，明确提出走自己的路、建设中国特色社会主义。在这一时期，中国共产党取得了回答什么是社会主义、怎样建设社会主义这一根本问题的宝贵经验，创立了邓小平理论；取得了如何加深对什么是社会主义、怎样建设社会主义和建设什么样的党、怎样建设党的认识的宝贵经验，形成了“三个代表”重要思想，确立了社会主义市场经济体制的改革目标和基本框架，确立了社会主义初级阶段公有制为主体、多种所有制经济共同发展的基本经济制度和按劳分配为主体、多种分配方式并存的分配制度，开创全面改革开放新局面；取得了如何深刻认识和回答新形势下实现什么样的发展、怎样发展等重大问题的宝贵经验，形成了科学发展观，抓住重要战略机遇期，聚精会神搞建设，一心一意谋发展，强调坚持以人为本、全面协调可持续发展，成功在新形势下坚持和发展了中国特色社会主义。

中国特色社会主义进入新时代，习近平总书记深刻总结并充分运用党成立以来的历史经验，就新时代坚持和发展什么样的中国特色社会主义、怎样坚持和发展中国特色社会主义，建设什么样的社会主义现代化强国、怎样建设社会主义现代化强国，建设什么样的长期执政的马克思主义政党、怎样建设长期执政的马克思主义政党等重大时代课题，提出一系列原创性的治国理政新理念新思想新战略，创立了习近平新时代中国特色社会主义思想。党的第三个历史决议总结了包括“明确中国特色社会主义最本质的特征是中国共产党领导，中国特色社会主义制度的最大优势是中国共产党领导”③ 在内的“十个明确”，是习近平总书记治国理政的战略思想和创新理念，是党对中国特色社会主义建设规律认识深化和理论创新的重大成果，对于推进中国式现代化建设具有重要意义。

① 《中共中央关于党的百年奋斗重大成就和历史经验的决议》辅导读本[M]. 北京：人民出版社，2021：25－26.
② 中共中央文献研究室．邓小平年谱（1975—1997）：上[M]．北京：中央文献出版社，2004：454.
③ 《中共中央关于党的百年奋斗重大成就和历史经验的决议》辅导读本[M]. 北京：人民出版社，2021：36.

（三）中国共产党具有领导中国式现代化的组织优势

近代中国长期处于民族危亡、国家凋敝的贫弱境地。孙中山认为，中国人口众多而缺乏民族凝聚力，革命力量缺乏充分的组织与动员，“虽有四万万人结合成一个中国，实在是一片散沙”①。中国共产党在自身建设中形成并不断发展完善的组织纪律、组织原则、组织体系共同构成了中国共产党的组织优势，“党的力量来自组织，组织能使力量倍增”②。发挥强大的组织优势是党在革命、建设、改革进程中从胜利走向新的胜利的一个重要原因。“团结就是力量，团结才能胜利。全面建设社会主义现代化国家，必须充分发挥亿万人民的创造伟力。”③ 推进中国式现代化、建设社会主义现代化强国是一件需要凝聚全国各族人民、海内外中华儿女形成巨大合力的历史伟业，党的组织优势为领导建设现代化国家打下了坚实基础。

严明组织纪律是党的优良传统，在革命和建设时期，党先后对人民军队建设、党政干部队伍建设提出了“三大纪律八项注意”，制定完善系列党章党规和政策文件对组织纪律加以规定，毛泽东在《论人民民主专政》中总结党取得革命胜利的三大法宝，其中之一就是具有“一个有纪律的，有马克思列宁主义的理论武装的，采取自我批评方法的，联系人民群众的党”④，这一传统延续至今。“一个松松垮垮、稀稀拉拉的组织是不能干事、也干不成事的。”⑤ 只有严明党的组织纪律，才能坚守共产党人的党性修养，才能保证党自身能够拧成一股绳、成为一盘棋，才能汇聚成核心力量，才能把广大人民群众团结在党的周围。

民主集中制是党的根本组织原则，是将坚持党中央权威和集中统一领导、坚持党内民主有机统一，充分发挥二者优势的组织原则，“是又有集中又有民主、又有纪律又有自由、又有统一意志又有个人心情舒畅生动活泼的制度，是民主和集中紧密结合的制度”⑥，是建立从中央组织到地方组织、基层组织这一体系的依据，对处理党员与党组织、上级与下级、党中央与各级党组织、党员群众的关系

---

① 孙中山．孙中山选集：下卷[M]．北京：人民出版社，2011：644.

② 中共中央纪律检查委员会，中共中央文献研究室．习近平关于严明党的纪律和规矩论述摘编[M]．北京：中央文献出版社，中国方正出版社，2016：36.

③ 习近平．高举中国特色社会主义伟大旗帜 为全面建设社会主义现代化国家而团结奋斗：在中国共产党第二十次全国代表大会上的报告（2022年10月16日）[M]．北京：人民出版社，2022：70.

④ 毛泽东选集：第4卷[M]．北京：人民出版社，1991：1480.

⑤ 中共中央纪律检查委员会，中共中央文献研究室．习近平关于严明党的纪律和规矩论述摘编[M]．北京：中央文献出版社，中国方正出版社，2016：38.

⑥ 习近平．习近平谈治国理政：第3卷[M]．北京：外文出版社，2020：166.

作出规定。正是因为有了民主集中制这一兼具民主与集中优势的组织原则，实现发扬民主、正确集中，才能促进党内和谐、团结统一，才能成为领导现代化建设的强大力量。

严密组织体系能够有效增强党的政治领导力、思想引领力、群众组织力、社会号召力。基层党组织是党执政的地基，早在革命时期，毛泽东就作出了“支部建在连上”的决定，成为党的建党建军原则，是基层党组织建设的早期实践，以组织体系的建设推动党的建设，强化人民军队的党性，激发其向心力、战斗力，成为党自身建设中积累下来的宝贵经验。“我们党是按照马克思主义建党原则建立起来的，形成了包括党的中央组织、地方组织、基层组织在内的严密组织体系。”① 随着实践的发展，党员和基层党组织数量持续增长既为党的发展壮大注入了活力，也触及了党员数量与质量的关系问题，在新形势下，党出台并严格执行一系列规章条例，坚决做到“两个维护”，推动组织体系朝着更加科学化、规范化的方向发展完善，如《关于新形势下党内政治生活的若干准则》《中国共产党重大事项请示报告条例》《中共中央政治局关于加强和维护党中央集中统一领导的若干规定》等党内法规，推动“形成党的组织体系整体合力”②，为党领导推进中国式现代化不断创造组织优势。

最新数据显示，截至 2023 年 12 月 31 日，中国共产党党员总数为 9918.5 万名，现有基层组织 517.6 万个③，党员遍布城乡社区、机关学校、厂矿企业、军队医院，深入社会的每一个细胞，又辐射到妇联、共青团、工会等群团组织，还发挥统一战线凝心聚力的政治作用，将海内外中华儿女、党外人士和新的社会阶层人士会聚在党的光辉旗帜下，成为实现中国式现代化的力量。当今中国，没有任何一个政治力量能够如中国共产党这样成员众多，具备如此系统且经得住历史考验的组织纪律、组织原则、组织体系，具备如此强大的政治领导力、思想引领力、群众组织力、社会号召力。只有具备组织优势的中国共产党，才是领导中国式现代化的核心力量。

（四）中国共产党具有集中力量办大事的领导体制优势

推进中国式现代化，需要中国共产党团结全党全军全国各族人民。中国共产党在国家政权结构中处于总揽全局、协调各方的核心地位，“人大、政府、政协、法

---

① 习近平．习近平谈治国理政：第 3 卷[M]．北京：外文出版社，2020：86.

② 中共中央党史和文献研究院．十九大以来重要文献选编：上[M]．北京：中央文献出版社，2019：800 - 801.

③ 新华社．中国共产党党内统计公报[EB/OL]．(2024 - 06 - 30)．https://www.gov.cn/yaowen/liebiao.

院、检察院、军队，各民主党派和无党派人士，各企事业单位，工会、共青团、妇联等群团组织，既各负其责，又相互配合，一个都不能少”①，这一领导体制体现了社会主义国家制度的优势，并在具体实践中彰显了党集中力量办大事的能力。建成社会主义现代化强国，必须发挥我国集中力量办大事的体制优势。

集中力量办大事的领导体制优势渗透在国家建设的方方面面。打赢脱贫攻坚战，离不开集中力量办大事。“造成各地深度贫困的原因各不相同，集中优势兵力打歼灭战要从各地实际出发，充分发挥我们集中力量办大事的制度优势。”② 在中国共产党成立一百周年之际，我国脱贫攻坚战取得了全面胜利，创造了又一个彪炳史册的人间奇迹！这是党坚持对脱贫攻坚的集中统一领导，把脱贫攻坚纳入“五位一体”总体布局、“四个全面”战略布局，统筹谋划，强力推进的结果。

推进科技创新，离不开集中力量办大事。科技关乎未来，科技创新在国家发展全局处于核心地位。新中国成立后，面对国内科技落后、西方技术封锁的艰难局面，中国共产党领导国家走出一条独立自主的工业化路线，在所处的历史条件下依然取得了一系列重大科技成果，如“两弹一星”、核潜艇、光刻机等。正如毛泽东早就预见到：“多少一点困难怕什么。封锁吧，封锁十年八年，中国的一切问题都解决了。”③ 科技发展必须独立自主，科技创新必须自立自强。“在推进科技体制改革的过程中，我们要注意一个问题，就是我国社会主义制度能够集中力量办大事是我们成就事业的重要法宝。我国很多重大科技成果都是依靠这个法宝搞出来的，千万不能丢了！要让市场在资源配置中起决定性作用，同时要更好发挥政府作用，加强统筹协调，大力开展协同创新，集中力量办大事，抓重大、抓尖端、抓基本，形成推进自主创新的强大合力。”④

顺利承办国际赛事，离不开集中力量办大事。2022 年北京冬奥会、冬残奥会的成功举办，是在党中央坚强领导下，“北京冬奥组委、北京市、河北省与中央部门、各省区市、人民解放军和武警部队、企业、高校院所等方面紧密合作、全力攻坚，社会各界和人民群众热情参与”⑤ 完成的大事，是团结各方、妥善调度、有序筹办的结果，抓住了这个能让世界更好、更全面地认识中国的机会，显示出党集中力量

① 中共中央文献研究室．习近平关于社会主义政治建设论述摘编[M]．北京：中央文献出版社，2017：188.

② 习近平．习近平谈治国理政：第 2 卷[M]．北京：外文出版社，2017：88 – 89.

③ 毛泽东．毛泽东选集：第 4 卷[M]．北京：人民出版社，1991：1496.

④ 中共中央文献研究室．习近平关于科技创新论述摘编[M]．北京：中央文献出版社，2016：48.

⑤ 习近平．在北京冬奥会、冬残奥会总结表彰大会上的讲话（2022 年 4 月 8 日）[M]．北京：人民出版社，2022：9.

办大事的领导体制优势。

如果党没有集中力量、统筹调度、因地制宜的行动力，没有集中力量办大事的领导体制优势，就难以打赢脱贫攻坚战、实现科技创新、办好国际赛事，同样也难以获得治理雾霾、抗击疫情的显著成效，难以具备面对大灾大难的充足底气，难以实现全心全意为人民服务。事实充分证明，中国共产党具有集中力量办大事的领导力、组织力、执行力，是团结带领人民攻坚克难、开拓前进最可靠的领导力量。只有始终不渝坚持中国共产党的领导，才能战胜前进道路上的任何艰难险阻，实现中国式现代化，建成社会主义现代化强国。

三、民主集中制与反腐倡廉：中国共产党领导中国式现代化的保障

坚持党对中国式现代化的领导，需要党中央具有定于一尊的权威，但这绝对不是不要党的民主集中制，恰恰相反，坚持民主集中制是坚持中国共产党领导中国式现代化的政治保障。民主集中制是将坚持党中央权威和集中统一领导、坚持党内民主有机统一，充分发挥二者优势的组织原则，“是又有集中又有民主、又有纪律又有自由、又有统一意志又有个人心情舒畅生动活泼的制度，是民主和集中紧密结合的制度”①。

第一，我们党历来高度重视发展党内民主，健全全过程人民民主。

在新时代，党中央把全面加强党的集中统一领导、维护党中央权威与贯彻民主集中制统一起来。党中央作出中国式现代化的重大决策和部署，都有严格的民主程序，都要在党内一定范围征求意见，有的不止一次地征求省市和中央许多部门的意见与建议。中央领导同志通过开座谈会、到地方调研、找人谈话、研究调研材料等形式，听取各方面的意见。中央政治局在坚持民主集中制方面成为全党的典范，坚持民主基础上的集中和集中指导下的民主相结合。习近平总书记说：“党中央作出重大决策都是很慎重的，重大方案要经过部门讨论、各有关中央领导小组讨论、国务院讨论，然后才拿到中央政治局常委会会议、中央政治局会议上审议。如果审议通不过，还要拿回去重新研究，研究修改好了以后再上会讨论。这些环节都有制度性规定，不是可有可无的。很多重大工作部署，从部门提出到中央政治局会议审议

---

① 习近平．习近平谈治国理政：第3卷[M]．北京：外文出版社，2020：166.

通过，要经过五六道关，涉法事项还要到全国人大讨论。”① 在起草《中共中央关于进一步全面深化改革、推进中国式现代化的决定》过程中，坚持了民主集中的辩证统一。习近平总书记在作这个决定的说明时介绍说：“2024 年 5 月 7 日，决定稿下发党内一定范围征求意见，征求党内老同志意见，专门听取各民主党派中央、全国工商联负责人和无党派人士代表意见，听取相关企业和专家学者意见。……同时，各方面提出了 1911 条修改意见和建议。文件起草组认真研究这些意见和建议，能吸收尽量吸收，作出 221 处修改。”② 党在领导中国式现代化过程中，充分发扬民主，广泛听取相关方面的意见和建议，做到兼听则明、防止偏听则暗，能够作出科学、民主和守规的决策，从而科学有效地领导中国人民实现中国式现代化。

坚持党对中国式现代化领导，需要健全全过程人民民主。党的二十届三中全会指出，发展全过程人民民主是中国式现代化的本质要求之一，而发展全过程人民民主也为推进中国式现代化创造了有利条件。发展全过程人民民主，是尊重人民主体地位的集中彰显，是人民进行有序政治参与的直接形式。中国共产党领导中国式现代化，需要通过加强人民当家作主制度建设，为广大人民群众参与民主选举、民主协商、民主决策、民主管理、民主监督提供完善的制度依托和广泛途径；需要健全协商民主机制，丰富协商方式，健全多种协商制度化平台，发挥人民政协的专门协商机构作用，有效促进深度协商互动、意见充分表达、广泛凝聚共识；需要重视健全基层民主制度，完善基层群众有序参与基层治理的渠道和企事业单位民主管理制度。

第二，中国共产党领导中国式现代化，必然坚持人民主体地位，坚持国家一切权力属于人民，必然发挥好人民代表大会制度支持和保证人民通过人民代表大会行使国家权力的政治功能。

人民代表大会制度具有践行全过程人民民主、保障人民当家作主的显著优势，具有坚持中国共产党领导、保证党领导人民依法有效治理国家的显著优势，具有贯彻民主集中制、保证国家政治生活既充满活力又安定有序的显著优势。人民代表大会制度同中国共产党领导的多党合作和政治协商制度、民族区域自治制度、基层群众自治制度等基本政治制度，巩固和发展最广泛的爱国统一战线，一同形成全面、广泛、有机衔接的人民当家作主制度体系，有力地保障了全体人民依法通过各种途径与形式管理国家事务、经济和文化事业、社会事务的权利。人民通过民主选举产

① 中共中央党史和文献研究院. 十八大以来重要文献选编：下[M]. 北京：中央文献出版社，2018：586.

② 《中共中央关于进一步全面深化改革、推进中国式现代化的决定》辅导读本[M]. 北京：人民出版社，2024：54－55.

生自己的代表，组成各级人民代表大会。习近平总书记在庆祝全国人民代表大会成立 70 周年大会上的讲话中说：“人大代表来自各地区、各民族、各方面，通过各种形式和渠道听取和反映人民群众意见和建议。各级人大及其常委会实行民主集中制，充分发扬民主，集体行使职权。这充分体现了民主和效率的高度统一，有力保证国家机关高效协调运转，保证国家统一高效组织推进各项事业。这有效克服了一些国家那种相互掣肘、内耗严重和议而不决、决而不行的现象。”①

第三，中国共产党领导中国式现代化，必然最大限度地汇聚全体中华儿女建设社会主义强国的热情、智慧和力量。

协商民主是全过程人民民主的重要组成部分，是我国社会主义民主政治的特有形式和独特优势，是党的群众路线在政治领域的重要体现。人民政协要最大限度地汇聚全体中华儿女建设社会主义强国的热情、智慧和力量，发挥好人民政协作为最广泛的爱国统一战线组织的大团结大联合的作用，坚持正确处理一致性和多样性的关系，形成心往一处想、劲儿往一处使的生动局面。习近平总书记在庆祝中国人民政治协商会议成立 75 周年大会上的讲话中说：“在推进中国式现代化新征程上，中共各级党委要从党和国家工作大局出发，把人民政协工作放到全局工作中谋划推进，完善党领导政协工作制度，定期听取政协党组工作汇报，研究、检查政协工作，支持人民政协履行职能，增强开展政协协商的自觉性和主动性，认真倾听、积极采纳来自人民政协的意见建议。”②

第四，中国共产党领导中国式现代化，需要坚持不懈地加强党风廉政建设和反腐败斗争。

党的领导水平直接影响现代化建设的进程与成效，而党内的消极腐败现象直接败坏了党的形象，削弱了党的领导力、战斗力和号召力。反腐败斗争是一场攻坚战、持久战。党能否克服腐败现象，关系着中国式现代化的未来走向与发展前景。在中国特色社会主义进入新时代之初，尽管党员干部队伍的主流始终是好的，但“一些领域消极腐败现象仍然易发多发，一些重大违纪违法案件影响恶劣，反腐败斗争形势依然严峻，人民群众还有许多不满意的地方”③。在 1993 年以后相当长的时间里评估反腐败斗争形势时一直沿用“依然严峻”提法的基础上，十八届中央纪委三中

① 习近平．在庆祝全国人民代表大会成立 70 周年大会上的讲话[N]．人民日报，2024－09－15(2)．

② 习近平．在庆祝中国人民政治协商会议成立 75 周年大会上的讲话[N]．人民日报，2024－09－21(002)．

③ 中共中央纪律检查委员会，中共中央文献研究室．习近平关于党风廉政建设和反腐败斗争论述摘编[M]．北京：中央文献出版社、中国方正出版社，2015：13.

全会增加了“复杂”二字，指出“反腐败形势依然严峻复杂”①。新时代以来，党中央把全面从严治党纳入“四个全面”战略布局，以前所未有的勇气和定力推进党风廉政建设与反腐败斗争，刹住了一些多年未刹住的歪风邪气，解决了许多长期没解决的顽瘴痼疾，清除了党、国家、军队内部存在的严重隐患，管党治党宽松软状况得到根本扭转。继十八届中央纪委六中全会作出“不敢腐的震慑作用充分发挥，不能腐、不想腐的效应初步显现，反腐败斗争压倒性态势正在形成”② 的评估之后，党中央率领全党以“永远在路上”的执着把全面从严治党引向深入，接续出现“腐败蔓延势头得到有效遏制，反腐败斗争压倒性态势已经形成”③，“反腐败斗争压倒性态势已经形成并巩固发展”④，“反腐败斗争压倒性态势向压倒性胜利转化”⑤，“反腐败斗争压倒性胜利不断巩固拓展”⑥，“管党治党宽松软状况得到根本扭转，反腐败斗争取得压倒性胜利并全面巩固”⑦ 等逐步积极向好的局面，风清气正的党内政治生态不断形成和发展，人民群众对党的信心、信任、信赖更加坚定，党的群众基础和执政根基更加稳固。这些成就充分表明，中国共产党在新时代成功地走出了一条中国特色反腐败之路，向世人提交了一份反腐败斗争的优异答卷。

尽管党的十八大以来反腐败斗争已取得压倒性胜利并全面巩固，“四风”问题、各类顽瘴痼疾、特权思想和特权现象等歪风邪气得到大力整治纠正，极大地降低了社会运行成本，减少了资源浪费，在很大程度上赢得党心民心、赢得历史主动，但党面临的“四大危险”“四项考验”仍长期存在，腐败新情况新动向频发。党的自我革命永远在路上，反腐败斗争要在以往斗争经验的基础上开辟新思路，寻找新切口，采取新方法。

打铁还需自身硬。提升党对中国式现代化的领导水平，必须不断推进党的自我革命，清理腐败分子，祛邪扶正，实现党的自我净化、自我完善、自我革新、自我提高。党的十八大以来，党中央推进党风廉政建设和反腐败斗争，尤其注重为基层

---

① 中共中央纪律检查委员会，中共中央文献研究室．习近平关于党风廉政建设和反腐败斗争论述摘编[M].北京：中央文献出版社、中国方正出版社 2015:97.

② 习近平．在第十八届中央纪律检查委员会第六次全体会议上的讲话(2016 年 1 月 12 日)[M].北京：人民出版社，2016:7.

③ 习近平在十八届中央纪委七次全会上发表重要讲话强调 全面贯彻落实党的十八届六中全会精神 增强全面从严治党系统性创造性实效性[J]. 中国纪检监察，2017(2):4 –5.

④ 习近平．决胜全面建成小康社会 夺取新时代中国特色社会主义伟大胜利：在中国共产党第十九次全国代表大会上的报告(2017 年 10 月 18 日)[M].北京：人民出版社，2017:8.

⑤ 中共中央党史和文献研究院．十九大以来重要文献选编：上[M].北京：中央文献出版社，2019:214.

⑥ 中共中央党史和文献研究院．十九大以来重要文献选编：中[M].北京：中央文献出版社，2021:404.

⑦ 中国共产党第十九届中央委员会第六次全体会议文件汇编[M].北京：人民出版社，2021:12.

减负，防治形式主义、官僚主义；积极推进不敢腐、不能腐、不想腐机制建设，强化党和国家监督体系建设，在法律层面加大对反腐败支持力度等。同时，坚持正确用人导向，选拔政治过硬、敢于担当、锐意改革、实绩突出、清正廉洁的干部到各级领导岗位上来，为领导中国式现代化提供人才支撑。党中央要求以正确政绩观为导向，落实“三个区分开来”，激发党员干部开拓进取、干事创业的积极性和主动性，有力地推进了中国式现代化事业向前发展。

（本文与清华大学马克思主义学院博士研究生谢子琛合著）

作者简介

杨云霞，西北工业大学马克思主义学院院长、教授、博士研究生导师，国家“万人计划”哲学社会科学领军人才，全国文化名家暨“四个一批”人才，陕西省教学名师，陕西省“六个一批”人才，西安市决策咨询委员会委员，英国诺丁汉大学访问学者。长期从事马克思主义理论研究。主持国家社科基金、最高人民法院司法研究重大课题，陕西省社科基金重大项目等40余项；出版专著4部，在《马克思主义研究》《马克思主义与现实》等CSSCI发表论文70余篇；荣获陕西省哲学社会科学优秀成果奖一等奖2项，陕西省教学成果奖3项，主持省教改项目2项。担任国家社科基金中华学术外译项目评审专家、中国高等教育学会马克思主义分会副理事长。

杨云霞：以人民为中心进一步全面深化改革的逻辑理析

“人民有所呼、改革有所应”，2024 年 7 月胜利召开的党的二十届三中全会向举国上下鲜明释放出以人民为中心的改革价值取向，在中华大地上迅速汇聚起锐意勃发的革新气息，以进一步全面深化改革开辟了强国建设、民族复兴伟业的广阔前景。全会通过的《中共中央关于进一步全面深化改革、推进中国式现代化的决定》（以下简称《决定》）充满着厚重的“人民”分量，全文 2.2 万余字中，共 46 次提到“人民”，其中，“坚持以人民为中心”更是被专门单列为进一步全面深化改革的一条重大原则。牢牢把握以人民为中心的改革价值取向，让改革事业战略部署在广大人民的期望中不断落地，可以为推进中国式现代化提供强大现实力量。

一、理论逻辑：以人民为中心进一步全面深化改革体现了马克思主义群众史观的精神实质

人民性向来是马克思主义最鲜明的理论品格，在马克思、恩格斯遗留世人的浩繁手稿中，虽然没有直接论及“以人民为中心”的内容表述，但究其一生的理论创作和革命实践而言，都贯穿着一条追求无产阶级和人民群众解放的逻辑主线。面对“谁是历史的真正创造者”这一命题，德国青年黑格尔派选择寻求英雄史观的解释范式，为了同鲍威尔、施蒂纳等摒弃群众、敌视无产阶级的唯心主义历史观进行论争，马克思、恩格斯专门合著了《神圣家族》，并在其中写下了“历史活动是群众的活动，随着历史活动的深入，必将是群众队伍的扩大”的著名论断。在《共产党宣言》中，马克思、恩格斯更是坦言：过去的一切运动都是少数人的，或者为少数人谋利益的运动。无产阶级的运动是绝大多数人的，为绝大多数人谋利益的独立的运动。

马克思主义经典作家用群众史观科学阐释了人民群众的历史创造者地位与历史决定性作用，同时，强调了“现实的个人”在社会历史面前的能动作用，旨在以人的自由解放作为社会进步的终极旨归，从而彻底划清了与其他一切错误历史观念之间的界限。群众史观认为，马克思主义政党开展的一切革命运动都必须站在无产阶级和最广大人民群众的立场上，顺应人民群众对于改革的愿望和要求，就是顺应历史发展的潮流。追根溯源地看，当代中国以人民为中心的改革价值取向与马克思主义群众史观之间具有深远的脉络传承，它是对马克思主义群众史观中国化时代化的凝练表达。习近平总书记强调，“没有人民支持和参与，任何改革都不可能取得成功。无论遇到任何困难和挑战，只要有人民支持和参与，就没有克服不了的困难，就没有越不过的坎”。可以说，中国改革开放事业的成功深刻体现了马克思主义群众史观的内在理路。

首先，“改革依靠人民”反映了人民群众是历史创造者的基本观点。中国共产党充分尊重人民主体地位和首创精神，不断从人民群众中汲取智慧和力量，紧紧依靠人民群众来实施和推进改革发展，正是在听民声、察民情、解民忧、纾民困、谋民利、集民智中团结凝聚起全面深化改革的强大合力。其次，“改革为了人民”彰显了“人的自由全面发展”的改革目标和价值旨归。人的存在和发展方式是马克思主义唯物史观着力澄明的一个元命题。马克思认为，唯有革除资本主义私有制对人的奴役统治，人类社会历史才能从“人与人相依赖”“人与物相依赖”走向“人的自由个性解放”阶段，迎来每个人自由而全面发展的繁荣景象。从这个意义上说，以人民为中心的改革事业也是为了消除人民生活面临的各类阻滞因素，使改革真正满足人的自由全面发展需要。最后，“改革成果由全体人民共享”确保了“现实的个人”在社会历史进步中得到重视和关切。人民群众是“现实的个人”的联合体，以人民为中心的改革价值取向要求党和国家的改革大计充分考虑到每一名“现实的个人”的发展诉求与合法权益，通过推进普惠性、基础性、兜底性民生建设，完善基本公共服务制度体系，实现国家长远发展的集体利益和人民最关心最直接最现实的个体利益相统一。

二、历史逻辑：以人民为中心进一步全面深化改革凝结着历史和人民的共同选择

从历史逻辑来看问题，就是要搞清楚为什么新中国的历史和中国人民要选择改

革开放、中国共产党领导的改革事业为什么要以人民为中心。纵观世界文明史，追求幸福始终是人类社会进步的不竭动力。中国共产党能够成功领导中国的改革事业，一条宝贵的经验就在于，它自成立之日起就把为中国人民谋幸福镌刻在自己的旗帜之上。不论是在新民主主义革命时期的浴血奋战，还是在社会主义革命和建设时期的奋发图强，中国共产党人都时刻坚守初心使命，捍卫人民根本利益，谋求人民幸福生活。20 世纪 70 年代末，面对社会生产力发展滞后、国民经济增长迟缓的不利情形，邓小平同志直言：不坚持社会主义，不改革开放，不发展经济，不改善人民生活，只能是死路一条。于是，他以解放思想的果敢勇气和为民造福的强烈担当，顺应民心所向和大势所趋，指引全党作出了实行改革开放的战略决策。

从当时的国际经验来看，在一个尚不发达的社会主义国家实现从计划经济向市场经济的转轨绝对是小概率事件，为了防止改革过程中出现两极分化等社会不公正情况，党和国家始终遵循“公有制经济为主体”与“共同富裕”原则，审慎采取“摸着石头过河”的渐进式改革思路，切实依据人民群众生活实际制定了“三步走”战略，着力围绕“解决人民的温饱问题”“人民生活达到小康水平”等为民目标展开一系列务实举措。毋庸讳言，改革开放的历史性成就是多重因素综合作用的结果，但归根结底离不开中国共产党的强有力领导以及中国人民的历史性选择。历史充分证明，以人民为中心的改革价值取向从根本上超越了西方发展理念。尽管西方发达国家较早地完成了现代化使命，但其建基于“理性经济人”假设的改革发展理论体系难以有效指导资本主义社会的可持续发展。随着资本统治逻辑的迭代演进，西方国家的金融危机、两极分化、环境污染等矛盾危机不断加剧，特别是近年来依靠产业输出和风险转移等种种以牺牲他国利益为代价的改革举措引发了人们对于“以资本为中心”的反思与怀疑。

相较之下，我国 40 多年波澜壮阔的改革开放史，就是一段中国共产党坚持以人民为中心、不断攻坚克难的峥嵘历程。40 多年以来，在中国共产党为民造福的执政理念下，广大人民群众深度参与全国各领域各方面改革实践，不论是安徽小岗村 18 户农民敢为天下先的“大包干”，还是从蛇口工业区传遍大江南北的“时间就是金钱，效率就是生命”的激情口号，亿万中国人民不断创造出一个又一个彪炳史册的“中国奇迹”，共同书写了一部中国改革的“群英谱”。新的问题样貌催生新的改革思想，随着中国特色社会主义进入新时代，我国改革开放事业经过探路摸索和建章立制，进入了一个定型深化的新时期，以习近平同志为核心的党中央站稳人民立场，纵深推进改革，创造性地提出了“全面深化改革”的战略主张。从“全面深化经济改革”到“以构建现代化经济体系为重点的全面深化改革”，一系列新论断、新举措旨在破解改革的体制机制性障碍难题，促进社会公平正义，同时，折射出中国共产党对于改革的认识不断精准深化、造福人民的观念不断夯实巩固。

习近平总书记强调，把以人民为中心的发展思想体现在经济社会发展各个环节，做到老百姓关心什么、期盼什么，改革就要抓住什么、推进什么，通过改革给人民群众带来更多获得感。习近平总书记关于全面深化改革的一系列重要论述真情流露出为中国人民谋幸福的改革初心，新时代全面深化改革的历史实践生动诠释了中国共产党以人民为中心的改革价值取向。立足进一步全面深化改革的历史新起点，中华民族必将走出一条壮丽辉煌的人间正道。

三、实践逻辑：以人民为中心进一步深化改革是推进中国式现代化的必然要求

党的二十届三中全会为我国当前和今后一个时期的改革发展谋篇布局，举旗定向，全会通过的《决定》开宗明义地将“进一步全面深化改革”同“推进中国式现代化”关联成句，一体强调二者的重大意义和总体要求，各个分篇更是着墨探讨如何以进一步全面深化改革凸显中国式现代化的民生底色。具体而言，《决定》对标中国式现代化的特征要求，按照“五位一体”总体布局对应的五大建设和国家安全、国防和军队建设等重点领域，分七个方面逐一细化改革任务，系统制定了以人民为中心进一步全面深化改革的“路线图”和“任务书”。不难看出，中国式现代化构成了进一步全面深化改革的目标任务，而进一步全面深化改革则是实现中国式现代化的重大举措，它们共同构成一对辩证统一的关系范畴。需要指出的是，唯有坚持以人民为中心的改革价值取向，才能确保改革的目标任务和落实举措同质同向、一以贯之。

以人民为中心进一步全面深化经济体制改革，就是要加大民生领域的改革力度，强化高水平社会主义市场经济体制对于中国式现代化的重要保障作用。实践充分证明，社会主义市场经济体制的建立和完善充分调动了最广大人民群众的劳动生产积极性，是不断促进共同富裕的重要支撑。《决定》提出，要建立农村低收入人口和欠发达地区分层分类帮扶制度，健全有利于高质量发展、社会公平、市场统一的税收制度。通过深化制度改革，加强对广大劳动者的权益保障，在促进区域协调、城乡融合发展中缩小收入差距，在构建优势互补、高质量发展的区域经济布局中增进

民生福祉。

以人民为中心进一步全面深化政治体制改革，就是要发展全过程人民民主，践行中国式现代化的本质要求。对于我国政治体系改革来说，必须通过全过程民主保证人民在其中的充分参与和民主决策，从而彰显社会主义民主政治的本质属性。创新探索基层民主形式，将人民当家作主具体、生动地体现在国家发展的各领域各方面。始终保持和增强改革事业的民主性，在改革中发展最广泛、最真实、最管用的民主，加强人民当家作主制度体系建设，在协商民主、基层民主、大统战工作等不同环节中扩大人民有序政治参与，保证人民充分参与改革发展决策。

以人民为中心进一步全面深化文化体制改革，坚持走物质文明和精神文明相协调的中国式现代化发展道路。一方面，要完善意识形态工作责任制，探索用党的创新理论教育人民的工作体系，让马克思主义中国化时代化的宝贵成果“飞入寻常百姓家”，确保青少年理想信念教育制度化常态化，坚定全体人民文化自信。另一方面，要坚持以人民为中心的创作导向，广泛吸纳文化产业工作者、非物质文化遗产传承人等各方面社会力量共同参与公共文化服务，源源不断输送优质文化资源直抵基层社区和中小学，激发全民族文化创新创造活力。

以人民为中心进一步全面深化社会体制改革，就是要在发展中保障和改善民生，完成好中国式现代化的重大任务。面对医疗教育保障、社会公平正义等社会发展涌现的难题考验，充分重视人的因素是破题之解。顺应时代发展新趋势、人民群众新期待进一步全面深化社会体制改革，着力通过完善收入分配制度，调整居民收入比重和劳动报酬分配比重，调动全体人民参与国家改革发展的主动性、积极性和创造性。围绕人民群众对于医药卫生、就业创业等领域的改革呼声，完善基本公共服务制度体系，靶向破除制约高品质生活的疾痌与障碍。

以人民为中心进一步全面深化生态文明体制改革，要努力实现人与自然和谐共生的现代化。人民群众日益多样化、个性化的美好生活需要包含对于美好生活环境的向往，为此必须加快推进人民城市建设，将人民城市为人民的理念付诸实践，以民意作为改革的最大依归，坚持从制约生态文明建设的最突出难题着眼，解决人民群众急难愁盼的生态文明基础和生态环境治理问题，提高人民生活品质。此外，加强生态文明保护宣传教育，推动“绿水青山就是金山银山”理念深入人心。

以人民为中心进一步全面深化国家安全体制改革，依靠高水平国家安全作为中国式现代化行稳致远的重要基础。人民安全是国家安全的基石，要坚持以人民安全为宗旨，更大力度加强民生保障和基层治理。一是扎实推进基本公共服务均等化，健全城乡基层治理体系，完善共建共治共享的社会治理制度；二是健全矛盾纠纷预防化解机制，畅通市民热线和信访渠道，加快推进矛盾纠纷多元化解“一站式”平台建设，及时把矛盾纠纷化解在基层、消除在萌芽状态；三是加强总体国家安全观教育，做好安全生产风险防范，强化预警监测，落实应急措施，保障人民群众生命财产安全。

以人民为中心进一步全面深化国防和军队领域改革，不断开创中国式现代化新局面。人民军队来源于人民，发展壮大依靠着人民，这也就决定了国防和军队改革必须服务于党和人民的事业。持续深化国防和军队领域改革，必须坚持党对人民军队的绝对领导，牢记为人民扛枪、为人民打仗的神圣职责，永葆人民军队的初心本色。锚定建军一百年奋斗目标，在深化跨军地改革中构筑起众志成城的铜墙铁壁，不断凝聚起蕴藏于民众之中的磅礴伟力。

（本文与西北工业大学马克思主义学院博士研究生叶恒语合著）

第二篇

实践探索

作者简介

简新华，武汉大学经济与管理学院教授、博士研究生导师，享受国务院政府特殊津贴专家，国家社科基金学科评审组专家，国家社科基金重大招标项目首席专家。现任教育部人文社会科学重点研究基地——武汉大学经济发展研究中心副主任，湖北省人文社会科学重点研究基地——武汉大学人口·资源·环境经济研究中心主任，武汉大学战略管理研究院副院长。曾任武汉大学经济学院副院长、经济研究所执行所长、湖北省人口学会副会长。兼任中国工业经济学会副理事长、中国经济规律研究会副会长、中国《资本论》研究会常务理事、世界政治经济学会理事、中国工业经济学会产业经济学专业委员会委员、中国人口学会人口学科发展专业委员会委员、湖北省产业经济学会会长，暨南大学、西南财经大学、中国地质大学、北京工商大学、河南大学、江西财经大学、浙江财经学院、石家庄经济学院等8所高校兼职教授、咨询专家、学术委员。

简新华：构建高水平社会主义市场经济体制

党的二十届三中全会作出的《中共中央关于进一步全面深化改革、推进中国式现代化的决定》（以下简称《决定》）①，对进一步全面深化改革作出系统部署，提出的第一个任务就是构建高水平社会主义市场经济体制，因为高水平社会主义市场经济体制是中国式现代化的重要制度保障和强大动力。

为了更好地构建高水平社会主义市场经济体制，现在需要进一步明确，什么是高水平社会主义市场经济体制、为什么要构建高水平社会主义市场经济体制、怎样构建高水平社会主义市场经济体制。

一、什么是高水平社会主义市场经济体制

最早对社会主义市场经济体制的界定，是 1993 年党的十四届三中全会通过的《中共中央关于建立社会主义市场经济体制若干问题的决定》，提出“社会主义市场经济体制是同社会主义基本制度结合在一起的。建立社会主义市场经济体制，就是要使市场在国家宏观调控下对资源配置起基础性作用。为实现这个目标，必须坚持以公有制为主体、多种经济成分共同发展的方针，进一步转换国有企业经营机制，建立适应市场经济要求，产权清晰、权责明确、政企分开、管理科学的现代企业制度；建立全国统一开放的市场体系，实现城乡市场紧密结合，国内市场与国际市场相互衔接，促进资源的优化配置；转变政府管理经济的职能，建立以间接手段为主的完善的宏观调控体系，保证国民经济的健康运行；建立以按劳分配为主体，效率优先、兼顾公平的收入分配制度，鼓励一部分地区一部分人先富起来，走共同富裕

① 中共中央关于进一步全面深化改革、推进中国式现代化的决定[N]. 人民日报，2024－07－22.

的道路；建立多层次的社会保障制度，为城乡居民提供同我国国情相适应的社会保障，促进经济发展和社会稳定。这些主要环节是相互联系和相互制约的有机整体，构成社会主义市场经济体制的基本框架。必须围绕这些主要环节，建立相应的法律体系，采取切实措施，积极而有步骤地全面推进改革，促进社会生产力的发展”。①这说明，社会主义市场经济体制是同社会主义基本制度结合在一起的、要使市场在国家宏观调控下对资源配置起基础性作用的经济体制；构成社会主义市场经济体制的主要内容和基本框架，包括所有制、企业制度、市场体系、宏观调控、分配制度、社会保障制度等六大方面的内容，具体来说就是：以公有制为主体、多种经济成分共同发展的所有制结构，适应市场经济要求的产权清晰、权责明确、政企分开、管理科学的现代企业制度，全国统一开放的市场体系，以间接手段为主的完善的宏观调控体系，以按劳分配为主体，效率优先、兼顾公平的收入分配制度，多层次的社会保障制度。

经过 30 多年建立社会主义市场经济体制的理论探索和改革实践创新，我们不仅对社会主义市场经济体制的认识更全面深入具体，而且中国的经济体制已经由传统的计划经济体制转变为社会主义市场经济体制，建立起了比较完整的社会主义市场经济体制。从社会主义市场经济体制主要内容和总体构成的各方面情况来看，所有制基础已经由基本上是单一公有制转变为多种所有制并存；国有企业的企业制度已经由国有国营（国家所有国家直接经营），转变为主要实行适应市场经济要求的现代企业制度，出现了以私人经营和公司经营为主的民营企业制度；市场体系已经由只有商品市场、没有要素市场特别是资本市场、缺乏充分市场竞争的状况，转变为基本上建立起了比较完整、统一、开放、竞争的市场体系；经济运行机制已经由国家实行高度集中统一的计划管理，转变为发挥市场在资源配置中的决定性作用和更好发挥政府作用；收入分配制度已经由强调按劳分配、存在平均主义的倾向，转变为以按劳分配为主体、多种分配方式并存，市场机制在分配中发挥重要作用；基本建立适应社会主义市场经济要求的社会保障体系。

在此基础上，党的二十届三中全会通过的《决定》进一步提出，要构建高水平社会主义市场经济体制。什么是高水平社会主义市场经济体制，其基本特征和主要内容是什么？依据《决定》的最新精神，本文认为，从基本特征和功能作用来看，高水平社会主义市场经济体制应该是能够更好发挥市场机制作用，创造更加公平、

① 中共中央关于建立社会主义市场经济体制若干问题的决定[M]. 北京：人民出版社，1993：2.

更有活力的市场环境，实现资源配置效率最优化和效益最大化，既“放得活”又“管得住”，更好维护市场秩序、弥补市场失灵，畅通国民经济循环，激发全社会内生动力和创新活力的经济体制。

能够具有这样的基本特征和功能作用的高水平社会主义市场经济体制，从主要内容来说，在所有制基础方面，应该是“毫不动摇巩固和发展公有制经济，毫不动摇鼓励、支持、引导非公有制经济发展”；在企业制度方面，各类企业都要建立完善的治理结构和生产管理制度；在市场体系方面，必须构建全国统一大市场；在宏观调控方面，必须实行科学的宏观调控、有效的政府治理；在分配制度方面，必须构建初次分配、再分配、第三次分配协调配套的制度体系，完善收入分配制度；在社会保障方面，必须构建健全的社会保障体系。特别需要明确的是，党的二十届三中全会通过的《决定》首次明确提出，包括产权制度、市场信息披露制度、商业秘密保护制度、企业违法的惩罚性赔偿制度、企业维权保护制度、市场准入制度、企业破产退出制度、社会信用体系和监管制度等在内的市场经济基础制度，也是社会主义市场经济体制的重要内容。由此，完善的市场经济基础制度，也是高水平社会主义市场经济体制的重要内容。这是对社会主义市场经济体制理论的创新和发展。

二、为什么要构建高水平社会主义市场经济体制

社会主义市场经济体制的基本建立，是30多年中国取得经济高速增长和保持社会稳定两大奇迹的主要原因之一，是重要的动力来源和制度保障，为什么还要构建高水平社会主义市场经济体制呢？总的来说，这是因为中国现在进入了全面建设社会主义现代化强国的新发展阶段，社会主义市场经济体制还不健全完善，还不完全适应中国式现代化的要求，所以必须全面深化改革，构建高水平社会主义市场经济体制，以更加切实有效地推进中国式现代化。

具体而言，社会主义市场经济体制的不健全不完善，主要表现在以下几个方面：一是在所有制基础方面，公有制经济特别是国有经济的比重偏低，难以更好发挥公有制经济的主体和主导作用，非公有制经济发展也面临困难，不利于社会主义经济的进一步发展和共同富裕的实现，必须通过深化改革予以改变；二是在分配制度方面，收入分配制度还不完善，贫富差距比较大，不仅不利于扎实推进共同富裕，而且使得劳动收入的比重偏低，造成有购买力的需求不足，减弱了经济增长的动力，必须深化改革，完善收入分配制度；三是在市场和政府的制度安排与作用方面，市

场体系、市场机制、市场监管和政府调控治理都还不健全不完善，还存在明显的市场失灵和政府失灵，还需要通过深化改革，形成切实有效防范和克服市场失灵、政府失灵的机制与制度安排，真正找到破解既要“有效的市场”也要“有为的政府”这道经济学上的世界性难题的方法；四是在企业制度方面，一方面国有企业制度还不完善，导致部分国企腐败现象比较严重，经济效率也不高，另一方面民营企业制度不健全，导致民企经营存在困难和问题，需要通过深化改革，健全完善各类不同企业的企业制度和治理结构，真正做强做优做大国有企业和鼓励、支持、引导民营企业健康发展；五是在社会保障制度方面，基本公共服务制度体系还不健全不完善，社会保障制度还存在城乡不统一、各部门也不统一的问题，还需要适应中国式现代化的要求，建立健全完善的基本公共服务制度体系和完整统一的社会保障体系；六是市场经济基础制度不健全不完善，不利于社会主义市场经济的高质量发展，必须通过深化改革，健全完善市场经济基础制度。

三、怎样构建高水平社会主义市场经济体制

真正切实构建更加系统完备、更加成熟定型的高水平社会主义市场经济体制，必须根据中国式现代化的要求，针对现在经济体制方面存在的问题和不足，按照党的二十届三中全会通过的《决定》的要求和部署，采取以下主要措施。

（1）必须坚持和落实“两个毫不动摇”，保证各种所有制经济依法平等使用生产要素、公平参与市场竞争、同等受到法律保护，促进各种所有制经济优势互补、共同发展。注意消除各类企业的经营困难，做强做优做大国有经济，认真执行《中华人民共和国农村集体经济组织法》，大力发展农村集体经济，适当提高公有制经济的比重，改变公有制经济比重不断下降的态势，切实有效引导民营经济健康发展，尽可能发挥其积极作用、克服其消极影响。

（2）完善中国特色现代企业制度，弘扬企业家精神，支持和引导各类企业提高经营管理水平、资源与要素利用效率，履行社会责任，加快建设更多世界一流企业。

深化国资国企改革，完善管理监督体制机制，增强各有关管理部门战略协同，推进国有经济布局优化和结构调整，推动国有资本和国有企业做强做优做大，增强核心功能，提升核心竞争力。进一步明晰不同类型国有企业功能定位，完善主业主责管理，明确国有资本重点投资领域和方向。推动国有资本向关系国民经济命脉、国家安全的重要行业和关键领域集中，向关系国计民生的公共服务、应急能力、公

益性等领域集中，向具有前瞻性战略性新兴产业集中，更好发挥主导作用。深化国有资本投资、运营公司的改革。建立国有企业履行战略使命评价制度，完善国有企业分类考核评价体系，开展国有经济增加值的核算。推进能源、铁路、电信、水利、公用事业等行业自然垄断环节独立运营和竞争性环节市场化改革，健全监管体制机制。健全国有企业推进原始创新的制度安排，在发展和运用新质生产力上发挥引领作用。

坚持致力于为非公有制经济发展营造良好环境和提供更多机会的方针政策，制定促进民营经济发展的相关办法，深入破除市场准入壁垒，推进基础设施竞争性领域向经营主体公平开放，完善民营企业参与国家重大项目建设长效机制，支持有能力的民营企业牵头承担国家重大技术攻关任务，向民营企业进一步开放国家重大科研基础设施，适当扩大民营企业发挥作用的领域。完善民营企业融资支持制度，破解融资难、融资贵的问题。健全涉企收费长效监管和拖欠企业账款清偿的法律法规体系。加快建立民营企业信用状况综合评价体系，健全民营中小企业增信制度，支持、引导民营企业完善治理结构和管理制度，加强企业合规建设和廉洁风险防控，加强事中事后监管，规范涉及民营企业的行政检查，促进民营企业健康发展。

（3）构建全国统一大市场，健全完整统一、公平竞争、内外开放的市场体系和合理有效的市场监管体系。推动市场基础制度规则统一、市场监管公平统一、市场设施高标准联通。加强公平竞争审查的刚性约束，强化反垄断和反不正当竞争，清理、废除妨碍全国统一市场和公平竞争的各种规定与做法。规范地方招商引资法规制度，严禁违法违规给予政策优惠行为。建立健全统一规范、信息共享的招标投标和政府、事业单位、国有企业采购等公共资源交易平台体系，实现项目全流程公开管理，健全国家标准体系，深化地方标准管理制度改革，提升市场综合监管能力和水平。

完善要素市场制度和规则，推动生产要素畅通流动、各类资源高效配置、市场潜力充分释放。构建城乡统一的建设用地市场，完善促进资本市场规范发展的基础制度。培育全国一体化技术和数据市场。完善主要由市场供求关系决定要素价格机制，防止政府对价格形成的不当干预。健全各种生产要素由市场决定价格、按价格决定报酬的机制。

完善流通体制，加快发展物联网，健全一体衔接的流通规则和标准，降低全社会物流成本。加快培育完整内需体系，建立政府投资支持基础性、公益性、长远性重大项目建设长效机制，健全政府投资有效带动社会投资体制机制，深化投资审批制度改革，完善激发社会资本投资活力和促进投资落地机制，形成市场主导的有效投资增长机制。完善扩大消费长效机制，减少限制性措施，合理增加公共消费。

（4）完善市场经济基础制度。完善产权制度，依法平等长久保护各种所有制经济产权，建立高效的知识产权综合管理体制。完善市场信息披露制度，构建商业秘密保护制度。对侵犯各种所有制经济产权和合法利益的行为实行同责同罪同罚，完善惩罚性赔偿制度。加强产权执法司法保护，防止和纠正利用行政、刑事手段干预经济纠纷，健全依法甄别纠正涉企冤错案件机制。

完善市场准入制度，优化新业态新领域市场准入环境。深化注册资本认缴登记制度改革，实行依法按期认缴。健全企业破产机制，探索建立个人破产制度，推进企业注销配套改革，完善企业退出制度。健全社会信用体系和监管制度。

（5）健全宏观经济治理体系，完善宏观调控制度体系，统筹推进财税、金融等重点领域改革，增强宏观政策取向一致性，进一步提高宏观经济治理能力，在发挥市场在资源配置中的决定性作用的同时，实行更为全面、合理有效的规划管理和宏观调控；健全财政、货币、产业、区域等经济政策协调机制，优化政府服务，更好发挥国家发展规划的战略导向作用；更多运用市场化、法治化手段，做到市场机制有效、微观主体有活力、宏观调控有度。

（6）改革完善财产和收入分配制度，规范收入分配秩序，规范财富积累机制，多渠道增加城乡居民财产性收入，形成有效增加低收入群体收入、稳步扩大中等收入群体规模、合理调节过高收入的制度体系；深化国有企业工资决定机制改革，合理确定并严格规范国有企业各级负责人薪酬、津贴补贴等；提高居民收入在国民收入分配中的比重，提高劳动报酬在初次分配中的比重。完善劳动者工资决定、合理增长、支付保障机制，健全按要素分配政策制度，完善税收、社会保障、转移支付等再分配调节机制，支持发展公益慈善事业，有效避免和防治市场机制下贫富差距扩大的弊端。

必须完善基本养老保险全国统筹制度和全国统一的社保公共服务平台，健全社保基金保值增值和安全监管体系，形成基本养老、基本医疗保险筹资和待遇合理调整机制，加大相关投入，逐步提高城乡居民基本养老保险基础养老金；健全灵活就业人员、农民工、新就业形态人员社保制度，扩大失业、工伤、生育保险覆盖面，全面取消在就业地参保户籍限制，完善社保关系转移接续政策；加快发展多层次多支柱养老保险体系，扩大年金制度覆盖范围，推行个人养老金制度；发挥各类商业保险补充保障作用。推进基本医疗保险省级统筹，深化医保支付方式改革，完善大病保险和医疗救助制度，加强医保基金监管；健全社会救助体系和保障妇女儿童合法权益制度，完善残疾人社会保障制度和关爱服务体系。真正做到幼有所育、学有所教、劳有所得、病有所医、老有所养、住有所居、弱有所扶。

作者简介

金民卿，哲学博士、二级研究员、博士研究生导师；中国历史研究院党委副书记、纪委书记，中国社科院大学教授；文化名家暨“四个一批”人才，国家“万人计划”哲学社会科学领军人才，国家监委首届特约监察员，享受国务院政府特殊津贴专家，中央马克思主义理论研究和建设工程首席专家，中国历史唯物主义学会副会长，中国现代史学会副会长，全国党建研究会特约研究员。主要从事哲学、文化与意识形态、马克思主义中国化、毛泽东生平与思想、中国近现代史、中共党史党建研究。出版著作《马克思主义中国化的思想逻辑》《马克思主义中国化思想史论》《马克思主义中国化研究文稿》《青年毛泽东的思想转变之路》《中国化马克思主义的初步形成》《改革开放 30 年思想史》《中国力量》《中国精神》等 10 余部，在《人民日报》《光明日报》《求是》《中国社会科学》《马克思主义研究》《近代史研究》等报刊上发表大量学术论文。

金民卿：围绕党的中心任务谋划和部署改革

习近平总书记指出："围绕党的中心任务谋划和部署改革，是党领导改革开放的成功经验。"① 这一重要论断全面总结了中国共产党领导改革开放的成功经验，深刻揭示了完成党的中心任务同谋划和部署改革之间的内在联系。我们要从理论、历史、现实的结合上理解习近平总书记的重要论断，更全面系统地把握进一步全面深化改革、推进中国式现代化的重大战略部署。

一、围绕中心任务谋划和部署改革具有深刻的理论逻辑

围绕党的中心任务谋划和部署改革，体现了马克思主义世界观、方法论的基本原理，体现了中国共产党认识世界、改造世界、制定和实施重大决策的理论逻辑，包含着党领导革命、建设和改革的成功密码。中国共产党在长期革命、建设和改革历程中，坚持马克思主义基本原理和实事求是的思想路线，坚持唯物辩证法基本原理，立足客观实际，根据实践要求，抓住主要矛盾，确定中心任务，探索合理有效的方式方法，制定正确的政策决策，破解重大时代问题，实现重大历史飞跃，形成了制定和实施重大战略部署与政策决策的内在逻辑。

立足客观实际，把握形势发展的趋势和要求，是形成正确决策的根本前提。一切从客观实际出发而不是从主观臆想出发，是马克思主义世界观的根本原则。马克思、恩格斯反复指出，社会存在决定社会意识，而不是社会意识决定社会存在，认识就是客观实在在人们头脑中的反映。恩格斯在《反杜林论》中明确提出，唯心主

① 习近平．关于《中共中央关于进一步全面深化改革、推进中国式现代化的决定》的说明［N］．人民日报，2024-07-22.

义坚持从原则出发，而唯物主义坚持从实际出发，“原则不是研究的出发点，而是它的最终结果；这些原则不是被应用于自然界和人类历史，而是从它们中抽象出来的；不是自然界和人类去适应原则，而是原则只有在符合自然界和历史的情况下才是正确的”①。毛泽东把马克思主义世界观同中华优秀传统文化相结合，创立了中国化马克思主义的实践论哲学，制定了实事求是的思想路线，强调要从客观存在的“实事”中去研究和把握客观事物的内部联系，即规律性，用从实际情况出发形成的规律性认识作为行动的向导。② 习近平总书记指出，“坚持实事求是，就要深入实际了解事物的本来面貌。要透过现象看本质，从零乱的现象中发现事物内部存在的必然联系，从客观事物存在和发展的规律出发，在实践中按照客观规律办事”③。中国共产党在长期实践中始终坚持从客观实际出发，全面把握事物发展的本质特征、发展规律，形成符合事物本质的正确认识即科学真理，在正确认识世界的基础上确定改造世界的任务，探索完成任务的方法路径。

剖析事物的复杂矛盾系统，抓住主要矛盾，确定中心任务，明确科学决策的核心对象和关键环节。普遍联系和变化发展的客观现实是由各个方面各个要素构成的矛盾系统，认识和改造世界就是要全面把握、深刻剖析与正确处理现实世界中的矛盾。毛泽东把唯物辩证法基本原理同中华优秀传统文化中的矛盾思想结合起来并加以升华，创立了中国化马克思主义的矛盾论哲学，其中的主要矛盾学说颇具独创性。他指出，“在复杂的事物的发展过程中，有许多的矛盾存在，其中必有一种是主要的矛盾，由于它的存在和发展规定或影响着其他矛盾的存在和发展”④；研究事物最关键的就是要全力找出主要矛盾，“捉住了这个主要矛盾，一切问题就迎刃而解了”，不懂得抓主要矛盾，就会“如堕烟海，找不到中心，也就找不到解决矛盾的方法”⑤。中国共产党始终坚持和运用这个方法，在历史关键时期抓住主要矛盾，确定中心任务。

充分发挥主体主动性，根据客观实际的内在要求和发展趋势，根据主要矛盾和中心任务，确定解决问题的方式方法，制定正确的政策策略。毛泽东提出：“我们不但要提出任务，而且要解决完成任务的方法问题。我们的任务是过河，但是没有桥或没有船就不能过。不解决桥或船的问题，过河就是一句空话。不解决方法问题，

---

① ［德］马克思，恩格斯．马克思恩格斯文集：第 9 卷［M］．北京：人民出版社，2009：38.
② 毛泽东．毛泽东选集：第 3 卷［M］．北京：人民出版社，1991：801.
③ 习近平．习近平谈治国理政：第 1 卷［M］．北京：外文出版社，2018：25 – 26.
④ 毛泽东．毛泽东选集：第 1 卷［M］．北京：人民出版社，1991：320.
⑤ 毛泽东．毛泽东选集：第 1 卷［M］．北京：人民出版社，1991：322.

任务也只是瞎说一顿。"[1] 进入新时代，习近平总书记高度重视方法论问题，强调"改革开放是前无古人的崭新事业，必须坚持正确的方法论"[2]。2024 年 5 月，在主持召开企业和专家座谈会时，习近平总书记强调，"改革有破有立，得其法则事半功倍，不得法则事倍功半甚至产生负作用"。在不同历史时期，面临不同形势要求和中心任务，解决问题的方法对策有所不同，革命是解决半殖民地半封建中国问题的根本路径，而改革则是完善社会主义制度、开展社会主义现代化建设的根本方法。

把正确的方式方法和政策决策贯彻落实到实践当中，完成中心任务，实现历史飞跃，才能达到改造世界的目的。有了对客观世界及其发展要求的正确认识，有了明确的中心任务和解决问题、实现任务的对策方法，接下来就要以创造性实践来贯彻落实重大部署，解决重大现实问题，完成目标任务，推动历史发展。例如，在新民主主义革命时期，党立足旧中国半殖民地半封建社会的实际，深刻剖析中华民族与帝国主义、中国人民与封建主义之间的矛盾，科学判断中国革命的对象、动力、方向等关键问题，制定新民主主义革命的战略部署和方针政策，团结带领人民经过长期斗争取得彻底胜利，建立人民当家作主的新中国。新中国成立后，党立足新的社会实际，团结带领人民进行社会主义革命，建立社会主义制度，进而探索社会主义建设道路，逐步建立起独立的相对完整的工业和国民经济体系，彻底改变"一穷二白"的面貌。

二、围绕中心任务谋划和部署改革是成功经验的深刻总结

20 世纪 60 年代以后，世界科技进步日新月异，全球经济快速增长，包括亚洲"四小龙"在内的一些国家和地区实现了跨越式发展。但是，因为缺乏经验和出现"左"的指导思想，党的工作中出现失误甚至发生"文化大革命"那样的严重挫折，国家一时陷入动乱局面，错过良好发展机遇，中国社会主义的前途命运面临严峻挑战。在党和国家何去何从的重大历史关头，中国共产党以伟大的自我革命精神和高度的历史主动精神，于 1978 年 12 月领导召开划时代的十一届三中全会。以邓小平同志为主要代表的中国共产党人，勇于冲破"左"的思想束缚，深刻洞察历史发展大势，科学把握党和国家前途命运，深刻总结实践经验教训，深刻领悟人民群众需

---

① 毛泽东．毛泽东选集：第 1 卷［M］．北京：人民出版社，1991：139.

② 习近平．习近平谈治国理政：第 1 卷［M］．北京：外文出版社，2018：67.

要，果断停止使用“以阶级斗争为纲”的口号，将党和国家的中心任务与工作重点转移到现代化建设上来，确立以经济建设为中心的发展战略，作出改革开放的伟大决策，开启改革开放和社会主义现代化新时期。

新时期的中国共产党人，面对发展着的新形势，立足我国已经处于并将长期处于社会主义初级阶段这一最大实际，深刻剖析人民日益增长的物质文化需要同落后的社会生产之间的矛盾，始终坚持以社会主义现代化为目标方向，确立“一个中心、两个基本点”的基本路线，科学谋划和部署改革开放的发展战略与政策决策，领导改革从农村起步逐步推向城市，以经济体制改革为引领逐步推向各个领域各个方面。特别是，致力实现社会主义制度优越性同市场经济体制优势的有机结合，探索形成并不断发展社会主义市场经济体制，成功开创并不断推进中国特色社会主义，中华民族大踏步赶上世界潮流和时代步伐。在领导改革开放的伟大革命中，我们党不断积累与丰富围绕中心任务谋划和部署改革的成功经验。

进入新时代，党和国家事业发展既迎来新的发展机遇，也面临新的风险挑战。从世界形势来看，整个世界正在经历百年未有之大变局。虽然人类依然处于资本主义生产方式占统治地位并正在向社会主义过渡的“大的历史时代”，依然保持“西高东低”“资强社弱”的总体态势，资本主义体系在短时期内不可能崩溃；但是，世界多极化、经济全球化、文化多样化、社会信息化的急剧发展，推动世界正在呈现出与过去时代不同的阶段性特征，“东升西降”“社兴资衰”的新趋势正在形成。日益衰落的资本主义绝不甘心自己的没落，绝不会主动退出历史舞台，美西方国家竭力推行霸权主义和强权政治，造成局部冲突和政治动荡不断发生，环境、气候、疾病等全球性问题日益突出。尤其是，它们竭力遏制和打压中华民族伟大复兴，我国发展的国际环境日趋严峻复杂，不确定和难预料的因素不断增多。从国内形势来看，中国特色社会主义经过长期不懈努力进入新时代，我国进入新的发展方位，中华民族伟大复兴迎来前所未有的光明前景。与此同时，我国社会主要矛盾正在发生深刻变化，一方面是人民对美好生活的需要日益增长，另一方面则是发展不平衡不充分的问题十分突出，这就需要新时代的中国共产党人谋划和制定新的改革部署。

在此情况下，我们党召开了划时代的二十届三中全会，深刻把握历史发展大势和现实发展要求，科学制定和实施全面深化改革的战略部署，开启新时代全面深化改革、系统整体设计推进改革的新征程。习近平总书记以马克思主义政治家、思想家、战略家的历史主动、政治勇气和责任担当，团结带领全党全国人民坚持稳中求进工作总基调，统筹推进“五位一体”总体布局，协调推进“四个全面”战略布局，推动改革实现由局部探索、破冰突围到系统集成、全面深化的历史性转变，经济社会各个领域实现历史性变革、系统性重塑和整体性重构，中国特色社会主义制度更加成熟定型，我国迈上全面建设社会主义现代化国家新征程。在新时代全面深化改革的丰富实践中，党围绕中心任务谋划和部署改革的经验更加系统与成熟。

三、围绕关键时期的中心任务谋划和制定进一步全面深化改革的战略部署

改革开放以来，特别是党的十八大以来，全面深化改革的辉煌成就，推动党和国家事业发展进入一个新的关键时期。正如党的二十届三中全会通过的《中共中央关于进一步全面深化改革、推进中国式现代化的决定》（以下简称《决定》）指出的，“当前和今后一个时期是以中国式现代化全面推进强国建设、民族复兴伟业的关键时期”。关键时期出现新的形势和要求、新的问题和挑战，需要党紧紧围绕新时代新征程的中心任务，从实践经验和现实需要出发，对进一步全面深化改革、推进中国式现代化作出全面系统的长远规划和战略部署。

进入新的关键时期，党和人民面临更加严峻复杂的国际环境，肩负艰巨繁重的改革发展稳定任务。面对纷繁复杂的国际国内形势，必须统筹把握国际国内两个大局，统筹发展和安全，实现高质量发展和高水平安全的良性互动；面对新一轮科技革命和产业变革，必须构建支持全面创新的体制机制，夯实中国式现代化的基础性、战略性支撑；面对人民群众的新期待，必须坚持以人民为中心的发展思想，统筹推进经济、政治、文化、社会和生态文明建设，促进社会公平正义，增进人民福祉。适应新的形势和要求，我们党必须自觉把改革摆在更加突出位置，紧紧围绕推进中国式现代化进一步全面深化改革。以习近平同志为核心的党中央，全面深入分析客观形势及其发展要求，深刻总结和传承弘扬党领导改革的成功经验，紧紧围绕以中国式现代化全面推进中华民族伟大复兴这一中心任务，领导召开具有里程碑意义的二十届三中全会，对进一步全面深化改革的指导思想、总目标、重大原则、重大举措、根本保证等作出战略安排。

以高度的理论清醒和政治坚定，强调进一步全面深化改革必须全面贯彻习近平新时代中国特色社会主义思想，坚持解放思想、实事求是、与时俱进、求真务实，进一步解放和发展社会生产力、激发和增强社会活力，以经济体制改革为牵引，以促进社会公平正义、增进人民福祉为出发点和落脚点，更加注重系统集成、突出重

点、改革实效，推动生产关系和生产力、上层建筑和经济基础、国家治理和社会发展更相适应，为中国式现代化提供制度保障和强大动力。

重申、丰富了进一步全面深化改革的总目标和聚焦点，提出进一步全面深化改革的总目标，就是要继续完善和发展中国特色社会主义制度、推进国家治理体系和治理能力现代化。实现这个总目标必须在“七个聚焦”上下功夫，即聚焦构建高水平社会主义市场经济体制、发展全过程人民民主、建设社会主义文化强国、提高人民生活品质、建设美丽中国、建设更高水平平安中国、提高党的领导水平和长期执政能力。“七个聚焦”，凝聚了我们党从改革开放之初“突出经济体制改革”到新时代“全面深化改革”，再到当前“进一步全面深化改革”的历史进程和成功经验，凸显了新时代新征程上改革内容的全面性，将进一步推动改革由局部探索、破冰突围到系统集成、全面深化的深度转变。

在总结、凝练、升华新时代全面深化改革成功经验的基础上，根据中心任务的要求，提出进一步全面深化改革必须贯彻的“六个坚持”重要原则，即坚持党的全面领导、以人民为中心、守正创新、以制度建设为主线、全面依法治国和系统观念。“六个坚持”，全面贯彻习近平新时代中国特色社会主义思想的世界观方法论以及贯穿其中的立场观点方法，深刻把握新时代新征程上改革的系统性、整体性、协同性特征，正确处理经济和社会、政府和市场、效率和公平、活力和秩序、发展和安全等重大关系，体现出党在改革方法论上不断走向科学完整、系统建构的重大飞跃。

立足新的客观形势，适应新的工作要求，对进一步全面深化改革、推进中国式现代化的关键问题提出了一系列重要理论观点，高度概括了党对中国式现代化的规律性认识。强调高水平社会主义市场经济体制是中国式现代化的重要保障，高质量发展是全面建设社会主义现代化国家的首要任务，教育、科技、人才是中国式现代化的基础性、战略性支撑，科学的宏观调控、有效的政府治理是发挥社会主义市场经济体制优势的内在要求，城乡融合发展是中国式现代化的必然要求，开放是中国式现代化的鲜明标识，发展全过程人民民主是中国式现代化的本质要求，法治是中国式现代化的重要保障，中国式现代化是物质文明和精神文明相协调的现代化，在发展中保障和改善民生是中国式现代化的重大任务，中国式现代化是人与自然和谐共生的现代化，国家安全是中国式现代化行稳致远的重要基础，国防和军队现代化是中国式现代化的重要组成部分，党的领导是进一步全面深化改革、推进中国式现代化的根本保证。

这些规律性认识体现了习近平总书记关于全面深化改革的一系列新思想、新观点、新论断，在这些新思想的指引下，新时代中国共产党人作出全面深化改革的重要战略安排和工作部署。这就是要构建高水平社会主义市场经济体制，健全推动经济高质量发展体制机制，构建支持全面创新体制机制，健全宏观经济治理体系，完善城乡融合发展体制机制，完善高水平对外开放体制机制，健全全过程人民民主制度体系，完善中国特色社会主义法治体系，深化文化体制机制改革，健全保障和改善民生制度体系，深化生态文明体制改革，推进国家安全体系和能力现代化，持续深化国防和军队改革，提高党对进一步全面深化改革、推进中国式现代化的领导水平。

党和人民就是要通过贯彻落实这些战略部署，不断完善体制机制，凝聚人心、汇聚力量，形成中国式现代化的强大发展合力；进一步完善和发展中国特色社会主义制度、推进国家治理体系和治理能力现代化，形成中国式现代化的强大制度保障；更加有力推动高质量发展，解决社会主要矛盾，形成中国式现代化的坚实基础；以更完善的制度机制有效防范化解风险，以更强大的历史主动有效应对挑战，使中国式现代化的发展之路更加通畅、成效更加显著。

作者简介

林建华，中国社会科学院中国式现代化研究院党委书记、二级教授、博士研究生导师。主要学术方向是马克思主义理论研究、习近平新时代中国特色社会主义思想研究、科学社会主义与国际共产主义运动研究、中国式现代化研究、中共党史党建研究等。在《中国社会科学》（中文版、英文版）、《马克思主义研究》、《理论动态》、《人民日报》、《光明日报》、《经济日报》等报刊发表论文300余篇，被《新华文摘》《中国社会科学文摘》、中国人民大学复印报刊资料等全文转载50余篇；出版著作多部。享受国务院政府特殊津贴专家，获评全国优秀教师、全国高校思想政治理论课教师影响力人物、北京市人民教师奖（提名奖）、北京高校思想政治理论课特级教授等称号。

林建华：党的领导是进一步全面深化改革的根本保证

办好中国的事情，关键在党。党的二十届三中全会通过的《中共中央关于进一步全面深化改革、推进中国式现代化的决定》（以下简称《决定》）指出："党的领导是进一步全面深化改革、推进中国式现代化的根本保证。"这是改革开放以来，特别是新时代全面深化改革经验的深刻总结。这一重要论断，充分彰显了以习近平同志为核心的党中央持之以恒推进全面从严治党、坚持把党的领导贯穿改革各方面全过程的清醒与坚定。在新征程上，全党同志要深刻领会这一重要要求，全面贯彻到进一步全面深化改革、推进中国式现代化的各方面全过程。

一、坚持党的领导是新时代全面深化改革的宝贵经验和重要原则

中国共产党是中国工人阶级的先锋队，是中国人民和中华民族的先锋队。我们党一经诞生，就始终把人民立场作为根本立场，把为人民谋幸福作为根本使命，坚持全心全意为人民服务的根本宗旨。中国共产党领导是中国特色社会主义最本质的特征和中国特色社会主义制度的最大优势，是中国式现代化的本质要求。百余年来，我们党始终肩负探索中国现代化道路的重任，团结带领中国人民进行的一切奋斗、一切牺牲、一切创造，始终聚焦聚力于实现中华民族伟大复兴。

改革开放 40 多年伟大实践深刻揭示，正是因为始终坚持党的领导，我们才能实现伟大历史转折、开启改革开放新时期和中华民族伟大复兴新征程，才能成功应对一系列重大风险挑战、克服无数艰难险阻，才能确保全党全国在改革开放问题上统一思想、统一意志、统一行动。党的十八大以来，面对国内外环境发生的广泛而深刻的变化，面对一系列新矛盾、新挑战，以习近平同志为核心的党中央将改革开放作为决定当代中国命运的关键一招，决定实现"两个一百年"奋斗目标、实现中华

民族伟大复兴的关键一招，坚定不移将改革开放继续推向前进。新时代全面深化改革取得历史性、革命性、开创性成就，充分彰显了以习近平同志为核心的党中央把方向、谋大局、定政策、促改革的领导核心作用。

我们党是善于总结和运用经验的政党。2018 年 12 月，习近平总书记在庆祝改革开放 40 周年大会上的讲话中总结了改革开放以来积累的宝贵经验，其中第一条就是“必须坚持党对一切工作的领导，不断加强和改善党的领导”。2021 年 11 月，党的十九届六中全会通过的《中共中央关于党的百年奋斗重大成就和历史经验的决议》总结了中国共产党百年积累的宝贵历史经验，其中第一条就是“坚持党的领导”。2022 年 10 月，习近平总书记在党的二十大报告中提出前进道路上必须牢牢把握的五个重大原则，其中第一个就是“坚持和加强党的全面领导”。《决定》提出，总结和运用改革开放以来特别是新时代全面深化改革的宝贵经验，进一步全面深化改革要贯彻的原则，其中首要原则就是“坚持党的全面领导，坚定维护党中央权威和集中统一领导，发挥党总揽全局、协调各方的领导核心作用，把党的领导贯穿改革各方面全过程，确保改革始终沿着正确政治方向前进”。站在进一步全面深化改革、推进中国式现代化的历史新起点上，必须认真学习贯彻党的二十届三中全会精神，深刻领悟“两个确立”的决定性意义，增强“四个意识”、坚定“四个自信”、做到“两个维护”，确保党始终成为中国特色社会主义事业的坚强领导核心。

二、全面深化改革是我们党一以贯之科学把握的主题

改革开放是我们党的一次伟大觉醒，是中国人民和中华民族发展史上一次伟大革命，是党和人民事业大踏步赶上时代的重要法宝。《决定》指出：“党的十一届三中全会是划时代的，开启了改革开放和社会主义现代化建设新时期。党的十八届三中全会也是划时代的，开启了新时代全面深化改革、系统整体设计推进改革新征程，开创了我国改革开放全新局面。”以习近平同志为核心的党中央团结带领全党全军全国各族人民，以伟大的历史主动、巨大的政治勇气、强烈的责任担当，冲破思想观念束缚，突破利益固化藩篱，敢于突进深水区，敢于啃硬骨头，敢于涉险滩，坚决破除各方面体制机制弊端，实现改革由局部探索、破冰突围到系统集成、全面深化的转变，许多领域实现历史性变革、系统性重塑、整体性重构。全面深化改革成就有目共睹，巩固和发展了中国特色社会主义制度优势，根本制度日益巩固，基本制度不断完善，重要制度创新取得丰硕成果；为经济发展注入了强大动力，推动我

国经济迈上高质量发展之路；从人民的整体利益、根本利益、长远利益出发谋划和推进改革，进一步提升了人民群众的获得感、幸福感、安全感；推动党在革命性锻造中更加坚强有力。

党的二十大明确了新时代新征程中国共产党的使命任务。习近平总书记指出："从现在起，中国共产党的中心任务就是团结带领全国各族人民全面建成社会主义现代化强国、实现第二个百年奋斗目标，以中国式现代化全面推进中华民族伟大复兴。"由此，推进中国式现代化成为中国最大的政治。习近平总书记指出："治理这样一个国家很不容易，必须登高望远，同时必须脚踏实地。"登高望远，旨在为中国式现代化的理论再创新定向把舵、谋篇布局；脚踏实地，旨在为中国式现代化的实践再突破踔厉奋发、笃行不怠。中国式现代化是在改革开放中不断推进的，也必将在改革开放中开辟广阔前景。《决定》在论述进一步全面深化改革的重大意义时提出了"三个面对""六个必然要求"，深刻回答了必须紧紧围绕推进中国式现代化进一步全面深化改革的问题。这"六个必然要求"从制度建设、发展理念、价值立场、风险挑战、大国担当、党的建设等方面多角度阐述和强调了进一步全面深化改革的重要性必要性，既有政治高度，又有战略高度；既有历史深度，又有世界广度。面对纷繁复杂的国际国内形势，面对新一轮科技革命和产业变革，面对人民群众新期待，必须继续把改革推向前进，紧紧围绕推进中国式现代化进一步全面深化改革。

党的二十大以来，习近平总书记就一直在思考进一步全面深化改革重大问题，深入调查研究，阐明对进一步全面深化改革的重要考量，"实现新时代新征程的目标任务，要把全面深化改革作为推进中国式现代化的根本动力，作为稳大局、应变局、开新局的重要抓手，把准方向、守正创新、真抓实干，在新征程上谱写改革开放新篇章"。中国共产党人的事业是历史接力赛。党的十八届三中全会提出，全面深化改革的总目标是完善和发展中国特色社会主义制度，推进国家治理体系和治理能力现代化。党的二十届三中全会提出，进一步全面深化改革的总目标是继续完善和发展中国特色社会主义制度，推进国家治理体系和治理能力现代化。这个总目标既同党的十八届三中全会确定的全面深化改革总目标一脉相承，又同党的二十大作出的战略部署相衔接，为进一步全面深化改革明确了目标导向。"进一步"和"继续"，充分展示了中国共产党人将改革进行到底的勇气与决心、使命与担当，充分彰显了中国共产党人完善和发展中国特色社会主义制度、推进国家治理体系和治理能力现代化的自觉与主动、清醒与坚定，宣告了新征程的再出发。在推进中国式现代化的新征程上，中国改革开放矗立起新的里程碑。

三、加强党的全面领导，紧紧围绕推进中国式现代化进一步全面深化改革

中国式现代化是中国共产党领导的社会主义现代化，党的领导直接关系中国式现代化的根本方向、前途命运、最终成败。具体而言，一是推进中国式现代化的伟大事业，在攻坚克难中奋力突破，在披荆斩棘中坚定前行，在重大历史关头、重大考验面前，党中央的领导力、判断力、决策力、行动力有着决定性作用。二是党的领导，其核心和基础是“全面”。进一步全面深化改革是一项复杂的系统工程，要持续深化各方面改革，要建立、完善、健全各方面体制机制，必须充分发挥党总揽全局、协调各方的领导核心作用，把党的领导贯穿改革各方面全过程，确保改革始终沿着正确政治方向前进。

《决定》提出进一步全面深化改革总目标的“七个聚焦”重大举措，其中包括“聚焦提高党的领导水平和长期执政能力，创新和改进领导方式和执政方式，深化党的建设制度改革，健全全面从严治党体系”，并对提高党对进一步全面深化改革、推进中国式现代化的领导水平作出具体安排。“聚焦”方能事半功倍。其一，坚持党中央对进一步全面深化改革的集中统一领导，始终坚持党中央领导改革的总体设计、统筹协调、整体推进，完善党中央重大决策部署落实机制，确保党把方向、谋大局、定政策、促改革，确保进一步全面深化改革、推进中国式现代化行稳致远。其二，深化党的建设制度改革，以调动全党抓改革、促发展的积极性、主动性、创造性为着力点，完善党的建设制度机制。加强党的创新理论武装，建立健全以学铸魂、以学增智、以学正风、以学促干长效机制。深化干部人事制度改革，鲜明树立选人用人正确导向，全面提高干部现代化建设能力，树立和践行正确政绩观，着力解决干部乱作为、不作为、不敢为、不善为问题，要落实“三个区分开来”，激励干部开拓进取、干事创业。其三，深入推进党风廉政建设和反腐败斗争，健全政治监督具体化、精准化、常态化机制，健全防治形式主义、官僚主义制度机制，健全为基层减负长效机制，建立经常性和集中性相结合的纪律教育机制，完善一体推进不敢腐、不能腐、不想腐工作机制，健全不正之风和腐败问题同查同治机制，完善党和国家监督体系，丰富防治新型腐败和隐性腐败的有效方法，着力铲除腐败滋生的土壤和条件，等等。这一系列部署充分体现了以党的自我革命引领社会革命的高度自觉。必须坚持用改革精神管党治党，以“钉钉子”精神抓好改革落实，把进一步全面深化改革的战略部署转化为推进中国式现代化的强大力量。

作者简介

何自力，南开大学经济学院教授、博士研究生导师，中央马克思主义理论研究和建设工程专家，中国特色社会主义经济建设协同创新中心研究员，中国经济发展研究会副会长。主要从事马克思主义基本原理、中国特色社会主义政治经济学、现代资本主义研究。出版《高级政治经济学》《法人资本所有制与公司治理》《用中国特色社会主义政治经济学讲好中国故事》《中国模式的政治经济学分析》《去工业化、逆全球化与经济停滞常态化——一个观察当代资本主义的新视角》《比较制度经济学》《公司治理：理论、机制和模式》等学术著作10余部；在《求是》《马克思主义研究》《政治经济学评论》《经济研究》《世界经济》《人民日报》《光明日报》《经济日报》等学术期刊和报纸发表学术论文200余篇。

何自力：健全宏观经济治理体系

党的二十届三中全会将全面建成高水平社会主义市场经济体制确定为进一步深化经济体制改革的重要目标，强调着力健全宏观经济治理体系，统筹推进财税、金融等重点领域改革，增强宏观政策取向一致性，为推动构建科学的宏观调控、有效的政府治理，更好发挥社会主义市场经济体制优势指明了方向，具有十分重要的理论和实践意义。

一、我国宏观经济治理体系的特点

经过40多年的探索和改革，我国已经逐步形成和建立了具有中国特色的宏观经济治理体系，很好发挥了社会主义市场经济体制优势，有力推动了经济持续健康稳定运行。

其一，宏观经济治理体系是社会主义市场经济体制条件下政府发挥作用的重要手段，有力发挥社会主义市场经济体制优势。宏观经济治理体系是国家借助经济、行政、法律等手段对宏观经济运行过程进行调节和控制，实现社会供求总量和结构平衡的一整套制度安排，旨在实施宏观经济治理职能。宏观经济治理是政府在社会主义市场经济中发挥作用的重要内容，是发挥社会主义市场经济体制优势不可或缺的条件。实施宏观经济治理具有客观必然性。社会主义市场经济建立在以公有制为主体、多种所有制经济共同发展的所有制基础上，实施宏观经济治理有利于更好处理个人利益与社会利益、局部利益与整体利益、短期利益与长期利益关系，实现以人民为中心的发展思想。在社会主义条件下发展市场经济，是我们党的伟大创举，实施宏观经济治理，有助于克服市场经济本身存在的自发性、盲目性和滞后性。社会主义市场经济的基础是社会化大生产，实施宏观经济治理有助于推动社会分工和协作有序开展，保持经济协调发展。

其二，宏观经济治理目标体现社会化大生产和社会主义生产目的的要求，对宏观经济治理发挥重要引领作用。与西方宏观调控只重视经济增长、物价稳定、充分就业、国际收支平衡等目标不同，我国宏观经济治理体系是社会主义市场经济的组成部分，建立在社会化大生产和社会主义公有制基础上，宏观经济治理的目标既反映社会化大生产的要求，也体现社会主义生产目的的要求。一是促进经济增长，即努力实现经济高质量发展，不断增强经济发展的质量和效益，加快经济增长，确保国家经济实力不断增强，为经济社会发展和人民生活水平奠定深厚物质基础。二是实现高质量充分就业，即在经济高质量发展的基础上提高就业质量、扩大就业容量、优化就业结构，努力促进劳动者高质量充分就业，为推动实现全体人民共同富裕提供有力就业保障。三是保持物价稳定，即在促进经济增长的基础上，努力保障市场供应，有力维护市场秩序，抑制通货膨胀，防止通货紧缩，保持价格基本稳定。四是保持国际收支平衡，即以高水平开放型体制为依托，有效利用国际国内两个市场、两种资源，确保国际收支平衡，增强国际竞争力，促进经济发展。五是优化经济结构，即推动产业结构、产品结构优化和升级，推动地区结构、城乡结构调整，努力实现各产业、各部门、各主要产品之间保持合理的发展比例，不断提高产业竞争力，促进区域、城乡经济社会协调发展。六是实现合理的收入分配，即健全分配制度，调整不同阶层、地区、城乡间的收入分配结构，逐步缩小收入差距，促进社会公平正义，增进人民福祉。宏观经济治理目标具有鲜明的中国特色，为我国宏观经济治理提供了正确引领，为提高宏观经济治理效能提供了重要遵循。

其三，需求管理与供给管理有机结合，极大提升宏观经济治理效能。西方国家宏观调控体制大都采用需求管理模式，政府主要运用财政政策和货币政策手段对需求进行短期调控，以达到间接调控供给，实现社会总供给与社会总需求平衡的目标，由于缺乏有效的供给管理与需求管理相匹配，西方国家的宏观调控难以保持经济总量和结构平衡，无法克服经济波动和经济危机。我国经济体制改革的根本任务是实现从高度集中计划经济体制向社会主义市场经济体制转变，随着社会主义市场经济体制的建立和完善，我国逐步形成和建立了需求管理与供给管理相结合的宏观调控体制，其中，需求管理注重运用财政政策与货币政策手段对社会总供给和社会总需求进行调控，以实现二者之间量的平衡；供给管理注重运用产业、就业、区域、投资、外贸等政策手段对社会总供给和社会总需求进行调控，以实现二者之间结构的平衡，需求管理与供给管理相结合，有助于保持经济总量平衡，促进重大经济结构协调和生产力布局优化，减缓经济周期波动影响，防范区域性、系统性风险，稳定市场预期。实践证明，我国需求管理与供给管理相结合的宏观调控体制有利于提高政府宏观调控效能，实现宏观经济治理目标，推动经济持续健康协调发展。

其四，国家发展规划与政策协同发力，为实现宏观经济治理目标提供有力手段。西方国家以需求管理为主的宏观调控目标单调，且以短期调控和相机抉择为重点，宏观调控手段以财政政策和货币政策为主，政策工具箱空空如也，巧妇难为无米之炊。我国宏观经济治理手段与宏观经济治理目标相辅相成，政策手段丰富多样，体现社会化大生产和社会主义生产目的的要求，服务于宏观经济治理目标的实现。经过长期的探索和实践，我国逐步形成了以国家发展规划为导向，以财政政策和货币政策为主要手段，就业、产业、投资、消费、环保、区域、外贸等政策手段紧密配合、目标优化、分工合理、高效协同的宏观经济治理体系。制定和实施国家发展规划是我国宏观经济治理的重要任务，也是社会主义市场经济体制的独特优势。国家发展规划集中体现党和国家的战略意图与中长期发展目标，明确经济社会发展的重点任务，提出落实规划目标和任务的主要措施，为宏观经济政策手段协同发力、宏观经济治理目标有效实现、宏观经济稳定运行奠定了重要基础。财政政策和货币政策是宏观调控的主要手段，波及面广，影响力大，二者相互配合、松紧搭配，对社会总供给和社会总需求的总量平衡调控力度大。就业、产业、投资、消费、环保、区域、外贸等政策手段分工明确，针对性强，对社会总供给和社会总需求的结构平衡调控力度大。国家发展规划和各项政策手段协同发力，为实现宏观经济治理目标、提高宏观经济治理成效提供重要保障。

二、健全宏观经济治理体系的基本原则

党的二十届三中全会强调科学的宏观调控、有效的政府治理是发挥社会主义市场经济体制优势的内在要求，加快构健社会主义市场经济体制，健全宏观经济治理体系，提高宏观调控水平和政府治理水平，必须坚持以下基本原则。

其一，坚持党的领导。坚持党的领导，发挥党总揽全局、协调各方的领导核心作用，是我国社会主义市场经济体制的重要特征。在我国，党的坚强有力领导是政府发挥作用的根本保证。在全面建成高水平社会主义市场经济体制、健全宏观经济治理体系过程中，要坚持和发展党的政治优势，切实履行党领导经济工作职能，将党的领导贯穿于宏观经济治理全过程，既要研究关系宏观经济治理全局的重大问题，

提出处理重大财经问题、重大生产力布局、重大建设项目的原则和措施，又要加强对宏观经济治理过程的监督检查，抓好跟踪督办，严格进行评估考核，及时纠正宏观经济治理过程中存在的问题和原因，增强宏观经济治理的针对性、科学性、实效性。

其二，坚持以人民为中心。发展为了人民，这是马克思主义政治经济学的根本立场。在健全宏观经济治理体系过程中坚持以人民为中心，就是要统筹经济发展与改善民生，把增进人民福祉、促进人的全面发展、朝着共同富裕方向稳步前进作为宏观经济治理的出发点和落脚点，把实现好、维护好、发展好最广大人民根本利益落到实处。要聚焦提高人民生活品质，完善收入分配和就业制度，健全社会保障体系，增强基本公共服务均衡性和可及性，推动人的全面发展、全体人民共同富裕取得更为明显的实质性进展。

其三，坚持新发展理念为引领。我国发展进入新阶段，社会主要矛盾已经转化为人民日益增长的美好生活需要和不平衡不充分的发展之间的矛盾，新发展理念是解决好发展不平衡不充分问题、推动高质量发展的根本指导思想。在健全宏观经济治理体系过程中坚持新发展理念，就要创新宏观调控思路和方式，深化财税体制改革，深化金融体制改革，加强财政、货币、就业、产业、投资等政策协调配合，确保经济高质量发展；要强化宏观调控保持经济总量平衡、促进重大经济结构协调和生产力布局优化的核心功能，着力提升产业链现代化水平，保障产业链供应链安全，促进经济结构不断优化，推动增长动能有序转换，畅通国民经济循环；宏观经济治理要大力支持绿色发展，加快产业结构绿色低碳转型，推动传统产业绿色低碳改造升级，大力发展绿色低碳产业，推进产业数字化智能化同绿色化的深度融合，不断提升绿色低碳产业在经济总量中的比重；要准确把握国际国内形势变化，以积极主动的姿态参与和促进国际宏观经济政策协调，搞好跨周期政策设计，提高逆周期调节能力，促进经济总量平衡、结构优化、内外均衡，为我国实现高质量发展营造良好的外部环境；宏观经济治理要从以往重速度增长、数量增长、规模扩大转向推动质量变革、效率变革、动力变革，促进社会公平正义，努力实现共享发展，使发展成果更好惠及全体人民，在幼有所育、学有所教、劳有所得、病有所医、老有所养、住有所居、弱有所扶上不断取得新进展，不断实现人民对美好生活的向往。

其四，坚持既“搞得活”又“管得好”。深化经济体制改革，核心是处理好政府和市场的关系，使市场在资源配置中起决定性作用和更好发挥政府作用，实现有效市场与有为政府相结合。全会强调高水平社会主义市场经济体制是中国式现代化的重要保障，深化经济体制改革要聚焦构建高水平社会主义市场经济体制，必须更好发挥市场机制作用，创造更加公平、更有活力的市场环境，实现资源配置效率最优化和效益最大化，既“搞得活”又“管得好”。所谓“搞得活”，就是要减少政府对资源的直接配置，减少政府对微观经济活动的直接干预，加快建设统一开放、竞争有序的市场体系，建立公平开放透明的市场规则，把市场机制能有效调节的经济活动交给市场，让市场在所有能够发挥作用的领域都充分发挥作用，推动资源配置实现效益最大化和效率最优化，激发全社会内生动力和创新活力；所谓“管得好”，就是要更好发挥政府作用，健全宏观经济治理体系，弥补市场失灵，切实转变政府职能，深化行政体制改革，创新行政管理方式，畅通国民经济循环，加强市场活动监管，更好维护市场秩序，进一步健全市场体系，加强和优化公共服务，促进社会公平正义和社会稳定，促进共同富裕。

其五，坚持以制度建设为主线。随着社会主义市场经济体制的逐步形成和建立，有中国特色的宏观经济治理体系的基本架构也逐步形成，在建构宏观经济治理体系过程中积累了丰富而宝贵的经验，如坚持运用市场机制和宏观经济治理两种手段，坚持需求管理和供给管理相结合，坚持短期治理与中长期治理相结合，坚持统筹国际国内两个大局，坚持发展经济与改善民生的内在统一，坚持发挥中央和地方两个积极性，坚持宏观治理与微观监管相结合，等等，这些经验对实现社会总供给和社会总需求的总量与结构平衡，优化产业结构，促进经济提质增效，形成内需与外需协同拉动经济增长，促进社会公平正义，调动各方面积极性，推动国民经济持续健康协调运行，发挥了重要作用。站在新的历史起点上，健全宏观经济治理体系，要坚持以制度建设为主线，加强顶层设计、总体谋划，破立并举、先立后破，更加注重系统集成，更加注重突出重点，更加注重改革实效，及时把业已形成的宏观经济治理成功经验上升为法律制度，使之成为高水平社会主义市场经济体制的有机组成部分，为推进中国式现代化提供重要保障。

三、健全宏观经济治理体系的主要措施

党的二十届三中全会聚焦构建高水平社会主义市场经济体制重要任务，对健全宏观经济治理体系作出具体部署，强调必须完善宏观调控制度体系，统筹推进财税、金融等重点领域改革，增强宏观政策取向一致性，为健全宏观经济治理体系，实现科学的宏观调控、有效的政府治理，使宏观经济治理更好服务于推进中国式现代化，

提供根本遵循。

其一，健全国家经济社会发展规划体系，提高规划的战略引领作用。国家经济社会发展规划具有战略导向作用，完善国家经济社会发展规划体系和政策统筹协调机制，是健全宏观经济治理的核心任务。要加强规划的战略性、系统性建设，做到目标鲜明、层次清晰、功能明确，统筹长期战略任务和阶段性发展任务，统筹经济、政治、文化、社会、生态文明建设，强化专项规划、区域规划、空间规划、地方规划与国家总体战略发展规划的有机衔接；实现宏观经济战略目标和政策手段的有机结合，提高规划的引领性、指导性；加强规划的实施机制，维护规划的严肃性和权威性，切实加强规划实施的推进、协调和执行力，用现代化手段加强对规划实施过程的监测和评估，确保一张蓝图干到底。

其二，健全财税金融体制，提高财政政策和货币政策调控水平。规范财政收入制度，调整税收政策，扩大地方税收管理权限，增加地方财力。完善财政支出制度，建立权责清晰、财力协调区域均衡的中央和地方财政关系，完善财政转移支付体系，加快地方融资平台改革转型。健全货币政策和宏观审慎政策调控框架，健全基础货币投放机制。完善中央银行利率调控和传导机制，保持货币信贷和社会融资规模适度增长，强化有效防范金融风险能力和逆周期调节能力。深化金融体制改革，加快完善中央银行制度，积极发展科技金融、绿色金融、普惠金融、养老金融、数字金融，加强对重大战略、重点领域、薄弱环节的优质金融服务，提高金融服务实体经济能力。

其三，健全就业、产业、投资、消费、环保、区域、外贸政策协同发力机制，构建高效宏观经济政策供给体系。坚持实施就业优先政策，把稳定和扩大就业作为经济社会发展的优先目标，努力实现高质量充分就业。突出产业政策的战略引领作用，强化技术创新和产业升级支持，强链补链延链，发展新质生产力，保障产业链供应链安全。发挥投资对经济增长的关键性作用，以有效投资促进经济结构调整，激发社会投资活力；增强消费对经济增长的基础性作用，大力改善消费环境，不断推动消费升级；推进绿色技术创新，推动绿色产业转型，着力发展绿色低碳产业。实施因地制宜、分类指导的区域政策，推动区域协调发展。优化外贸外资金融服务，推动外贸外资质升量稳，优化支付结算环境，做好风险防控。

其四，健全预期管理，增强宏观调控的前瞻性。坚持稳中求进工作总基调，持续开展对重大经济问题研究，加强宏观经济运行趋势分析，加强宏观经济政策的动态管理，完善宏观经济政策协调机制，加强部门之间、中央和地方之间、政府和市场主体之间的协调，增强政策的连续性、针对性、系统性、可预期性，加强中长期、跨周期宏观经济政策研究，增强宏观调控的前瞻性，着力加大逆周期调节力度。

其五，健全区域协调发展战略机制，加快推进区域协调发展。构建优势互补的区域经济布局和国土空间体系。健全推动西部大开发形成新格局、东北全面振兴取得新突破、中部地区加快崛起、东部地区加快推进现代化的制度和政策体系。推动京津冀、长三角、粤港澳大湾区等地区更好发挥高质量发展动力源作用，优化长江经济带发展、黄河流域生态保护和高质量发展机制。高标准高质量推进雄安新区建设。推动成渝地区双城经济圈建设走深走实。健全主体功能区制度体系，强化国土空间优化发展保障机制。完善区域一体化发展机制，构建跨行政区合作发展新机制，深化东中西部产业协作。完善促进海洋经济发展体制机制。

其六，健全国际宏观经济政策协调，努力营造有利的外部经济环境。积极主动参与国际宏观经济政策沟通协调，加强信息交换，实施危机管理，积极化解冲突。着力发挥超大规模市场的需求优势，增强我国面向全球的资源配置和整合能力，提高国际经济治理影响力和话语权。努力深化国际经贸合作，坚定捍卫国家经济主权，旗帜鲜明地反对贸易和投资保护主义。加快推动全球经济治理体系改革，增强发展中国家的代表权和话语权。完善准入前国民待遇加负面清单管理模式，支持符合条件的外资机构参与金融业务试点。稳慎拓展金融市场互联互通，优化合格境外投资者制度。推进自主可控的跨境支付体系建设，强化开放条件下金融安全机制。

其七，健全支撑高质量发展的统计指标核算体系，提升宏观经济治理能力。加强新经济新领域纳统覆盖。加强产业活动单位统计基础建设，优化总部和分支机构统计办法，逐步推广经营主体活动发生地统计。深化统计管理体制改革，防范和惩治统计造假、弄虚作假，加快健全责任制和问责制。要根据新的形势健全统计制度方法和指标体系，全面及时反映新产业、新业态、新模式发展情况，防止“漏统”。加强宏观经济治理数据库等建设，提升大数据等现代技术手段辅助治理能力，为提高宏观调控科学性有效性提供统计服务保障。

其八，健全投资和融资相协调的资本市场功能，防风险、强监管，促进资本市场健康稳定发展。支持长期资金入市。提高上市公司质量，强化上市公司监管和退市制度。建立增强资本市场内在稳定性长效机制。完善大股东、实际控制人行为规范约束机制。完善上市公司分红激励约束机制。健全投资者保护机制。推动区域性股权市场规则对接、标准统一。制定金融法。依法将所有金融活动纳入监管，加强中央和地方监管协同，强化监管责任和问责制度。建设安全高效的金融基础设施，筑牢有效防控系统性风险的金融稳定保障体系。健全金融消费者保护和打击非法金融活动机制，构建产业资本和金融资本“防火墙”。稳慎扎实推进人民币国际化，发展人民币离岸市场。稳妥推进数字人民币研发和应用。

作者简介

宋朝龙，北京大学马克思主义学院副院长、教授、博士研究生导师，中国高等教育学会马克思主义研究分会副理事长、秘书长。研究方向为德国古典哲学、《资本论》、金融资本帝国批判与社会主义发展史。出版《世界大变局下中西现代化道路比较》《社会生产方式的二重结构——技术决定论批判》《边缘社会主义的起源》等专著，在《马克思主义研究》《马克思主义与现实》等报刊发表文章80余篇，主持国家社科基金项目“新时代中国特色社会主义制度价值研究”等多项重要科研项目。

宋朝龙：防范系统性金融风险的路径研究

党的二十届三中全会强调："落实好防范化解房地产、地方政府债务、中小金融机构等重点领域风险的各项举措。"① 习近平总书记曾明确指出："坚持把防控风险作为金融工作的永恒主题。"② 防范金融风险，尤其是系统性金融风险，对于中国经济发展和社会稳定具有重要意义。对西方金融资本积累和金融资本主义危机的形成机制进行分析，可以更深刻地理解系统性金融风险的根源、本质和传播路径。系统性金融风险，即能够引发整个金融体系和经济体系崩溃的风险，其形成机制需要联系金融资本这一主体来考察。金融资本是支配资本主义生产关系、支配整个资本主义再生产过程的主体。金融资本利用多种信用形式来加强其自身的剥夺性积累，造成了西方国家产业萎缩、债务膨胀、通货膨胀等一系列问题，这是引发系统性金融风险的核心原因。在金融危机的后续影响依然显著，甚至不断深化的背景下，系统性金融风险的防范已成为中国经济发展的一个重要议题，这一议题不仅关涉中国的经济稳定和可持续发展，更关涉社会主义金融强国的基础逻辑。

一、金融资本对多种信用形式的经营和支配

在西方发达资本主义国家，金融资本是支配信用关系的主体。金融资本是在职能资本和银行资本垄断融合的基础上产生的总资本形态。金融资本确立了对社会生产关系的支配权，并在此基础上实现了对信用关系的支配。

---

① 新华社．中国共产党第二十届中央委员会第三次全体会议公报[EB/OL].(2024-07-18)[2024-07-19].https://www.gov.cn/yaowen/liebiao/202407/content_6963409.htm.

② 习近平在省部级主要领导干部推动金融高质量发展专题研讨班开班式上发表重要讲话强调：坚定不移走中国特色金融发展之路，推动我国金融高质量发展[N].人民日报，2024-01-17(1).

（一）金融资本通过银行开展货币经营业

货币经营业的职能是完成产业资本和商业资本的各种技术性业务，如货币的保管、往来账目登记、收付、兑换、差额平衡等业务。货币经营业减少了交易引起的各种技术活动和交易周转所需的货币现金量。货币经营者可以把暂时不用的货币贷放出去，获得利息。马克思指出："一旦借贷的职能和信用贸易同货币经营业的其他职能结合在一起，货币经营业就得到充分的发展，成为现代银行业。"① 金融资本通过对银行的支配，主导货币经营业。这使得金融资本可以动员和支配更大规模的货币资本。随着银行制度的发展以及银行对存款支付利息，所有阶级的货币积蓄以及社会范围内一切闲置的货币都会被存入银行，这些货币结合成为巨额资本，从而可以作为货币资本发挥作用。

（二）金融资本通过银行经营商业信用和资本信用

商业信用是在生产过程中资本家互相给予的信用。在资本家互相提供商业信用的情况下，商品为了取得定期支付的凭证即信用票据而售卖，信用票据可以在生产者和商人之间流通，作为进一步的商品交换媒介。银行通过为商业票据贴现，逐渐使银行券的流通取代了商业票据的流通。马克思指出："签发汇票是使商品转化为一种形式的信用货币，而汇票贴现是使这种信用货币转化为另一种信用货币即银行券。"② 银行券是银行创造的信用符号，是"银行家签发的、持票人随时可以兑现的、由银行家用来代替私人汇票的一种汇票"③。在银行券取代商业票据的情况下，生产资本家的票据集中至银行，票据差额的抵消和清算在银行中与银行之间进行。随着银行制度的进一步发展，企业在银行开设账户，企业间的支付关系不再依靠企业间流通的票据，而是依靠银行与银行之间进行企业账户差额的抵消和清算。大银行凭借其资产规模，可以建立更广泛和更完善的支付结算体系，从而主导商业信用的经营。除商业信用之外，企业经营所需的资本信用也由银行经营。资本信用是把闲置的货币资本转化为执行职能的货币资本。在金融资本时代，集中化的银行控制了货币资本的动员，力图将一切闲置货币都收集起来。金融资本通过大银行垄断了货币资本，在资本借贷中与分散的贷入者相对立，从而主导资本信用的经营。借贷

---

① ［德］马克思，恩格斯．马克思恩格斯文集：第7卷［M］．北京：人民出版社，2009：356.

② ［德］马克思，恩格斯．马克思恩格斯文集：第7卷［M］．北京：人民出版社，2009：483.

③ ［德］马克思，恩格斯．马克思恩格斯文集：第7卷［M］．北京：人民出版社，2009：454.

货币资本的供应通常是由“那些代表社会资本的银行家控制的”①，由借贷资本供求关系决定的利息率也受金融资本家控制。

（三）金融资本经营股票发行和虚拟资本交易

股份公司形式具有更容易筹措资本的经济优势，因此其在资本主义生产方式下逐渐发展并盛行。银行作为专门的信用经营机构，可以代理股票的发行，促进货币投资于股票。大银行不但支配着股票的发行，还支配着股票等证券在虚拟资本市场上的买卖和投机。证券的买卖是一种财产分配的纯粹转移，投机的输赢仅仅产生于对利息证书估价的差别，对于投机者来说，其关心的不是虚拟资本的价格高低，而是其价格变化。证券离开市场从而离开流通，既不是目的也不是结果。“真正的投机证券是经常处于流通之中的，这是往返运动，是循环，而不是前进的运动。”② 由于虚拟资本本身即货币凭证，在交易中可以相互抵消。虚拟资本市场上的大部分交易都可以通过相互抵消而得到解决，只有小部分支付差额需要用货币结清。投机者只需要预付足以补偿证券价格变化的一小部分货币，银行便可以在证券抵押的情况下向投机者提供大笔贷款。随着银行制度的发展和银行对虚拟资本交易提供信用的增加，银行逐渐取代交易所成为虚拟资本交易的主要场所。“银行的资本力量和它对虚拟资本价格的利害关系越是增长，它也就越是转到自己的交易中去。现在，虚拟资本交易大部分不再在交易所进行，而是银行将自己的顾客提出的不同要求互相抵消，只是那些不能抵消的数额才在交易所办理，或由银行用自己的股票加以补偿，……银行不再是证券交易的单纯中介，而是经营自己的交易了。”③ “大银行越来越把交易所变成自己的附属工具，按照自己的意愿左右它的运动。”④

（四）金融资本支配国债和国家信用

金融资本家为资产阶级国家提供债务融资，管理国家债务，获得了经营国家信用的权力。马克思指出，资本“总是只寻求自己价值增值的特殊条件，而把共同的条件作为全国的需要推给整个国家”⑤。国家为了满足资本积累的外部条件，往往需要借助发行国债的方式筹集资金。“公共信用制度，即国债制度，在中世纪的热那

① ［德］马克思，恩格斯．马克思恩格斯文集：第7卷［M］．北京：人民出版社，2009：413.
② ［奥］鲁道夫·希法亭．金融资本［M］．福民，等译．北京：商务印书馆，1994：141.
③ ［奥］鲁道夫·希法亭．金融资本［M］．福民，等译．北京：商务印书馆，1994：158.
④ ［奥］鲁道夫·希法亭．金融资本［M］．福民，等译．北京：商务印书馆，1994：159.
⑤ ［德］马克思，恩格斯．马克思恩格斯全集：第30卷［M］．北京：人民出版社，1995：529.

亚和威尼斯就已产生，到工场手工业时期流行于整个欧洲。殖民制度以及它的海外贸易和商业战争是公共信用制度的温室。”① 由于银行的集中和货币资本越来越集中至银行，大银行家逐渐承办国债，充当政府和民众的中介人。国债由大银行经营，导致了国债管理和国家财政管理等公共权力向大银行家让渡。早在1407年，由于国家间竞争压力增大，意大利城邦热那亚共和国就成立了金融机构——圣乔治公司，该公司由热那亚的私人债主控制，负责管理国家债务，并控制了国家财政。

（五）金融资本支配中央银行以及纸币的发行

金融资本家为国家提供债务融资，国家则将财政和国债的监督管理权以及货币发行权让渡给金融资本家。金融资本家建立了管理国债和发行货币的机构，即中央银行。中央银行是大银行家的联合机构，是国家银行和私人银行的混合物②。中央银行是银行的银行。“银行业通过将其资金存入中央银行来节省其储备。作为银行的银行的中央银行的最重要的基础是为整个银行体系持有集中化的储备。”③ 中央银行发行的银行券，最初主要充当银行之间进行清算的手段，同时，也用于商业中心的大批商品交易，马克思将其称为“批发贸易的铸币”④。随着商品交易和信用关系的发展，中央银行发行的银行券逐渐在更广泛范围执行流通手段和支付手段职能，替代金属货币和其他信用票据。“在大多数国家，发行银行券的主要银行，作为国家银行和私人银行之间的奇特的混合物，事实上有国家的信用作为后盾，他们的银行券在不同程度上是合法的支付手段。”⑤ 例如，在美国，美联储是履行中央银行职能的机构。在美联储成立之前，美国曾两次建立由国家特许、私人投资者所有的合众国银行，以执行发行货币、管理国债等中央银行职能，但这两家银行对国家信用的经营权在一段时间后都被废除了。1913年，美国总统伍德罗·威尔逊签署了《联邦储备法案》，依据该法案，1914年成立了美国联邦储备系统，以履行中央银行的职能，包括银行业监管、货币发行、货币政策制定与实施以及银行间支付清算等。因此，美联储既具有政府机构的属性，又是私人所有的中央银行。

① ［德］马克思，恩格斯．马克思恩格斯文集：第5卷［M］．北京：人民出版社，2009：864.

② ［德］马克思，恩格斯．马克思恩格斯文集：第7卷［M］．北京：人民出版社，2009：454.

③ ［日］伊藤·诚，考，斯达斯·拉帕维查斯．货币金融政治经济学［M］．孙刚，戴淑艳，译．北京：经济科学出版社，2001：123.

④ ［德］马克思，恩格斯．马克思恩格斯文集：第5卷［M］．北京：人民出版社，2009：259.

⑤ ［德］马克思，恩格斯．马克思恩格斯文集：第7卷［M］．北京：人民出版社，2009：454.

二、金融资本利用多种信用形式加剧对社会的剥夺

信用是金融资本对社会化大生产进行组织调节的重要手段，也是金融资本剥夺社会的手段。金融资本利用消费高利贷、对虚拟资本市场的支配、房地产金融机制、国债和国家信用、中央银行等，加剧了对社会的剥夺。

（一）金融资本利用消费高利贷对社会进行剥夺

金融资本大量释放消费信用，让缺乏购买力的民众透支未来的收入提前消费，从而保证资本周转的正常进行。历史上，产业资本家和商人为反对高利贷的斗争创造了现代银行制度。“现代银行制度，一方面把一切闲置的货币准备金集中起来，并把它们投入货币市场，从而剥夺了高利贷资本的垄断。”① 而在当代，金融资本为民众提供消费贷款，并通过各种广告和营销活动，诱导民众使用消费贷款进行过度消费，造成了民众负债的膨胀和消费高利贷的产生。消费贷款往往伴随着高额的利息和其他隐藏费用。大型金融机构往往利用复杂的合同条款和计算方式，使借款人难以察觉实际承担的债务成本，进而过度借贷。当民众无法按时偿还贷款时，利息和滞纳金将不断累积，导致债务总额迅速增加。借款人往往被迫不断借新债还旧债，形成恶性循环，最终陷入高利贷的困境。

（二）金融资本利用对虚拟资本市场的支配对社会进行剥夺

金融资本占有的股票等虚拟资本是其对社会财富的索取权和所有权凭证。金融资本的所有权凭证随着兼并过程而不断膨胀。“大企业，尤其是大银行，不仅直接吞并小企业，而且通过‘参与’它们的资本、购买或交换股票，通过债务关系体系等来‘联合’它们，征服它们，吸收它们加入‘自己的’集团。”② “在工业高涨时期，金融资本获得巨额利润，而在衰落时期，小企业和不稳固的企业纷纷倒闭，大银行就‘参与’贱价收买这些企业，或者‘参与’有利可图的‘整理’和‘改组’。”③ 金融资本通过持有虚拟资本，即所有权凭证，索取了大量社会财富。20 世纪 70 年代以来，发达资本主义国家企业部门利润中用于支付股息的比例越来越高。

---

① ［德］马克思，恩格斯．马克思恩格斯文集：第 7 卷［M］．北京：人民出版社，2009：686.

② ［俄］列宁．列宁专题文集：论资本主义［M］．北京：人民出版社，2009：122.

③ ［俄］列宁．列宁专题文集：论资本主义［M］．北京：人民出版社，2009：144.

20世纪60年代，美国公司的平均股息支付率为42.4%，而截至1989年年底，股息支付率上升至57.0%[①]。虚拟资本投机也是金融资本剥夺性积累的方式之一。金融资本凭借其对虚拟资本价格变动的把握甚至操纵，在投机中总是能够掠夺中小资本家和劳动群众的财富。马克思指出，在虚拟资本投机中，“成功和失败同时导致资本的集中，从而导致最大规模的剥夺。在这里，剥夺已经从直接生产者扩展到中小资本家自身”[②]，“它再生产出了一种新的金融贵族，一种新的寄生虫——发起人、创业人和徒有其名的董事；并在创立公司、发行股票和进行股票交易方面再生产出了一整套投机和欺诈活动”[③]。

（三）金融资本利用房地产金融机制对社会进行剥夺

金融资本释放大量贷款，吸引普通民众和中小企业将资金投入房地产市场，并基于房地产贷款创造了多种形式的有价证券。20世纪70年代以来，资产证券化越发普遍，对于传统上不能被证券化的资产（如住房贷款），金融资本也将其证券化。以美国金融市场为例，贷款机构把住房抵押贷款打包出售给房地美和房利美，两房公司以住房抵押贷款为标的发行住房抵押贷款证券（MBS），大量购买MBS的投资银行再以此为标的发行债务担保凭证（CDO），吸引中小投资者。金融资本利用房地产金融机制吸引了大量资金进入房地产市场和相关虚拟资本交易市场，使房地产贷款和基于房地产贷款的虚拟资本的规模越发膨胀。2008年3月，美国房地产抵押贷款组合市场总值达到6.06万亿美元，在银行信贷总额中占比为69.6%[④]。2001—2007年，MBS的发行量由1.6万亿美元增长至7.4万亿美元[⑤]。房地产贷款和基于房地产贷款的虚拟资本膨胀使金融资本从普通民众与中小投资者手中掠夺了大量财富。

（四）金融资本利用国债和国家信用对社会进行剥夺

在《资本论》中，马克思谈道：“公债和与之相适应的财政制度在财富的资本化和对群众的剥夺中所起的重大作用……”[⑥] 在经营国债的过程中，金融资本家将

---

① 黄一义．股东价值最大化由来与发展[J]．新财经，2004(7)：14－23.
② [德]马克思，恩格斯．马克思恩格斯文集：第7卷[M]．北京：人民出版社，2009：498.
③ [德]马克思，恩格斯．马克思恩格斯文集：第7卷[M]．北京：人民出版社，2009：497.
④ 刘明彦．从美日房地产泡沫成因看房地产贷款集中度影响[J]．银行家，2021(7)：76－79.
⑤ 迟簌．次级贷款证券化的风险转移机制研究[D]．大连：大连理工大学，2011.
⑥ [德]马克思，恩格斯．马克思恩格斯文集：第5卷[M]．北京：人民出版社，2009：867.

自己持有的货币转化为国债形式的资本，一方面获取国债利息，另一方面在国债投机中获利。“国债债权人实际上并没有付出什么，因为他们贷出的金额转化为容易转让的公债券……于是就有了这样产生的有闲的食利者阶级，充当政府和国民之间中介人的金融家就大发横财。”① 通过国债发行动员起来的货币资本也优先提供给了资本家尤其是金融资本家，因此，“包税者、商人和私营工厂主也大发横财，因为每次国债的一大部分成为从天而降的资本落入他们的手中”②。此外，“国债还使股份公司、各种有价证券的交易、证券投机，总之，使交易所投机和现代的银行统治兴盛起来”③，从而方便了金融资本利用证券发行和证券投机进行剥夺性积累。马克思指出：“每一次新的公债都使金融贵族获得新的机会去盘剥被人为地保持在濒于破产状态的国家，因为国家不得不按最不利的条件向银行家借款。此外，每一次新的公债都使他们获得新的机会通过交易所活动来掠夺投资于国债券的大众。”④

（五）金融资本利用中央银行对社会进行剥夺

金融资本支配中央银行，利用中央银行发展出一整套剥夺社会的机制。以英格兰银行为例，马克思阐述了作为中央银行的英格兰银行的成立逻辑：“用国家的名义装饰起来的大银行，从一产生起就只不过是私人投机家的公司，它们支持政府，依靠取得的特权能够把货币贷给政府……英格兰银行开始营业的第一笔生意，就是以8%的利率贷款给政府。同时，它由议会授权用同一资本铸造货币，这同一资本又以银行券的形式贷给公众。它可以用这些银行券来办理期票贴现、发放货物抵押贷款、购买贵金属。过了不久，这些由银行自己制造的信用货币又变成了铸币，英格兰银行用这些铸币贷款给国家并代国家支付公债利息。”⑤ 英格兰银行的第一笔生意是经营国债，其作为国债发行的中介机构，贷款给政府获得国债券并将国债券销售给公众。在这种情况下，英格兰银行获得了政府财政和国债的监督管理权以及货币发行权。英国政府的新增国债以税收为抵押，英国政府必须将税收存于英格兰银行，经手英格兰银行缴纳至国库的税款也不断增多⑥。英格兰银行以自己发行的银行券贷款给国家，获得国债。国债易于流通，对于银行家来说，国债的作用与现金

① [德]马克思，恩格斯．马克思恩格斯文集：第5卷[M]．北京：人民出版社，2009：865.
② [德]马克思，恩格斯．马克思恩格斯文集：第5卷[M]．北京：人民出版社，2009：865.
③ [德]马克思，恩格斯．马克思恩格斯文集：第5卷[M]．北京：人民出版社，2009：865.
④ [德]马克思，恩格斯．马克思恩格斯文集：第2卷[M]．北京：人民出版社，2009：81.
⑤ [德]马克思，恩格斯．马克思恩格斯文集：第5卷[M]．北京：人民出版社，2009：865.
⑥ 李黎明．债务、国家信用与霸权兴衰[D]．长春：吉林大学，2021.

一样。正如马克思所说：“它一只手拿出去，另一只手拿更多的进来，这还不够，当它拿进来时，它仍然是国民的永远债权人。”① 在美国，美联储作为信用枢纽和经营国家信用的机构，也是金融资本借以对民众和国家进行剥夺的机构。金融资本通过中央银行增发纸币获得铸币税，不仅可以利用增发的货币优先为大型金融机构和垄断企业提供成本更低的资金②，还可以通过支配货币发行直接瓜分财富。例如，美联储会通过注销关系户的不良债务，把美元白白送给他们，有学者推测大量印制出来的美元甚至被金融寡头私下瓜分③。因此，金融资本滥用中央银行的货币发行权，制造通货膨胀，这是最直接、最便捷、最隐蔽的剥夺大众的方式。

三、金融资本借助信用所强化的剥夺性积累，导致了系统性金融风险

从表面现象出发，人们往往认为信用是“熨平”社会矛盾、解决危机的手段。正如马克思指出的：“在信用业——它的完善的表现是银行业——中出现一种假象，似乎异己的物质力量的权力被打破了，自我异化的关系被扬弃了，人又重新处在人与人的关系之中。”④ 如前所述，信用是金融资本对社会化大生产进行组织调节的重要手段，也是金融资本剥夺社会的手段。金融资本利用信用对社会的剥夺，造成了产业萎缩、债务膨胀以及二者相互加剧的困境，而金融资本借助国家信用摆脱这种困境的努力，又进一步加深了这一困境。西方社会在产业萎缩和债务膨胀相互加剧的陷阱中越陷越深，这逼迫着金融资本主义走上暴力化的道路，而这一道路将把金融资本主义引向崩溃。金融资本主义的崩溃是西方社会真正的系统性风险。

（一）金融资本借助信用所强化的剥夺性积累，导致了产业萎缩

金融资本的剥夺性积累导致了民众贫困化和市场规模缩小，造成了投资减少和生产的进一步萎缩，加剧了产业萎缩。产业萎缩进而导致了民众失业和收入长期停滞，加剧了民众贫困化和市场规模的进一步萎缩。1978 年，美国制造业就业人数为 1933 万人；截至 2022 年年底，美国制造业就业人数下降至 1298 万人，全部就业的

① ［德］马克思，恩格斯．马克思恩格斯文集：第 5 卷［M］．北京：人民出版社，2009：865.
② 罗伯茨．手持柴火的灭火人：美联储［M］．金蓓蕾，译．北京：东方出版社，2018：140.
③ 余斌．45 个十分钟读懂《资本论》［M］．北京：东方出版社，2017：185 – 186.
④ ［德］马克思，恩格斯．马克思恩格斯全集：第 42 卷［M］．北京：人民出版社，1979：21.

比例仅为8%，处于历史最低水平①。在金融资本的剥夺性积累机制下，发达国家的地租、劳动力成本、技术和管理费用等制造业成本日益提高。迈克尔·赫德森和蒋林认为："在美国，由债务推动的住房成本如此之高，以致即使所有美国人都免费获得实物消费品——食物衣服，等等，他们也仍然无法与大多数其他国家的工人竞争。这是美国经济去工业化的一个主要原因。"② 此外，金融资本追求短期利润的投资倾向也使港口、铁路、供电系统等盈利周期长的基础设施领域长期缺乏投资，以致基础设施日渐老化，这又进一步提升了制造业成本。在这种情况下，发达国家的制造业大量转移到海外或者在竞争中被淘汰。

（二）金融资本借助信用所强化的剥夺性积累，导致了债务膨胀

金融资本利用信用的剥夺机制，导致民众、中小企业和国家背负债务膨胀。有学者指出，在20世纪80年代的美国，"促进里根时代经济复苏的根本动力并非存款而是债务，即靠借钱度日。无论是联邦政府还是个人，统统都是在借钱和花钱"③。金融资本将家庭和个体作为榨取利润的对象，使普通民众深陷债务之中。1971—2007年，美国民众的消费信贷额从1200亿美元增长至2.5万亿美元，如果加入11.5万亿美元的住房负债，美国民众总共负债14万亿美元，平均每人负债近5万美元④。美国"各种类型的债务（为保持系统平稳运行，少量这类债务是必需的）成为经济增长的主要支撑点，债务占GDP的比例也从1980年的150%增至大衰退发生前的超过350%。在同一期间，家户债务占GDP的比例也相应从45%增至95%"⑤。除此之外，中小企业的债务负担也十分严重。2005年，一个典型的美国公司，其利润的一半以上要用于支付利息⑥。"家庭和工业企业正变得债务缠身，拖欠金融、保险和房地产行业的租金和债息。这种食利者的开销使得可用于商品和服务的工资和利润收入减少，并终结了美国和欧洲自二战结束以来长达75年的扩张。"⑦

---

① 张启迪．重新审视美国制造业的"衰落"[J]．世界知识，2023(7)：60－62.

② 赫德森，蒋林．金融资本主义与工业资本主义：食利者的复苏和接管[J]．国外理论动态，2023(1)：117－126，122.

③ 格雷德．美联储[M]．耿丹，译．北京：中国友谊出版公司，2013：623.

④ 何国勇，倪瑾．国际金融危机的成因、前景及启示[J]．特区实践与理论，2009(4)：46－48.

⑤ 马格多夫，福斯特，张雪琴，张开．停滞与金融化：矛盾的本质[J]．政治经济学报，2015，4(1)：140.

⑥ 李民骐，朱安东．新自由主义时期的世界经济[J]．高校理论战线，2005(7)：38－43.

⑦ 赫德森，蒋林．金融资本主义与工业资本主义：食利者的复苏和接管[J]．国外理论动态，2023(1)：117－126，118.

（三）金融资本借助信用所强化的剥夺性积累，导致了产业萎缩和债务膨胀的相互加剧

金融资本的信用剥夺机制导致债务膨胀。为了避免债务违约和经济危机剧烈爆发，金融资本利用国家信用向市场大量注入流动性。中央银行作为“最后贷款人”，降低基准利率，推动货币和国债超量发行。2008 年国际金融危机后，美联储多次降息，2008 年 12 月 16 日，联邦基金利率区间下调至 0 ~ 0. 25% ，正式进入零利率时代。欧洲央行在金融危机后，也实施了零利率甚至负利率政策，鼓励金融机构增加贷款。在单靠低利率政策不足以缓解危机的情况下，金融资本采用量化宽松政策，增发货币购买国债和其他有价证券，使政府通过巨额财政支出的手段救助大型金融机构。这些手段虽然暂时缓解了大范围债务违约，但导致普通民众、中小企业和国家背负债务的进一步膨胀。债务负担使劳动群众的消费能力和中小资本家的投资能力降低，加剧了产业萎缩；而产业萎缩使劳动群众和中小企业的偿债能力降低，国家财政收入难以增长，导致债务负担更加沉重。在产业萎缩的情况下，金融资本不得不释放更多贷款来维持需求规模，这加剧了债务膨胀。国债膨胀也加剧了产业萎缩。随着国债规模不断增大，政府为了偿还国债利息不得不削减公共支出和社会福利，导致民众在医疗、教育等社会福利部门的开支逐渐增加，消费能力进一步降低，使市场缩小和产业萎缩趋势加剧。总之，金融资本的剥夺性积累不仅造成了产业萎缩和债务膨胀，还造成了二者相互加剧的趋势。

（四）产业萎缩和债务膨胀相互加剧的陷阱，是金融资本主义下寄生阶层专政的结果和表现

“金融资本是一种存在于一切经济关系和一切国际关系中的巨大力量，可以说是起决定作用的力量。”① 金融资本的剥夺性积累造成了一个不参与生产、寄生于社会之上的阶层，如金融贵族、职业管家、家仆、不良政客以及维护金融资本利益的管理人员等。列宁指出：“帝国主义就是货币资本大量聚集于少数国家，以‘剪息票’为生，根本不参与任何企业经营、终日游手好闲的食利者阶层大大地增长起来。”② 寄生阶层不断膨胀，使金融资本的剥夺性积累越来越系统化、自主化，使金

① 列宁专题文集：论资本主义[M]. 北京：人民出版社，2009：169.

② 列宁专题文集：论资本主义[M]. 北京：人民出版社，2009：186.

融资本的寄生性和腐朽性更加突出。正如马克思指出的："金融贵族，不论就其发财致富的方式还是就其享乐的性质来说，都不过是流氓无产阶级在资产阶级社会上层的再生罢了。"①

（五）寄生阶层专政下产业萎缩和债务膨胀相互加剧的陷阱，将把金融资本主义引向崩溃，这是西方社会真正的系统性风险

随着危机的不断深化，危机逐渐从社会再生产领域蔓延，国家货币的信用危机、国家财政危机、主权债务危机形成。自2021年起，由于发达资本主义国家的大规模财政货币刺激政策，发达国家通货膨胀率快速上升，已经由结构性转变为持续性和全面性通胀②。2022年6月，美国消费者价格指数达到9.1%的峰值，成为40年以来最严重的通货膨胀。这样严重的通货膨胀意味着金融资本对货币发行机制的滥用已经达到了破坏国家货币信用的程度。庞大的国债规模和持续低迷的经济使美国国债的信用越发受到质疑。2022年上半年，中国、日本、德国、法国、沙特阿拉伯、印度、以色列等20多个美国国债的主要海外持有国家，均加大了抛售美债的力度③，这使美国国债的信用状况进一步恶化。美国两党关于财政赤字、债务上限等关乎国家信用的关键问题的争斗逐渐激烈，政府部门不时停摆。随着危机的深化，发达资本主义国家之间的矛盾也逐渐激化，由联合合作陷入了对立和互相掠夺的境况。例如，美国凭借其货币霸权地位，通过干预汇率的方式遏制其他国家的发展。2015年，美国财政部将"汇率操纵国"的标准进一步具体化，利用汇率借口向其他国家央行施压，间接操纵美元汇率。2019年5月，美国将汇率操纵观察国名单扩大至包括中国、日本、韩国、德国、意大利、爱尔兰、新加坡、马来西亚、越南等9个国家④。这些国家不仅包括欠发达国家，还包括发达资本主义国家，甚至美国的传统盟友。面对日益加剧的系统性危机，金融资本开始纵容甚至支持右翼民粹主义。"右翼民粹主义是在尖锐的社会对立下西方金融资本试图以种族主义身份政治继续掩盖其阶级政治的表现。右翼民粹主义的支柱是金融寡头中的右翼势力与底层无政府主义激进民众力量的联盟，其最终目标是某种反动的帝国主义幻想。"⑤ 右翼民粹主义加剧了发达资本主义国家政治向保守和反动方向的转变，这是金融资本主义统

① 马克思恩格斯文集：第2卷[M]. 北京：人民出版社，2009：83.
② 朱民，巩冰，潘柳. 2023：全球经济滞胀，金融风险上升[J]. 清华金融评论，2023(7)：16－19.
③ 王晓泉. 全球"去美元化"催生世界货币新秩序[J]. 人民论坛，2022(23)：96－100.
④ 于阳阳. 资本主义金融化视域下美国经济治理的失灵[J]. 当代经济管理，2022，44(11)：87－96.
⑤ 宋朝龙. 西方右翼民粹主义冲击下新自由主义的颓变[J]. 马克思主义理论学科研究，2023，9(9)：120.

治的反动形式，也是金融资本主义自我反噬的统治形式，其崛起将创造条件，使金融资本主义自身走向崩溃，这是西方社会真正的系统性风险。

四、中国防范系统性金融风险的现实路径

为了防范西方金融资本主义运行中必然导致的系统性风险，中国应该坚持社会主义金融强国的制度基础和制度逻辑。

（一）加强党对金融工作的集中统一领导

习近平总书记指出："加强党对经济工作的领导，全面提高党领导经济工作水平，是坚持民主集中制的必然要求，也是我们政治制度的优势。"① 在党的集中统一领导下，中国逐步构建起以"两委一行一局一会"② 为主体的结构完整、功能齐备的全国金融工作治理体系；同时，地方党委金融委员会和金融工委充分发挥作用，落实属地责任，形成全国"一盘棋"的金融风险防控格局，这使金融监管工作得以协调开展。在党的集中统一领导下，中国不断完善金融安全网建设，在市场准入、审慎监管、行为监管等各个环节严格执法，实现金融监管的全面覆盖，强化金融风险防控能力，这是防范系统性金融风险的制度保障。

（二）加强金融工作中以人民为中心的价值观导向

中国特色金融发展之路必须"坚持以人民为中心的价值取向"③。中国的发展是惠及全体人民的发展，这是中国特色社会主义的本质要求，也是实现长期稳定发展的必由之路。社会主义的中央银行在执行管理国债、发行货币、调整货币政策等关键职能时，秉持以国家和人民的根本利益为最高准则。在管理国债方面，由国家所有并掌控的中央银行可以确保国债发行的合理性与可持续性，助力国家财政的稳健运作。在货币发行方面，中央银行可以充分考虑市场流动性需求、通货膨胀预期以及经济增长目标等多重因素，制定出既符合当前经济形势又兼顾未来发展需要的货币政策，使货币政策既能服务经济稳定发展，又能促进就业和民众收入增长，缩小

---

① 习近平．习近平著作选读：第1卷[M]．北京：人民出版社，2023：188.

② 注释："两委一行一局一会"是指中央金融委员会、中央金融工作委员会、中国人民银行、国家金融监督管理总局、中国证券监督管理委员会。

③ 习近平在省部级主要领导干部推动金融高质量发展专题研讨班开班式上发表重要讲话强调：坚定不移走中国特色金融发展之路，推动我国金融高质量发展[N]．人民日报，2024－01－17(1).

收入差距，推动共同富裕的实现。

（三）在以公有制为主体的经济制度基础上巩固国有金融机构在金融运行中的主导地位

马克思指出："信用制度固有的二重性质是，一方面把资本主义生产的动力——用剥削他人劳动的方法来发财致富——发展成为最纯粹最巨大的赌博欺诈制度，并且使剥削社会财富的少数人的人数越来越减少；另一方面造成转到一种新生产方式的过渡形式。"① 金融资本的剥夺性积累及其导致的系统性金融风险与危机，只有通过彻底地变革生产关系，建立社会主义制度才能得到克服。社会主义革命实现了劳动者对社会化生产资料的联合占有，消除了金融资本对生产关系的垄断性支配，也消除了金融资本剥夺性积累及其导致的一系列消极后果。马克思曾设想："政府建立一个国家银行并把全国信用事业置于国家监督之下。"② 在社会主义以公有制为主体的经济制度下，由国家所有并掌控的中央银行，是全国信用事业的枢纽，是管理和调控信用的核心机构。国有金融机构是信用体系的骨干力量，能够实现对资源的合理配置，积极支持国家重点产业发展和关键技术进步。同时，国有金融机构在风险管理和内部控制方面具有较为完善的体系与机制，其执行金融监管要求也更坚决。因此，国有金融机构的主导地位对于防范系统性金融风险具有重要意义。

（四）金融运行以服务实体经济发展为目的

党的二十大报告强调："坚持把发展经济的着力点放在实体经济上。"③ 2023 年 10 月，中央金融工作会议强调："坚持把金融服务实体经济作为根本宗旨，……以金融高质量发展助力强国建设、民族复兴伟业。"④ 实体经济是中国经济增长和人民生活水平提高的基础，金融应把推动实体经济高质量发展作为主要目的。社会主义金融强国要发挥信用在生产技术进步、资源配置效率提高方面的积极作用，推动科技创新，使中国制造业能够掌握技术研发和产品设计等国际产业链的核心环节，从而打破美西方集团的科技垄断。社会主义金融强国应引导金融工具为具有发展潜力

---

① 马克思恩格斯文集：第 7 卷［M］. 北京：人民出版社，2009：500.

② 马克思恩格斯文集：第 2 卷［M］. 北京：人民出版社，2009：93.

③ 习近平. 高举中国特色社会主义伟大旗帜 为全面建设社会主义现代化国家而团结奋斗：在中国共产党第二十次全国代表大会上的报告（2022 年 10 月 16 日）［M］. 北京：人民出版社，2022：30.

④ 中央金融工作会议在北京举行 习近平李强作重要讲话 赵乐际王沪宁蔡奇丁薛祥李希出席［N］. 人民日报，2023－11－01（1）.

的初创企业提供融资服务，助力技术创新和制造业升级；应完善金融机构和资本市场的融资功能，提高金融机构和资本市场进行货币资本配置的效率；应利用信息技术、数字技术助力金融服务，通过人工智能、大数据、区块链等技术，使金融机构降低金融交易成本，及时提供更加智能化、差异化和高效的金融服务。社会主义金融强国的国债制度，应筹集资金以支持关键领域技术进步、基础设施建设、公共服务提升等。例如，2024 年，中国发行超长期特别国债，就是专项用于国家重大战略实施和重点领域安全能力建设的，其资金具体投向领域包括“十四五”规划中的重大项目、网络安全建设、智能化信息化建设等。

（五）避免剥夺性积累逻辑支配金融运行

在西方国家，金融资本在生产社会化的基础上建立了一套剥夺性积累机制。中国作为社会主义国家，在金融运作中应避免追求剥夺性积累的逻辑。社会主义金融应加大对非法网贷和高利贷活动的执法力度，防止民众债务与虚拟资本相互杠杆化导致的债务与虚拟资本过度增长；应通过优化产业结构，提高产业竞争力和经济发展质量，增加就业机会和居民收入，从根本上减少经济压力导致的民众对消费贷款的过度依赖。以削减民众收入和福利、诱导民众超前消费为代价服务资本积累，或许可以在短期内获得经济增长，但从长期来看，民众收入降低导致有效需求不足，进而引发生产和供给过剩，最终将阻碍经济的持续健康发展。

五、结论

在金融资本主义主导的西方国家，信用、金融与实体经济的对立关系，集中体现了剥夺性的积累逻辑。金融资本借助信用所加强的剥夺性积累逻辑，造成了西方社会产业萎缩和债务膨胀相互加剧以及系统性金融风险的困境。要打破这一困境，需要生产关系的根本性变革。中国是实现了这一生产关系变革的国家，具有在公有制基础上建设社会主义金融强国的制度优势。增强社会主义金融强国的制度自信，巩固社会主义金融强国的制度基础，发扬社会主义金融强国的制度逻辑，发挥社会主义金融强国的制度能力，这是中国经济社会健康发展、避免发生系统性金融风险的根本保障。

（本文与北京大学马克思主义学院博士研究生息家齐合著）

作者简介

朱安东，现任清华大学马克思主义学院院长、中共党史党建研究院院长、长聘教授、博士研究生导师。兼任中华外国经济学说研究会副会长、中国《资本论》研究会副秘书长、中国马克思恩格斯研究会副秘书长、全国马克思列宁主义经济学说史学会常务理事。主要从事当代资本主义、中国经济、国有企业等方面研究。主持国家社科基金重大项目 2 项、重点项目 1 项，主持和参与国家社科基金项目及省部级项目多项，已在《中国社会科学》，*Review of Radical Political Economics*、*Journal of Post - Keynesian Economics*，《马克思主义研究》和《马克思主义与现实》等国内外学术期刊上发表论文 60 余篇。曾获北京市第 12 届哲学社会科学优秀成果奖一等奖、第 14 届（2010 年度）孙冶方经济科学奖论文奖等奖项，入选北京市宣传文化系统第二批“四个一批”人才（理论界别）。

朱安东：构建高水平社会主义市场经济体制

党的二十届三中全会通过的《中共中央关于进一步全面深化改革、推进中国式现代化的决定》（以下简称《决定》）是指导新征程上进一步全面深化改革的纲领性文件。《决定》提出，到2035年，全面建成高水平社会主义市场经济体制，并聚焦构建高水平社会主义市场经济体制、围绕中国式现代化对进一步全面深化经济体制改革作出了总体部署。深刻理解全面建成高水平社会主义市场经济体制的目标任务、战略意义和改革举措，对于推动社会主义市场经济体制改革不断深入、推动高质量发展、推进中国式现代化，具有十分重大的理论意义和实践意义。

一、构建高水平社会主义市场经济体制明确了进一步全面深化经济体制改革的方向

确认我国处于并将长期处于社会主义初级阶段，是中国特色社会主义理论和实践的出发点与立足点。经济是基础，以经济建设为中心是党在社会主义初级阶段基本路线的核心内容。解决我国社会主要矛盾，归根结底要靠解放和发展生产力。马克思主义经济学将生产与交换视为社会经济关系中两个基础而关键的组成部分，它们既各自独立又相互影响，共同绘制出经济活动的基本图景。社会主义市场经济是将社会主义基本经济制度与市场经济有机结合的独特创造，它既区别于传统的计划经济模式，也有别于资本主义市场经济体系，是中国特色社会主义经济制度最鲜明的特色。

在《决定》当中，“构建高水平社会主义市场经济体制”这一目标被列在“七个聚焦”的首位，凸显了我们党对经济发展的高度重视，体现了经济建设的突出地位，这有利于进一步凝聚共识。对“高水平”的强调，则体现的是在以往取得的巨

大成就基础上继续将改革推向新的高度，指出社会主义市场经济体制完善的进一步方向是要有助于创造更加公平、更有活力的市场环境，有助于进一步优化资源配置、进一步提高经济效益。高水平社会主义市场经济体制必须能够激发全社会的创新活力，推动经济高质量发展。必须通过进一步深化改革开放，破除体制机制障碍，不断释放市场主体活力和社会创造力，促进国民经济更高质量、更有效率、更加公平、更可持续、更为安全地发展。

改革开放以来，我们党坚持解放思想、实事求是，经过长期艰苦的探索和实践，摆脱了把社会主义和市场经济对立起来的传统观点，提出了建立和完善社会主义市场经济体制的改革目标，成功地实现了从高度集中的计划经济体制到充满活力的社会主义市场经济体制的历史转变，推动了我国经济的持续快速发展，创造了经济快速发展的奇迹。

党的十八大以来，我们坚持全面深化经济体制改革，坚持社会主义市场经济改革方向，充分发挥经济体制改革的牵引作用，聚焦问题导向，破除体制机制弊端，不断完善社会主义市场经济体制，取得了新的重大成就，改革开放实现由局部探索、破冰突围到系统集成、全面深化的转变，许多领域实现了历史性变革、系统性重塑和整体性重构。党的十八届三中全会根据我国社会主义市场经济理论和实践发展的新形势与新要求，提出了使市场在资源配置中起决定性作用和更好发挥政府作用的重大理论观点，在完善社会主义市场经济体制上迈出新的步伐。党的十九大报告进一步强调，“使市场在资源配置中起决定性作用，更好发挥政府作用”①。党的十九届四中全会将社会主义市场经济体制上升为我国的基本经济制度。党的十九届五中全会进一步强调，全面深化改革、构建高水平社会主义市场经济体制，充分发挥市场在资源配置中的决定性作用，更好发挥政府作用，推动有效市场和有为政府更好结合。党的二十大报告进一步强调，“构建高水平社会主义市场经济体制”②。

在以习近平同志为核心的党中央的坚强领导下，新时代我国经济体制改革取得新的重大成就，社会主义市场经济体制的基础性制度框架基本建立，主要是：坚持社会主义市场经济改革方向，完善现代市场体系、推进要素市场化改革，深化国资国企改革、鼓励发展壮大民营经济，构建支持全面创新体制机制，深化财税金融体

---

① 习近平．决胜全面建成小康社会 夺取新时代中国特色社会主义伟大胜利：在中国共产党第十九次全国代表大会上的报告［N］．人民日报，2017－10－28．

② 习近平．高举中国特色社会主义伟大旗帜 为全面建设社会主义现代化国家而团结奋斗：在中国共产党第二十次全国代表大会上的报告［N］．人民日报，2022－10－26．

制改革，健全城乡发展一体化体制机制，加快构建新发展格局，建设更高水平开放型经济新体制，不断完善市场机制有效、微观主体有活力、宏观调控有度的制度环境。这些改革措施，为经济发展注入了强大动力，推动我国经济迈上高质量发展之路。同时也要看到，随着中国特色社会主义进入新时代，国内外形势深刻变化，与全面推动高质量发展、全面推进中国式现代化要求相比，还存在市场体系仍不健全、市场发育还不充分、政府和市场的关系尚未完全理顺、创新能力不适应高质量发展要求等问题。解决这些问题必须进一步解放思想，坚定不移深化经济体制改革，扩大高水平开放，自觉把改革摆在更加突出位置，把准方向、守正创新、真抓实干，推动全面深化经济体制改革走深走实。面对纷繁复杂的国际国内形势，面对新一轮科技革命和产业变革，面对人民群众新期待，必须自觉把改革摆在更加突出位置，紧紧围绕推进中国式现代化进一步全面深化改革，加快构建高水平社会主义市场经济体制。当前，全面深化改革已进入深水区、攻坚期，需要统筹各个方面、各个层次、各个要素，注重推动各项改革相互促进、良性互动、协同配合。在新时代新征程上，必须继续把全面改革和深化重点领域改革统一起来，建立高标准市场体系，提供高水平制度供给，为发展新质生产力营造良好制度环境，为强国建设、民族复兴提供有力支撑，在激烈的国际竞争中赢得战略主动。

改革开放以来，特别是党的十八大后，我国社会主义市场经济体制不断发展、不断完善。党的二十届三中全会承前启后、继往开来，进一步明确了全面建成高水平社会主义市场经济体制的改革目标，提出“聚焦构建高水平社会主义市场经济体制，充分发挥市场在资源配置中的决定性作用，更好发挥政府作用，坚持和完善社会主义基本经济制度，推进高水平科技自立自强，推进高水平对外开放，建成现代化经济体系，加快构建新发展格局，推动高质量发展”。[①] 其中，“充分发挥市场在资源配置中的决定性作用，更好发挥政府作用”是党的十八届三中全会提出的重大理论观点，阐明了进一步深化经济体制改革的核心问题，标志着我国社会主义市场经济发展进入了新阶段。“坚持和完善社会主义基本经济制度”，阐明了进一步深化经济体制改革的制度属性，要求我们坚持和完善公有制为主体、多种所有制经济共同发展，按劳分配为主体、多种分配方式并存，坚持社会主义市场经济体制等社会主义基本经济制度，把社会主义制度与市场经济有机结合起来。“建成现代化经济体系，加快构建新发展格局，推动高质量发展”，阐明了进一步深化经济体制改革

① 中共中央关于进一步全面深化改革、推进中国式现代化的决定[N]. 人民日报,2024－07－22.

的主要目的，就是要进一步解放和发展生产力，推进新时代我国经济的高质量发展。总之，聚焦构建高水平社会主义市场经济体制的目标，既同党的十八届三中全会提出的加快发展社会主义市场经济的经济体制改革目标一脉相承，又同党的二十大作出的构建高水平社会主义市场经济体制的战略部署相衔接，为在更高起点、更高层次、更高目标上进一步全面深化经济体制及其他各方面体制改革指明了方向。

二、高水平社会主义市场经济体制是中国式现代化的重要制度保障

现代化首先是经济领域的现代化，其核心是生产力的发展。现代化的最终目的是提高人民的生活水平和社会的整体福祉，解放和发展生产力能够为社会提供更多的物质与精神财富，满足人民日益增长的美好生活需要。社会主义追求的是人的全面发展和全社会的共同富裕，在社会主义国家的现代化进程中，解放和发展生产力的手段与目的——满足最广大人民的需要——是一致的。改革开放以来，我们党始终把解放和发展社会生产力作为根本任务，不断完善体制机制，优化生产关系，实现了经济实力、科技实力、综合国力、人民生活水平的大幅跃升。

习近平总书记指出，“围绕党的中心任务谋划和部署改革，是党领导改革开放的成功经验”①，“进一步全面深化改革，要紧扣推进中国式现代化这个主题，突出改革重点，把牢价值取向，讲求方式方法，为完成中心任务、实现战略目标增添动力”②。新时代新征程上中国共产党的中心任务，就是以中国式现代化全面推进中华民族伟大复兴。构建高水平社会主义市场经济体制的根本目的，就是以经济体制改革为牵引，通过全面深化经济体制，完善有利于推动高质量发展的体制机制，塑造发展新动能新优势，为推进中国式现代化提供强大动力和重要的制度保障。

现代化是人类社会发展的必由之路，但在不同的社会制度下，现代化的道路和后果是不相同的。资本主义现代化在经济上是以资本主义市场经济体制为制度基础的，这种经济体制一方面在推动生产力发展和优化资源配置方面发挥了巨大的历史作用，另一方面导致了严重的两极分化、阶级剥削和经济危机，给其国内人民和世

---

① 习近平．关于《中共中央关于进一步全面深化改革、推进中国式现代化的决定》的说明[J]．求是，2024(16)．

② 2024年5月23日，习近平在山东省济南市主持召开企业和专家座谈会时发表的重要讲话[N]．人民日报，2024-05-24.

界人民带来了深重的灾难。中国式现代化，是中国共产党领导的社会主义现代化，不仅有各国现代化的共同特征，更有基于自己国情的中国特色。中国式现代化是人口规模巨大的现代化，是全体人民共同富裕的现代化，是物质文明和精神文明相协调的现代化，是人与自然和谐共生的现代化，是走和平发展道路的现代化。中国式现代化，摒弃了西方以资本为中心的现代化、两极分化的现代化、物质主义膨胀的现代化、对外扩张掠夺的现代化老路，拓展了发展中国家走向现代化的途径，为人类对更好社会制度的探索提供了中国方案。

中国式现代化之所以能够破解人类社会发展的诸多难题，是因为它是以社会主义市场经济体制为制度基础的。习近平总书记指出，“在社会主义条件下发展市场经济，是我们党的一个伟大创举。我国经济发展获得巨大成功的一个关键因素，就是我们既发挥了市场经济的长处，又发挥了社会主义制度的优越性”，“之所以说是社会主义市场经济，就是要坚持我们的制度优越性，有效防范资本主义市场经济的弊端”[①]。社会主义市场经济体制，一方面充分发挥市场经济中供求、竞争、价格、风险等机制的作用，实现资源配置效率最优化和效益最大化；另一方面充分发挥社会主义制度的优势，坚持党的全面领导，坚持以人民为中心的发展思想，以促进社会公平正义、增进人民福祉为出发点和落脚点，坚持创新、协调、绿色、开放、共享的新发展理念，实现社会主义基本制度和市场经济的有机结合，把两方面优势都发挥好，从而超越了资本主义现代化的历史局限，创造出更有效率、更加公平、更有利于人类社会共同利益的新型现代化道路。

习近平总书记创造性提出“发展新质生产力”，这是对马克思主义生产力理论的创新发展，赋予习近平经济思想新的内涵，具有重大的理论意义和实践意义。高质量发展是全面建设社会主义现代化国家的首要任务，是新时代的硬道理，而发展新质生产力是推动高质量发展的内在要求和重要着力点，是推进中国式现代化的重大战略举措，对我国经济社会发展将产生深远影响。新质生产力是创新起主导作用的先进生产力。习近平总书记强调，生产关系必须与生产力发展要求相适应。发展新质生产力，必须进一步全面深化改革。全面深化经济体制改革、加快形成高水平社会主义市场经济体制的一个重要任务，就是要破除一切阻碍创新、阻碍新质生产力发展的体制机制障碍，完善推动高质量发展激励约束机制，塑造发展新动能新优势，为进一步解放和发展生产力，特别是进一步加快发展新质生产力提供强大动力。

---

① 习近平．不断开拓当代中国马克思主义政治经济学新境界[J]．求是,2020(16).

这是发挥社会主义制度优越性、推动生产力水平加快提升的必然要求。习近平总书记强调，“新质生产力既需要政府超前规划引导、科学政策支持，也需要市场机制调节、企业等微观主体不断创新，是政府‘有形之手’和市场‘无形之手’共同培育和驱动形成的”。①

党的十八大以来，我国经济实力实现历史性跃升。同时也要看到，我国发展不平衡不充分问题仍然突出，科技创新能力还不够强，收入分配差距仍然较大，资源环境约束趋紧，传统生产力和增长模式的局限性日益凸显。“因此，要深化经济体制、科技体制等改革，着力打通束缚新质生产力发展的堵点卡点，建立高标准市场体系，创新生产要素配置方式，让各类先进优质生产要素向发展新质生产力顺畅流动。同时，要扩大高水平对外开放，为发展新质生产力营造良好国际环境。”②《决定》指出，要“健全因地制宜发展新质生产力体制机制”，对健全推动经济高质量发展体制机制、促进新质生产力发展作出部署。围绕发展以高技术、高效能、高质量为特征的生产力，提出加强新领域新赛道制度供给，建立未来产业投入增长机制，以国家标准提升引领传统产业优化升级，促进各类先进生产要素向发展新质生产力集聚。只有坚持构建高水平的社会主义市场经济体制，使政府“有形之手”和市场“无形之手”协同发力，才能激励创新、提高生产要素配置效率，为发展新质生产力注入持续推动力。

构建同新质生产力更相适应的生产关系，涉及经济、社会、思想变革，改变人们生产、生活、思维方式，需要推进创新性、深层次、系统性改革。当前和今后一个时期，围绕加快形成同发展新质生产力更相适应的生产关系，要健全传统产业优化升级体制机制，强化推动高水平科技自立自强体制机制，完善推动战略性产业发展政策和治理体系，建立未来产业投入增长机制，健全促进各类先进生产要素向发展新质生产力集聚体制机制，健全促进实体经济和数字经济深度融合制度。

三、处理好政府和市场的关系

中国特色社会主义进入新时代，坚持新发展理念，加快完善社会主义市场经济体制，进一步深化经济体制改革，面临着如何进一步处理好政府与市场的关系问题。

① 习近平．发展新质生产力是推动高质量发展的内在要求和重要着力点[J]．求是，2024(11)．
② 习近平．发展新质生产力是推动高质量发展的内在要求和重要着力点[J]．求是，2024(11)．

经济体制改革的核心是处理好政府和市场的关系，坚持全面深化改革，不断推动国家治理体系和治理能力现代化。一方面，尊重市场经济一般规律，最大限度减少政府对市场资源的直接配置和对微观经济活动的直接干预，充分发挥市场在资源配置中的决定性作用，更好发挥市场机制的作用；另一方面，更好发挥政府作用，有效弥补市场失灵。习近平总书记指出，“既要‘有效的市场’，也要‘有为的政府’”①。

发挥市场在资源配置中的决定性作用，更好发挥市场机制作用，是构建高水平社会主义市场经济的基本要求。市场决定资源配置是市场经济的一般规律，市场经济本质上就是市场决定资源配置的经济，其基本的经济规律就是价值规律。价值规律通过价格、供求、竞争、生产要素的流动，调节社会生产，促使人们节约劳动时间，实现社会总劳动在各部门之间的按比例分配。为此，《决定》提出：“必须更好发挥市场机制作用，创造更加公平、更有活力的市场环境，实现资源配置效率最优化和效益最大化，既‘放得活’又‘管得住’，更好维护市场秩序、弥补市场失灵，畅通国民经济循环，激发全社会内生动力和创新活力。”

“放得活”，就是要充分发挥市场机制在资源配置中的决定性作用，建立有利于市场机制作用的体制机制，构建全国统一的大市场，着力破除地方保护和市场分割，最大限度减少政府不必要的行政干涉，保护公平竞争，激发全社会内生动力和创新活力。为此，要加快建设高标准市场体系。《决定》明确了三方面关键改革举措。一是构建全国统一大市场，包括构建城乡统一的建设用地市场，全国一体化技术和数据市场，统一规范、信息共享的招标投标和公共资源交易平台体系，一体衔接的流通规则和标准，全国统一电力市场等。二是推进要素市场化改革，健全劳动、资本、土地、知识、技术、管理、数据等要素市场制度和规则。三是完善市场经济基础制度，包括完善产权保护、信息披露、市场准入、破产退出、信用监管等制度。市场经济本质上是法治经济。《决定》特别提出，防止和纠正利用行政、刑事手段干预经济纠纷，对侵犯各种所有制经济产权和合法利益的行为实行同责同罪同罚。

“管得住”，就是要更好发挥政府作用，持续转变政府职能，规范政府行为，完善宏观经济治理体系，弥补市场失灵，确保市场机制的作用符合国家经济社会整体发展的需要、有利于实现人民群众的根本利益。更好发挥政府作用，需要不断完善宏观经济治理，克服和弥补市场的不足与缺陷，同时，进一步转变政府职能，深入

① 习近平．不断开拓当代中国马克思主义政治经济学新境界[J]．求是，2020(16)．

推进“放管服”改革。习近平总书记指出：“我国实行的是社会主义市场经济体制，我们仍然要坚持发挥我国社会主义制度的优越性、发挥党和政府的积极作用。市场在资源配置中起决定性作用，并不是起全部作用。”① 不是说政府就无所作为，而是必须坚持有所为、有所不为，着力提高宏观调控和科学管理水平。他强调，“使市场在资源配置中起决定性作用和更好发挥政府作用，二者是有机统一的，不是相互否定的，不能把二者割裂开来、对立起来”②。社会主义市场经济发展的实践证明，充分发挥社会主义制度的优越性、发挥党和政府的积极作用，就能有效防范资本主义经济的阶级对立、两极分化、危机频发和市场的自发性、盲目性、滞后性等局限与弊端，弥补市场在提供公共品方面的不足，克服垄断、信息不对称和负外部性等方面的市场失灵问题，促进经济的持续健康发展。

国家对经济生活的干预或调节，是现代市场经济的一个重要特征，也是生产社会化发展的必然产物。社会主义国家对经济的调控与资本主义经济存在根本区别，它是以生产资料公有制及由此产生的国民经济有计划按比例发展的规律为基础的，具有长期性、全面性、直接性的特点，在国民经济和社会发展中起着主导作用。《决定》明确指出，“科学的宏观调控、有效的政府治理是发挥社会主义市场经济体制优势的内在要求。必须完善宏观调控制度体系，统筹推进财税、金融等重点领域改革，增强宏观政策取向一致性”。宏观经济治理是对宏观调控理念与思路的重要创新。党的十八大以来，我国充分发挥国家发展规划战略导向作用，加强财政、货币等政策的协调配合，宏观调控的前瞻性、针对性、有效性进一步提高，经济治理能力得到有效提升。《决定》对健全宏观经济治理体系作出部署。提出完善国家战略规划体系和政策统筹协调机制；统筹推进财税体制改革，增加地方自主财力，拓展地方税源，合理扩大地方政府专项债券支持范围，适当加强中央事权、提高中央财政支出比例；完善金融机构定位和治理，健全投资和融资相协调的资本市场功能，完善金融监管体系。落实好这些重大改革举措，不断健全宏观经济治理体系，有利于更好发挥政府经济调节、市场监管、社会管理、公共服务、生态环境保护等职能，同时，有利于优化资源配置、激发市场活力、改善民生，为市场经济的有效运行提供良好的金融支持，为经济发展注入新的活力，为经济社会持续健康发展提供有力保障。

① 习近平．关于《中共中央关于全面深化改革若干重大问题的决定》的说明[N]．人民日报，2013－11－16.

② 2014年5月26日，习近平在十八届中央政治局第十五次集体学习时的讲话[N]．人民日报，2014－05－28.

四、坚持和落实“两个毫不动摇”，促进各种所有制经济优势互补、共同发展

马克思主义政治经济学认为，生产资料所有制是生产关系的核心，决定着社会的基本性质和发展方向，也决定着市场经济的基本性质和发展方向。改革开放以来，我们党立足我国基本国情，确立了公有制为主体、多种所有制经济共同发展的社会主义初级阶段的基本经济制度，为坚持和发展社会主义市场经济提供了坚实的制度基础。我们党在坚持基本经济制度上的观点是明确的、一贯的，而且是不断深化的，我国基本经济制度被写入宪法、党章，成为全党全社会的行动指引。习近平总书记强调，“改革开放以来，我们党总结正反两方面经验，确立了社会主义初级阶段的基本经济制度，强调坚持公有制为主体、多种所有制经济共同发展，明确公有制经济和非公有制经济都是社会主义市场经济的重要组成部分，都是我国经济社会发展的重要基础。我们要毫不动摇巩固和发展公有制经济，毫不动摇鼓励、支持、引导非公有制经济发展，推动各种所有制取长补短、相互促进、共同发展”。[①]

我国基本经济制度既体现了社会主义制度优越性，又同我国社会主义初级阶段社会生产力发展水平相适应，是党和人民的伟大创造。《决定》立足新时代我国所有制结构的实际，围绕坚持和落实“两个毫不动摇”提出了明确的要求，强调“毫不动摇巩固和发展公有制经济，毫不动摇鼓励、支持、引导非公有制经济发展，保证各种所有制经济依法平等使用生产要素、公平参与市场竞争、同等受到法律保护，促进各种所有制经济优势互补、共同发展”。《决定》着眼于增强国有企业核心功能、提升核心竞争力，提出增强各有关管理部门战略协同，推进国有经济布局优化和结构调整，推动国有资本和国有企业做强做优做大；着眼于推动非公有制经济发展，提出制定民营经济促进法，加强产权执法司法保护，防止和纠正利用行政、刑事手段干预经济纠纷。提出加强公平竞争审查刚性约束，清理、废除妨碍全国统一市场和公平竞争的各种规定和做法，完善要素市场制度和规则，等等。

“两个毫不动摇”作为我国社会主义基本经济制度的关键内容，对于坚持和发展社会主义市场经济、推进高质量发展具有根本性、基础性作用。习近平总书记强调：“深化经济体制改革仍是进一步全面深化改革的重点，主要任务是完善有利于

---

① 习近平．不断开拓当代中国马克思主义政治经济学新境界[J]．求是，2020(16)．

推动高质量发展的体制机制，塑造发展新动能新优势，坚持和落实‘两个毫不动摇’，构建全国统一大市场，完善市场经济基础制度。”① 这一重要论述，阐明了坚持和落实“两个毫不动摇”与推进高质量发展和构建统一大市场的紧密联系，为全面深化经济体制改革、构建高水平社会主义市场经济体制提供了重要遵循。

《决定》提出完善中国特色现代企业制度，支持和引导各类企业提高资源要素利用效率和经营管理水平、履行社会责任，加快建设更多世界一流企业，这是对各类经营主体的共同要求，是各种所有制经济优势互补、共同发展的重要表现。完善中国特色现代企业制度，要尊重企业经营主体地位，坚持问题导向，根据企业规模、发展阶段、所有制性质等，分类施策、加强引导。要加强党对国有企业的全面领导，完善党领导国有企业的制度机制，推动国有企业严格落实责任，完善国有企业现代公司治理，加强对国有资本的监督管理。要鼓励有条件的民营企业建立现代企业制度，完善法人治理结构、规范股东行为、强化内部监督、健全风险防范机制，注重发挥党建引领作用，提升内部管理水平。

弘扬企业家精神、发挥企业家作用，是建设世界一流企业的重要条件。引导企业家热爱祖国、热爱人民、热爱中国共产党，践行社会主义核心价值观，做爱国敬业、守法经营、创业创新、回报社会的典范。引导民营企业家讲正气、走正道，做到聚精会神办企业、遵纪守法搞经营，在合法合规中提高企业竞争能力，承担社会责任，稳定就业岗位，关心关爱员工，重视生态环境，推动绿色发展，积极参与社会公益、慈善事业，真诚回报社会。引导企业家拓展国际视野，增强创新能力和核心竞争力，形成更多具有全球竞争力的世界一流企业。

习近平总书记指出：“我们必须亮明态度、决不含糊，始终坚持社会主义市场经济改革方向，坚持‘两个毫不动摇’。”② 实践充分证明，只要坚持中国共产党领导，只要坚持公有制为主体、多种所有制经济共同发展，社会主义制度的优越性不但不会削弱，而且会不断增强，我们党执政的基础不但不会动摇，而且会更加稳固。

五、完善高水平对外开放体制机制

国家之间的经济关系是社会生产关系的一个重要内容，开放是中国式现代化的

① 习近平．关于《中共中央关于进一步全面深化改革、推进中国式现代化的决定》的说明[J]．求是，2024(16)．

② 习近平．当前经济工作的几个重大问题[J]．求是，2023(4)．

鲜明标识。在坚持社会主义制度、坚持独立自主的前提下，大胆吸收和借鉴其他国家、其他社会制度的有益文明成果，是党领导下中国特色社会主义实践的宝贵经验和伟大创举。改革离不开开放，开放也离不开改革。通过对外开放，积极参与国际分工和国际竞争，可以促进国内的改革与发展，加快现代化的进程。

《决定》对“完善高水平对外开放体制机制”作出部署，为新时代新征程以开放促改革促发展、推进中国式现代化提供了重要遵循。当前，世界之变、时代之变、历史之变正以前所未有的方式展开。新一轮科技革命和产业变革深入发展，世界百年未有之大变局加速演进，外部不确定性增加，深化改革、扩大开放面临新的形势和任务。推进中国式现代化，必须提高利用国际国内两个市场、两种资源的能力，坚持内外统筹、破立结合，坚决破除一切阻碍对外开放的体制机制障碍，加快形成有利于培育新的比较优势和竞争优势的制度安排。

习近平总书记指出，“以开放促改革、促发展，是我国改革发展的成功实践。改革和开放相辅相成、相互促进，改革必然要求开放，开放也必然要求改革”①。改革开放以来，我们党统筹把握国内国际两个大局，坚持改革和开放相互促进，积极参与经济全球化进程，在顺应时代潮流、抓住历史机遇中不断加快中国自身发展。开放也是改革。不断扩大对外开放、提高对外开放水平，以开放促改革、促发展，是我国发展不断取得新成就的重要法宝。回顾改革开放40余年，特别是进入新时代后的宏伟历史轨迹，一个显著特征是改革与开放的互补和相互推动。这一时期的发展表明，改革和开放不仅是并行不悖的，而且在实践中相互强化，共同推动了社会的全面进步和经济的快速发展。改革和开放相互促进，改革必然要求开放，开放也必然要求改革。推进高水平对外开放，是根据我国改革发展客观需要作出的自主选择，也是把握发展规律、顺应时代潮流的必然之举。当此百年未有之大变局，科技革命和产业变革正不断深化，单边主义和保护主义趋势日益显著，全球经济增长持续疲软，中国正处于一个战略机遇与风险挑战共存、不确定性因素日益增多的时期。面对严峻的形势，我们不应被逆流所阻挡，而应坚持站在历史的正确一边，积极推进全方位的开放，推动建设开放型世界经济，推动构建人类命运共同体。

构建高水平社会主义市场经济体制，必须统筹深层次改革和高水平开放，完善高水平对外开放机制。《决定》指出，开放是中国式现代化的鲜明标识。必须坚持

① 2015年9月15日，习近平总书记在主持召开中央全面深化改革领导小组第十六次会议时的重要讲话[N]. 人民日报，2015-09-16.

对外开放基本国策，坚持以开放促改革，依托我国超大规模市场优势，在扩大国际合作中提升开放能力，建设更高水平开放型经济新体制。《决定》对完善高水平对外开放机制作了全面部署，提出稳步扩大制度型开放；深化外贸体制改革；深化外商投资和对外投资管理体制改革；优化区域开放布局；完善推进高质量共建“一带一路”机制。

随着我国对外开放的不断深化，制度型开放成为当前我国推进高水平开放的重点，这必然要求加强顶层设计，对接国际高标准经贸规则，出台更精准的改革方案，深化相关领域制度改革，以制度改革为抓手推动制度型开放。此外，还需要主动对接国际高标准经贸规则，打造稳定透明可预期的制度环境。要加快内外贸一体化改革，积极应对贸易数字化、绿色化趋势。要营造市场化、法治化、国际化一流营商环境，依法保护外商投资权益。要加快形成陆海内外联动、东西双向互济的全面开放格局。要发挥“一国两制”制度优势，健全香港、澳门在国家对外开放中更好发挥作用机制。继续实施“一带一路”科技创新行动计划，加强绿色发展、数字经济、人工智能、能源、税收、金融、减灾等领域的多边合作平台建设。总之，每一轮改革总是伴随着新一轮开放，扩大开放是进一步全面深化改革的重要动力。《决定》着眼于完善高水平对外开放体制机制作出系统部署，有利于不断拓展对外开放的深度和广度，塑造更高水平开放型经济新优势，为经济高质量发展注入新动力。

（本文与清华大学马克思主义学院博士研究生毛小骅合著）

作者简介

孟捷，复旦大学经济学院教授。历任中国人民大学经济学院、清华大学社科学院经济所教授。2007—2011 年，曾出任中国人民大学书报资料中心总编辑。国家级人才项目获得者。中国《资本论》研究会副会长、中华外国经济学说研究会副会长、全国马克思列宁主义经济学说史学会副会长；CSSCI 来源集刊《政治经济学报》主编；美国 *Research in Political Economy* 编委。在《中国社会科学》《经济研究》等期刊发表论文近百篇。著有《作为方法的中国特色社会主义政治经济学》（2023）、《价值和积累理论》（2018）、《历史唯物论与马克思主义经济学》（2016）、《发达资本主义经济的长波》（2019）等著作。

孟　捷：从新发展理念到改革组织方式的深刻变革

刚刚结束的党的二十届三中全会是一次意义深远的会议。正如《中共中央关于进一步全面深化改革、推进中国式现代化的决定》（以下简称《决定》）指出的，“当前和今后一个时期是以中国式现代化全面推进强国建设、民族复兴伟业的关键时期。中国式现代化是在改革开放中不断推进的，也必将在改革开放中开辟广阔前景。面对纷繁复杂的国际国内形势，面对新一轮科技革命和产业变革，面对人民群众新期待，必须继续把改革推向前进”。《决定》是关于进一步全面深化改革的纲领性文件，它“紧紧围绕推进中国式现代化这个主题擘画进一步全面深化改革战略举措，坚持正确政治方向，着力抓住推进中国式现代化需要破解的重大体制机制问题谋划改革，主题鲜明，重点突出，举措务实可行，是新时代新征程上推动全面深化改革向广度和深度进军的总动员、总部署，充分体现了完善和发展中国特色社会主义制度、推进国家治理体系和治理能力现代化的历史主动，必将为中国式现代化提供强大动力和制度保障”。

一、以新发展理念引领改革

习近平总书记指出，党的十八大以来，我们党对经济形势进行科学判断，对发展理念和思路作出及时调整，引导我国经济发展取得了历史性成就、发生了历史性变革，在这些理念和思路中，“新发展理念是最重要、最主要的”①，“理念是行动的先导，一定的发展实践都是由一定的发展理念来引领的。发展理念是否对头，从根

① 习近平．习近平著作选读:第 2 卷[M]．北京:人民出版社,2023:406.

本上决定着发展成效乃至成败”。[①]

新发展理念在治国理政实践中发挥了重要作用，这体现在以下几个方面。第一，新发展理念作为党的指导思想在新发展阶段的具体运用，2018 年被写入《中华人民共和国宪法》：“中国各族人民将继续在中国共产党领导下，在马克思列宁主义、毛泽东思想、邓小平理论、‘三个代表’重要思想、科学发展观、习近平新时代中国特色社会主义思想指引下，坚持人民民主专政，坚持社会主义道路，坚持改革开放，不断完善社会主义的各项制度，发展社会主义市场经济，发展社会主义民主，健全社会主义法治，贯彻新发展理念，自力更生，艰苦奋斗，逐步实现工业、农业、国防和科学技术的现代化，推动物质文明、政治文明、精神文明、社会文明、生态文明协调发展，把我国建设成为富强民主文明和谐美丽的社会主义现代化强国，实现中华民族伟大复兴。”[②]

这一段表述涉及三个层次的内容：一是党的指导思想，这一指导思想是一个在历史中不断丰富和发展、内容博大精深的体系；二是社会主义初级阶段的制度体系、前进道路和工作重心；三是发展理念、发展任务、发展目标。在这三个层次的内容中，新发展理念起到了承上启下的中介作用。新发展理念一方面植根于中国特色社会主义制度体系，将党的指导思想转化为指导经济社会发展的实践理念，因而是这一指导思想在特定发展阶段的运用；另一方面为中国式现代化这一发展方略提供了切近而有效的基本遵循，对生产力、生产关系的变革乃至整个社会再生产的运行提出了具体要求。新发展理念是沟通党的指导思想和中国式现代化实践的中介桥梁。

第二，新发展理念是指导制定国家经济社会发展战略和国家发展规划的根本原则。习近平总书记指出：“我在《建议》开始起草时就强调，首先要把应该树立什么样的发展理念搞清楚，发展理念是战略性、纲领性、引领性的东西，是发展思路、发展方向、发展着力点的集中体现。发展理念搞对了，目标任务就好定了，政策举措跟着也就好定了。《建议》提出要坚持创新、协调、绿色、开放、共享的发展理念。这五大发展理念不是凭空得来的，是我们在深刻总结国内外发展经验教训的基础上形成的，也是在深刻分析国内外发展大势的基础上形成的，集中反映了我们党对经济社会发展规律认识的深化，也是针对我国发展中的突出矛盾和问题提出来的。”[③]

---

① 习近平．习近平著作选读：第 2 卷[M]．北京：人民出版社，2023：406.

② 中华人民共和国宪法[M]．北京：中国民主法制出版社，2018：4.

③ 习近平．习近平谈治国理政：第 2 卷[M]．北京：外文出版社，2017：197.

在国家发展规划中，既设有预期性指标，也设有约束性指标，后者是针对各级地方政府提出来的。以“十四五”规划为例，就设有五项针对生态环保的约束性指标，几乎占据了全部约束性指标的一半。这些指标的设立，有利于推动绿色发展、促进我国经济向生态友好型经济转变。

第三，新发展理念是引领改革的基本原则。《决定》指出：“进一步全面深化改革”，必须“坚持马克思列宁主义、毛泽东思想、邓小平理论、‘三个代表’重要思想、科学发展观，全面贯彻习近平新时代中国特色社会主义思想，深入学习贯彻习近平总书记关于全面深化改革的一系列新思想、新观点、新论断，完整准确全面贯彻新发展理念，坚持稳中求进工作总基调，坚持解放思想、实事求是、与时俱进、求真务实，进一步解放和发展社会生产力、激发和增强社会活力。”《决定》在此基础上进一步提出，“必须以新发展理念引领改革”。

以新发展理念引领改革，就是要通过改革让创新成为发展的动力。习近平总书记指出：“把创新摆在第一位，是因为创新是引领发展的第一动力。发展动力决定发展速度、效能、可持续性。”“抓住了创新，就抓住了牵动经济社会发展的‘牛鼻子’。”①事实上，许多改革本身就属于制度创新，而制度创新经常是其他创新的前提条件。以创新为动力，就要因地制宜加快新质生产力，促进高质量发展。新质生产力是创新起主导作用，摆脱传统经济增长方式、生产力发展路径，具有高科技、高效能、高质量特征，符合新发展理念的先进生产力质态。它由技术革命性突破、生产要素创新性配置、产业深度转型升级而催生，以劳动者、劳动资料、劳动对象及其优化组合的跃升为基本内涵，以全要素生产率大幅提升为核心标志。

以新发展理念引领改革，就是要通过改革实现协调发展，让“协调既是发展手段也是发展目标，同时还是评价发展的标准和尺度”。②在这里，习近平总书记谈到了“协调”这一概念的两重性，即作为手段和目标（规范）、工具和价值的统一。协调发展是坚持以人民为中心的发展思想的必然要求，内在地包含这种统一。习近平总书记指出：“党的十八大以来，经过科学分析，党认识到我国社会主要矛盾已转化为人民日益增长的美好生活需要和不平衡不充分的发展之间的矛盾。这是党根据我国社会主义初级阶段不断变化的新特点作出的重大战略判断。……党深刻认识新时代我国社会主要矛盾变化带来的新要求，科学制定路线方针政策和工作部

① 习近平著作选读：第1卷[M]. 北京：人民出版社，2023：425－426.

② 习近平著作选读：第1卷[M]. 北京：人民出版社，2023：430.

署，从各方面推动解决发展不平衡不充分问题，以更好满足人民日益增长的美好生活需要。”①在实践中，推动解决发展不平衡不充分问题，实现协调发展，必须借助于改革。《决定》为此提出：“城乡融合发展是中国式现代化的必然要求。必须统筹新型工业化、新型城镇化和乡村全面振兴，全面提高城乡规划、建设、治理融合水平，促进城乡要素平等交换、双向流动，缩小城乡差别，促进城乡共同繁荣发展。”《决定》还提出：“完善实施区域协调发展战略机制。构建优势互补的区域经济布局和国土空间体系。健全推动西部大开发形成新格局、东北全面振兴取得新突破、中部地区加快崛起、东部地区加快推进现代化的制度和政策体系。”

以新发展理念引领改革，就是要通过改革进一步推动绿色发展。人与自然的和谐共生是中国式现代化的基本特征之一。《决定》在阐述了改革的总目标后，进一步强调了“七个聚焦”，其中就包括“聚焦建设美丽中国，加快经济社会发展全面绿色转型，健全生态环境治理体系，推进生态优先、节约集约、绿色低碳发展，促进人与自然和谐共生”。需要强调的是，绿色发展也具有既是规范性目标也是手段的两重性特征，这一点深刻地体现在“绿水青山就是金山银山”这一理论当中。习近平总书记指出：“绿水青山本身就是金山银山，我们种的常青树就是摇钱树，生态优势变成经济优势，形成了一种浑然一体、和谐统一的关系。”②在这里，“两山”的关系展现了手段和规范性目的、工具理性和价值理性的有机统一。

以新发展理念引领改革，就是要通过改革促进开放发展。《决定》指出，“开放是中国式现代化的鲜明标识。必须坚持对外开放基本国策，坚持以开放促改革，依托我国超大规模市场优势，在扩大国际合作中提升开放能力，建设更高水平开放型经济新体制”。为此，要稳步扩大制度型开放；深化外贸体制改革；深化外商投资和对外投资管理体制改革；优化区域开放布局，加快形成陆海内外联动、东西双向互济的全面开放格局；完善推进高质量共建“一带一路”机制；等等。值得重视的是，中国的对外开放不仅是对发达国家开放，而且是对广大南方国家即发展中国家开放，通过这种开放，建立和完善中国与“全球南方”平等合作、互助分工的格局，帮助全球南方的发展。正如 2024 年 6 月 12 日习近平主席在联合国贸发会议成立 60 周年庆祝活动开幕式的视频致辞里所说的，“中国始终是‘全球南方’的一员，永远属于发展中国家”。在《决定》里，除了更有针对性地实施“一带一路”

---

① 习近平．更好把握和运用党的百年奋斗历史经验[J]．求是，2022(13)．

② 习近平．之江新语[M]．杭州：浙江人民出版社，2007：186．

战略，还专门提到“扩大对最不发达国家单边开放”。

以新发展理念引领改革，就是要通过改革促进共享发展。习近平总书记指出：“落实共享发展理念，……归结起来就是两个层面的事。一是充分调动人民群众的积极性、主动性、创造性，举全民之力推进中国特色社会主义事业，不断把‘蛋糕’做大。二是把不断做大的‘蛋糕’分好，让社会主义制度的优越性得到更充分体现，让人民群众有更多获得感。要扩大中等收入阶层，逐步形成橄榄型分配格局。特别要加大对困难群众的帮扶力度，坚决打赢农村贫困人口脱贫攻坚战。落实共享发展是一门大学问，要做好从顶层设计到‘最后一公里’落地的工作，在实践中不断取得新成效。”①为此，《决定》指出，要“坚持以人民为中心，尊重人民主体地位和首创精神，人民有所呼、改革有所应，做到改革为了人民、改革依靠人民、改革成果由人民共享”。实现共享发展，就要在改革中“聚焦发展全过程人民民主，坚持党的领导、人民当家作主、依法治国有机统一，推动人民当家作主制度更加健全、协商民主广泛多层制度化发展、中国特色社会主义法治体系更加完善，社会主义法治国家建设达到更高水平”。《决定》还指出，“发展全过程人民民主是中国式现代化的本质要求。必须坚定不移走中国特色社会主义政治发展道路，坚持和完善我国根本政治制度、基本政治制度、重要政治制度，丰富各层级民主形式，把人民当家作主具体、现实体现到国家政治生活和社会生活各方面”。

二、改革要以制度建设为主线

在为《决定》撰写的说明里，习近平总书记指出，“党的十八大以来，我们突出制度建设这条主线，通过全面深化改革完善各方面制度，推动中国特色社会主义制度更加成熟更加定型，国家治理体系和治理能力现代化水平明显提高，为全面建成小康社会提供了有力制度保障。同时，要清醒看到，完善中国特色社会主义制度是一个动态过程，必然随着实践发展而不断发展，已有制度需要不断健全，新领域新实践需要推进制度创新、填补制度空白。面对新的形势和任务，必须进一步全面深化改革，继续完善各方面制度机制，固根基、扬优势、补短板、强弱项，不断把我国制度优势更好转化为国家治理效能”。在此基础上，《决定》也指出，要“坚持以制度建设为主线，加强顶层设计、总体谋划，破立并举、先立后破，筑牢根本制

① 习近平．习近平谈治国理政：第2卷[M]．北京：外文出版社，2017：216.

度，完善基本制度，创新重要制度”。

进一步全面深化改革要坚持以制度建设为主线，有三个层次的含义。一是筑牢根本制度。2019 年 10 月 31 日，在党的十九届四中全会第二次全体会议上的讲话中，习近平总书记指出：“中国特色社会主义制度是一个严密完整的科学制度体系，起四梁八柱作用的是根本制度、基本制度、重要制度，其中具有统领地位的是党的领导制度。党的领导制度是我国的根本领导制度。”[①] 相应地，《决定》还指出，“坚持马克思主义在意识形态领域指导地位的根本制度”。改革不能丝毫动摇这些制度，而必须进一步巩固这些制度，并在此前提下展开。《决定》在阐述党的领导时提出，“坚持党的全面领导，坚定维护党中央权威和集中统一领导，发挥党总揽全局、协调各方的领导核心作用，把党的领导贯穿改革各方面全过程，确保改革始终沿着正确政治方向前进”。在论述意识形态领导制度时，《决定》提出，“健全用党的创新理论武装全党、教育人民、指导实践工作体系，完善党委（党组）理论学习中心组学习制度，完善思想政治工作体系。创新马克思主义理论研究和建设工程，实施哲学社会科学创新工程，构建中国哲学社会科学自主知识体系”。

二是完善基本制度。《决定》指出，十八大以来，“以习近平同志为核心的党中央团结带领全党全军全国各族人民，以伟大的历史主动、巨大的政治勇气、强烈的责任担当，冲破思想观念束缚，突破利益固化藩篱，敢于突进深水区，敢于啃硬骨头，敢于涉险滩，坚决破除各方面体制机制弊端，实现改革由局部探索、破冰突围到系统集成、全面深化的转变，各领域基础性制度框架基本建立，许多领域实现历史性变革、系统性重塑、整体性重构，总体完成党的十八届三中全会确定的改革任务，实现到党成立一百周年时各方面制度更加成熟更加定型取得明显成效的目标，为全面建成小康社会、实现党的第一个百年奋斗目标提供有力制度保障，推动我国迈上全面建设社会主义现代化国家新征程”。

在经济领域，我国建立了社会主义基本经济制度。基本经济制度不仅包括所有制和分配制度，而且包括社会主义市场经济体制。如果说所有制和分配制度属于生产关系的话，社会主义市场经济体制则对应于资源配置方式或社会劳动组织方式。《决定》在阐述进一步全面深化改革的总目标时，将全面建成社会主义市场经济体制作为完善基本制度的重要目标，提出“到二〇三五年，全面建成高水平社会主义市场经济体制，中国特色社会主义制度更加完善，基本实现国家治理体系和治理能

① 习近平．习近平著作选读：第 2 卷[M]．北京：人民出版社，2023：284.

力现代化，基本实现社会主义现代化，为到本世纪中叶全面建成社会主义现代化强国奠定坚实基础”。为此，要“聚焦构建高水平社会主义市场经济体制，充分发挥市场在资源配置中的决定性作用，更好发挥政府作用，坚持和完善社会主义基本经济制度，推进高水平科技自立自强，推进高水平对外开放，建成现代化经济体系，加快构建新发展格局，推动高质量发展”。

三是创新重要制度。在筑牢根本制度、完善基本制度的前提下创新重要制度，揭示了守正创新的深刻含义。通过进一步全面深化改革创新重要制度，是推动高质量发展、更好适应我国社会主要矛盾变化的迫切需要。习近平总书记指出，“推动高质量发展面临的突出问题依然是发展不平衡不充分。比如，市场体系仍不健全，市场发育还不充分，政府和市场的关系尚未完全理顺，创新能力不适应高质量发展要求，产业体系整体大而不强、全而不精，关键核心技术受制于人状况没有根本改变，农业基础还不稳固，城乡区域发展和收入分配差距仍然较大，民生保障、生态环境保护仍存短板，等等。归结起来，这些问题都是社会主要矛盾变化的反映，是发展中的问题，必须进一步全面深化改革，从体制机制上推动解决”。

以制度建设为主线，“破立并举、先立后破”，表明在“破”和“立”之间，“立”也就是制度建设构成了矛盾的主要方面。改革开放以来，尤其是党的十八大以来，社会主义市场经济体制得到了长足发展，基本经济制度已大体定型，在这一前提下，改革的任务是守正创新，加强不同制度之间集成和协同效应。比如，构建高水平社会主义市场经济体制，就要进一步发挥好市场和政府的作用，处理好市场和政府的关系，《决定》为此指出，“必须更好发挥市场机制作用，创造更加公平、更有活力的市场环境，实现资源配置效率最优化和效益最大化，既‘放得活’又‘管得住’，更好维护市场秩序、弥补市场失灵”；“科学的宏观调控、有效的政府治理是发挥社会主义市场经济体制优势的内在要求。必须完善宏观调控制度体系，统筹推进财税、金融等重点领域改革，增强宏观政策取向一致性”；等等。又如，“高质量发展是全面建设社会主义现代化国家的首要任务”，实现高质量发展需要“健全因地制宜发展新质生产力体制机制”“构建支持全面创新体制机制”，为此就“必须深入实施科教兴国战略、人才强国战略、创新驱动发展战略，统筹推进教育科技人才体制机制一体改革，健全新型举国体制，提升国家创新体系整体效能”，要“深化教育综合改革”“深化科技体制改革”“深化人才发展体制机制改革”。总之，进一步全面深化改革的目的，是“不断把我国制度优势更好转化为国家治理效能”。

三、这是一场改革组织方式的深刻变革

2020 年 12 月，习近平总书记在全面深化改革委员会第十七次会议上提出："这是一场改革组织方式的深刻变革。我们加强党对全面深化改革的集中统一领导，以全局观念和系统思维谋划推进改革，从前期夯基垒台、立柱架梁，到中期全面推进、积厚成势，再到现阶段加强系统集成、协同高效，蹄疾步稳、有力有序解决各领域各方面体制性障碍、机制性梗阻、政策性创新问题，方向目标清晰，战略部署明确，方法路径高效，实现由局部探索、破冰突围到系统协调、全面深化的历史性转变。"①

从《决定》的内容来看，当前正处在上文提到的第三阶段，即加强系统集成、协同高效的阶段，或由局部探索、破冰突围到系统协调、全面深化的阶段。这体现在：《决定》既提出了进一步全面深化改革的总目标，也设定了重点目标和完成改革的时间表。改革的总目标是"继续完善和发展中国特色社会主义制度，推进国家治理体系和治理能力现代化。到二〇三五年，全面建成高水平社会主义市场经济体制，中国特色社会主义制度更加完善，基本实现国家治理体系和治理能力现代化，基本实现社会主义现代化，为到本世纪中叶全面建成社会主义现代化强国奠定坚实基础"。在此基础上，《决定》提出了改革的重点目标，即"七个聚焦"："要聚焦构建高水平社会主义市场经济体制，聚焦发展全过程人民民主，聚焦建设社会主义文化强国，聚焦提高人民生活品质，聚焦建设美丽中国，聚焦建设更高水平平安中国，聚焦提高党的领导水平和长期执政能力，继续把改革推向前进。"最后，《决定》还为这一轮改革设定了具体的时间表："到二〇二九年中华人民共和国成立八十周年时，完成本决定提出的改革任务。"从总目标到重点目标，再到改革任务完成的具体时间表，体现了在全面深化改革中加强系统集成、实现协同高效的特点，这既是改革组织方式的深刻变革的体现，也是国家治理体系和治理能力的现代化水平显著提高的表现。

进一步全面深化改革，要求筑牢根本制度、完善基本制度、创新重要制度，从而进一步发展和完善中国特色社会主义制度体系。这表明，改革进展到了在制度上系统集成、协同高效的新阶段。需要强调的是，改革的系统性和协同性不仅体现在

---

① 习近平．习近平著作选读：第 2 卷［M］．北京：人民出版社，2023：395.

单纯的制度层面，而且体现在整个经济社会结构中。《决定》提出，要“以经济体制改革为牵引，以促进社会公平正义、增进人民福祉为出发点和落脚点，更加注重系统集成，更加注重突出重点，更加注重改革实效，推动生产关系和生产力、上层建筑和经济基础、国家治理和社会发展更好相适应，为中国式现代化提供强大动力和制度保障”。在这里，所谓“推动生产关系和生产力、上层建筑和经济基础、国家治理和社会发展更好相适应”，突出了全面深化改革的实质是通过系统性地调整变革生产关系和上层建筑以解放发展生产力，更全面地满足人民对美好生活的需要。这实际上是创造性地把《矛盾论》的哲学思想运用于社会主义改革的伟大实践，站在历史唯物主义的高度进一步揭示了改革组织方式变革的深刻含义。

《决定》指出，“党的十一届三中全会是划时代的，开启了改革开放和社会主义现代化建设新时期。党的十八届三中全会也是划时代的，开启了新时代全面深化改革、系统整体设计推进改革新征程，开创了我国改革开放全新局面”。改革只有进行时，没有完成时。党的二十届三中全会，作为进一步全面深化改革的系统擘画，进一步落实了党的二十大的战略部署，必将为加快高质量发展、实现中国式现代化进一步提供坚实的保障。

作者简介

丁晓钦，上海财经大学讲席教授、博士研究生导师，中央马克思主义理论研究和建设工程专家，上海财经大学马克思主义学院副院长（主持工作），中国式现代化研究院副院长，习近平经济思想研究院副院长；《海派经济学》（CSSCI）、《政治经济学研究》（CSSCI 扩展版）常务副主编。兼任世界政治经济学学会秘书长，中国政治经济学学会副会长，全国马克思列宁主义经济学说史学会副会长，中国社科院当代中国马克思主义政治经济学创新智库特约研究员、上海市习近平新时代中国特色社会主义思想研究中心特聘研究员。在国内外权威核心刊物发表论文译文 240 多篇，出版多部合著译著；多次参加中央重要文稿起草工作，主持国家社科基金、省部级社科规划项目、委托项目等数十项，曾受邀赴 40 多个国家和地区的大学及科研机构进行学术访问与学术演讲。

丁晓钦：在更高起点构建高水平社会主义市场经济体制

党的二十届三中全会强调，进一步全面深化改革要“以经济体制改革为牵引”，既是对党的十八届三中全会提出的“经济体制改革是全面深化改革的重点”的新发展，也是对经济体制改革作出的新战略部署。“以经济体制改革为牵引”明确将聚焦构建高水平社会主义市场经济体制作为进一步全面深化改革的前置任务，凸显了在新时代新起点把加快构建高水平社会主义市场经济体制作为重要战略任务抓紧抓好的必要性和紧迫性。要深刻理解构建高水平社会主义市场经济体制的历史逻辑、理论内涵和实践要求，充分发挥市场在资源配置中的决定性作用，更好发挥政府作用，以务实行动推动进一步全面深化改革取得重要突破。

一、构建高水平社会主义市场经济体制的历史脉络

改革开放以来，我国社会主义市场经济体制历经初步探索、创新发展与深化完善三个阶段，实现了从计划经济向市场经济的变革。在建立社会主义市场经济体制到构建高水平社会主义市场经济体制的发展这一进程中，党始终站在时代前沿，在实践中不断深化对政府与市场关系的认识，推动了我国社会主义市场经济体制的不断完善与发展。

（一）初步探索阶段（1978—1992年）

1978年党的十一届三中全会的召开标志着中国进入了改革开放的新时期。会议指出，“现在我国经济管理体制的一个严重缺点是权力过于集中……应该坚决实行按经济规律办事，重视价值规律的作用”。这一决策不仅是对传统计划经济体制的一次深刻反思，也是对市场与政府关系重新定位的重要起点，政府对经济的管理不

再局限于计划手段，而是采取更加多样化的方式。随着价值规律逐渐被重视，我国开始探索如何在社会主义制度下引入市场机制，以激发经济活力。随后，邓小平同志提出了著名论断："社会主义为什么不可以搞市场经济，这个不能说是资本主义。我们是计划经济为主，也结合市场经济，但这是社会主义的市场经济，"党的十二大报告提出"计划经济为主、市场调节为辅"的原则，初步确立了市场调节在经济体制中的地位。

随着经济体制改革的深入，市场机制在资源配置中的积极作用日益凸显。1984年，党的十二届三中全会明确提出了"社会主义商品经济"的新理念，并指出社会主义市场经济是在公有制基础上的有计划的商品经济，打破了计划经济与商品经济是根本对立的错误认知。会议还强调，"商品经济的充分发展，是社会经济发展的不可逾越的阶段，是实现我国经济现代化的必要条件"，这一论断为市场机制在社会主义经济中发挥更大作用提供了重要依据和实践指导。

（二）创新发展阶段（1992—2013 年）

随着改革开放的深入和市场经济的发展，我国对市场经济进行了更深入的探索，开始朝着建立社会主义市场经济体制的方向前进。

1992 年，邓小平同志在南方谈话中，明确指出"计划经济不等于社会主义，资本主义也有计划；市场经济不等于资本主义，社会主义也有市场。计划和市场都是经济手段"。同年，党的十四大将构建社会主义市场经济体制改革作为我国经济体制改革的目标，明确了我国的社会主义市场经济体制是同社会主义基本制度结合在一起的，目的是使市场在社会主义国家宏观调控下对资源配置起基础性作用，推动我国开启了社会主义市场经济体制建设的新篇章。

之后，党的十五届三中全会强调"在国家宏观调控下充分发挥市场对资源配置的基础性作用"，党的十六届三中全会指出"在更大程度上发挥市场在资源配置中的基础性作用"。社会主义市场经济体制构建和发展的历程，充分体现了我们对社会主义市场经济的认识不断深化、实践不断丰富。我国社会主义市场经济体制正是在理论与实践的结合中进一步完善和发展的。

（三）深化完善阶段（2013 年至今）

随着改革开放和社会主义市场经济体制建设的不断深入，我国经济发展取得了举世瞩目的成就。随着国内外经济环境的变化以及我国经济发展进入新常态，为进一步激发市场活力、优化资源配置、推动经济高质量发展，必须不断深化经济体制改革。

2013 年召开的党的十八届三中全会明确提出，“经济体制改革是全面深化改革的重点，核心问题是处理好政府和市场的关系，使市场在资源配置中起决定性作用和更好发挥政府作用”。这标志着我国社会主义市场经济发展进入了一个新阶段，也是我们党在创新政府与市场关系理论上的又一重大推进。

2019 年，党的十九届四中全会将社会主义市场经济体制纳入社会主义基本经济制度。2024 年 7 月召开的党的二十届三中全会指出，到 2035 年，全面建成高水平社会主义市场经济体制，并强调构建高水平社会主义市场经济体制，必须更好发挥市场机制作用，既“放得活”又“管得住”，体现了以习近平同志为核心的党中央对政府与市场关系认识的不断深化。

如今，随着社会主义市场经济体制的不断完善和发展，我国经济已经具备了构建高水平社会主义市场经济体制的条件和基础。同时，面对国内外环境的深刻变化，我们必须继续深化经济体制改革，加快构建高水平社会主义市场经济体制。

二、构建高水平社会主义市场经济体制的重大原则

从社会主义市场经济体制到高水平社会主义市场经济体制，表明了以习近平同志为核心的党中央对经济体制改革的新认识。在更高的起点上，只有牢牢把握构建高水平社会主义市场经济体制的重大原则，才能持续为中国式现代化提供重要保障力量。

（一）党的领导是构建高水平社会主义市场经济的根本保证

社会主义市场经济的改革历史表明，在新的起点上构建高水平社会主义市场经济体制需要坚持党的领导。只有坚持和加强党对构建高水平社会主义市场经济体制的全面领导，坚定维护党中央权威和集中统一领导，才能确保高水平社会主义市场经济沿着正确方向、充满活力地发展。高水平社会主义市场经济体制的构建是一项复杂的系统工程，要在整体上处理经济、政治、社会、文化、生态等各领域问题的相互交织。只有坚持党的领导才能形成攻坚克难的强大力量，必须发挥党总揽全局、协调各方的领导核心作用，把党的领导贯穿于构建高水平社会主义市场经济体制的各方面全过程，不断提高党领导构建高水平社会主义市场经济体制的能力和水平。

（二）守正创新是构建高水平社会主义市场经济体制的核心动力

习近平总书记指出，“中华民族是守正创新的民族”，“有着守正创新的传统”。守正创新是新时代我们党和国家工作的鲜明要求与鲜明特征，也是推动高水平社会主义市场经济体制构建的核心动力。社会主义市场经济体制的发展和改革是一个不断继承与创新的过程。要将马克思主义基本原理同中国具体实际相结合、同中华优秀传统文化相结合，不断推动马克思主义中国化时代化，不断总结社会主义市场经济体制改革中的宝贵经验和历史教训。在更高起点上构建高水平社会主义市场经济体制要坚持守正基础上的创新，既要坚持守正，确保市场经济体制始终沿着正确的方向发展，也要坚持创新，使高水平社会主义市场经济体制在新的历史起点焕发出新的生机和活力。

（三）人民至上是构建高水平社会主义市场经济体制的初心

以人民为中心是我们党全心全意为人民服务的集中体现，是一切工作的出发点和落脚点，构建高水平社会主义市场经济体制同样必须始终贯彻以人民为中心的发展思想。习近平总书记指出，“党的一切工作，必须以最广大人民根本利益为最高标准”，强调“要从人民的整体利益、根本利益、长远利益出发谋划和推进改革”。社会主义市场经济体制建立在公有制经济为主体、多种所有制经济共同发展的基础之上。发展为了人民、发展依靠人民、发展成果由人民共享是构建高水平社会主义市场经济体制的价值取向和初心所在。要始终站稳人民立场，坚持以人民为中心不断完善高水平社会主义市场经济体制。

（四）法治建设是构建高水平社会主义市场经济体制的重要保障

习近平总书记指出，“依法治国是坚持和发展中国特色社会主义的本质要求和重要保障”，坚持全面依法治国，也是构建高水平社会主义市场经济体制的重要保障。在更高的起点构建社会主义市场经济体制，不能简单地从立法、执法、司法、守法各环节的叠加上去理解，而是要求法律规范、法律实施、法律监督、法律保障、党内法规等要素之间形成相互支撑、相互制约的一个有机整体，从而为高水平社会主义市场经济形成全面的法律保障。在《决定》提出的300多项重大改革举措中，就高水平社会主义市场经济法治建设明确提出制定民营经济促进法、金融法等立法要求，要坚持运用法治思维和法治方式，通过法治建设来规范和保障市场经济的健康运行。

（五）系统观念是构建高水平社会主义市场经济体制的思想方法

坚持系统观念是我们党在总结实践经验基础上作出的重大理论概括，也是我国加强顶层设计、构建高水平社会主义市场经济体制的重要方法论。习近平总书记指出，要“统筹兼顾、综合平衡，突出重点、带动全局”。高水平社会主义市场经济体制的构建作为一项系统工程，要从经济、政治、社会、文化、生态“五位一体”的总体布局的高度来思考，这就必然要求注重坚持系统观念，以经济体制改革为牵引，加强前瞻性思考、全局性谋划、战略性布局、整体性推进；统筹国内国际两个大局，更好发挥中央、地方和各方面的积极性，充分调动一切有利因素来为市场经济体制的完善注入动力和活力。

三、建成高水平社会主义市场经济体制的实践路径

高水平社会主义市场经济体制的构建是一个深远且复杂的过程，它涉及经济、社会、政治等多个领域的全面改革和深化。其核心目标是通过一系列制度创新和机制完善，推动经济实现高质量发展，更好地满足人民日益增长的美好生活需要。需要始终聚焦在关键性基础性重大改革上突破创新，锚定发展不平衡不充分的深层次矛盾，推动社会主义市场经济体制更加成熟更加定型，为中国式现代化的推进夯实基础、筑牢根基。

（一）坚持和落实“两个毫不动摇”，促进各种所有制经济优势互补、共同发展

要毫不动摇巩固和发展公有制经济，毫不动摇鼓励、支持、引导非公有制经济发展。要更好发挥国有经济在国民经济中的主导作用，在新一轮深化国有企业改革行动中推动国有资本和国有企业做强做优做大，增强核心功能，不断提升国有经济核心竞争力、影响力和抗风险能力。国有企业改革要把自我发展与民营企业、外资企业发展有机融合，创造更开阔的发展前景。要进一步完善中国特色现代企业制度，弘扬企业家精神，激发各类市场主体的活力和创造力。要进一步营造市场化、法治化、国际化的营商环境，为各类市场主体提供平等的竞争机会，促进各种所有制经济蓬勃发展。

（二）优化要素市场化配置，建设高标准市场体系

我国经济结构性矛盾的根源是要素配置扭曲，要彻底解决这一问题，根本途径是深化要素市场化配置改革。通过完善要素市场制度和规则，打破行政性垄断和市场壁垒，促进劳动力、资本等生产要素的自由流动和优化配置。全面完善各类产权保护制度，加快改善市场环境和质量，不断提高市场竞争的公平性和透明度，完善市场经济的运行基础和监管机制，努力实现市场准入畅通。以高水平开放推动要素市场化改革进程，释放强大的市场活力，在规则对接中打造市场化、法治化、国际化的营商环境。

（三）深化供给侧结构性改革，培育完整内需体系

一方面，要坚持以供给侧结构性改革为主线，加大结构性改革力度，从供给端进行深层次调整以提升供给和需求的适配性。要通过改善投资环境、加大基础设施建设力度等措施，因地制宜发展新质生产力，引导与支持耐心资本投向战略性新兴产业和未来产业，推动技术进步和产业升级。另一方面，要牢牢把握扩大内需这一战略支点，充分发挥我国超大规模市场优势和内需潜力，完善消费基础设施，着力补齐消费短板。要把实施扩大内需战略同深化供给侧结构性改革有机结合起来，打通两者结合的断点堵点卡点，推动供给和需求的良性互动，促进更高水平的供需动态平衡。

（四）建设和完善高效能宏观经济治理体系

宏观经济治理体系在兼顾传统宏观调控关注基本目标的同时，也将民生、生态等涵盖其中，是构建高水平社会主义市场经济体制的应有之义。推进宏观经济治理体系和治理能力现代化，加强和完善党对宏观经济治理体系的集中统一领导，充分发挥国家发展规划的战略导向作用。加强财政政策和货币政策工具协调配合，做好总需求管理，增强消费对经济发展的基础性作用和投资对优化供给结构的关键作用。

（五）建立健全新型举国体制，促进高水平科技自立自强

新型举国体制是适应高水平社会主义市场经济体制发展的组织模式和运行机制。在科技创新举国体制中，关键是要处理好政府和市场关系这个核心问题。政府的角色在很大程度上决定了创新生态体系的构建以及生态体系在不同发展阶段的特点。

因此，在复杂的动态交互过程中，要加快推动有为政府和有效市场更好有机结合，强化企业科技创新主体地位，加强顶层设计构建核心资源，加大基础研究力度，加强政、产、学、研等多元主体之间的协调；壮大耐心资本，为科技创新提供金融支持。

作者简介

刘震，清华大学马克思主义学院长聘教授、博士研究生导师。先后获得清华大学工学学士、经济学硕士、经济学博士学位；应用经济学专业博士后。首批北京市思想政治理论课特级教师。首批国家一流本科课程“马克思主义基本原理”主讲教师。主要研究方向为中国特色社会主义政治经济学，主要集中在数字经济的政治经济学研究以及国资国企改革两个领域。现兼任清华大学现代国有企业研究院副院长，《政治经济学季刊》副主编，清华大学马克思主义学院中国特色社会主义政治经济学学科组负责人，清华大学马克思主义学院数智教育教学中心主任，清华大学国家治理与全球治理研究院研究员，清华大学国情研究院兼职研究员，中国社会科学院当代中国马克思主义政治经济学创新智库特约研究员。

刘　震：全面深化国资国企改革的方法论

党的十八大以来，以习近平同志为核心的党中央科学把握全面深化改革的内在规律，创造性地提出全面深化改革的科学方法及其有效路径，构建了改革开放以来最为全面、丰富、系统的改革方法论。党的二十届三中全会明确提出，要“更加注重系统集成，更加注重突出重点，更加注重改革实效”①。在省部级主要领导干部学习贯彻党的二十届三中全会精神专题研讨班开班式上，习近平总书记进一步强调，“改革是一项系统工程，需要讲求科学方法”②。国资国企改革作为全面深化改革的重要组成部分，对其方法论的深刻认识和把握，有助于增强提升改革的系统性、整体性和协同性，为推进中国式现代化提供强大支撑。

一、突出目标导向是全面深化国资国企改革的必然要求

习近平总书记强调，“我们的改革开放是有方向、有立场、有原则的”③。进一步全面深化国资国企改革，要将目标导向视为改革的必备要素，紧密围绕中国式现代化这一最大时代命题，在坚持理直气壮做强做优做大国资国企总目标不动摇的同时，聚焦增强核心功能、提升核心竞争力这一当下的主要目标，系统谋划改革思路和举措。坚持目标导向既彰显出对道路、理论、制度和文化的坚定自信，又充分展现出主动适应形势变化的战略主动。

---

① 习近平．习近平主持召开企业和专家座谈会强调紧扣推进中国式现代化主题进一步全面深化改革［N］．人民日报，2024－05－24．

② 习近平．习近平在省部级主要领导干部学习贯彻党的二十届三中全会精神专题研讨班开班式上的讲话［N］．光明日报，2024－10－30．

③ 习近平．习近平著作选读：第1卷［M］．北京：人民出版社，2023：66．

（一）长期坚持做强做优做大国资国企总目标不动摇

做强做优做大国资国企是习近平总书记对新时代国有企业一以贯之的目标要求，也是坚持和完善社会主义基本经济制度、坚持和发展中国特色社会主义的必然要求①。新中国成立以来70余年间，国有企业改革历程深刻体现了以人民为中心的发展理念。其针对不同时期中国社会发展的主要矛盾，在“强”“优”“大”之间进行了各有侧重的差异化探索，以有效应对人民群众不同阶段的主要需求。具体而言，新中国成立以来国有企业发展历程可划分为三个阶段：一是全面国有化阶段（1949—1978年），侧重奠定国家发展的物质基础与工业化根基；二是提质增效阶段（1978—2012年），侧重丰富民众物质文化生活，解决发展不充分的问题；三是做强做优做大阶段（2012年至今），侧重满足人民美好生活需要，解决发展不平衡的问题②。

做强做优做大既是国资国企实现高质量发展的内在动力，也是国家经济安全和核心竞争力提升的关键支撑。社会主义全民所有制经济的存续与繁荣，从根本上依赖于具备全民所有制特性的国资国企体系。鉴于当前国内外环境的复杂性与多变性，我们必须更加自觉地将思想和行动高度统一到党中央决策部署上来，旗帜鲜明地反对各种私有化、“去国有企业化”等错误观点，通过坚定不移做强做优做大国资国企，不断夯实社会主义制度的发展根基，达成“实现三个明显成效”③ 的阶段性任务。“三个明显成效”分别彰显了使命导向、效率导向和结果导向的核心价值，体现了经济、政治、社会三大属性间的有机整合与统一，展现了内在发展逻辑和外部市场需要的相互贯通与协同优化。

（二）当下聚焦增强核心功能、提升核心竞争力的主要目标

提出国资国企改革要以增强核心功能和提升核心竞争力为重点，具有很强的现实针对性和战略引领性。在增强核心功能上，国资国企不仅需实现一般企业的经营目标，更需凸显其作为国民经济核心力量的独特价值贡献。国资国企的核心功能由其自身性质、中国具体国情、发展阶段与目标任务共同塑造。新时代新征程国资国

① 习近平．习近平著作选读：第1卷[M]．北京：人民出版社，2023：512.

② 丁晓钦．“做强做优做大”：国有企业改革理论与实践的逻辑统一：我国国有企业发展历程与展望[J]．当代经济研究，2021(9).

③ 具体包括“在服务国家战略功能作用上取得明显成效，在真正按市场化机制运营上取得明显成效，在加快建设世界一流企业和培育专精特新企业上取得明显成效”。

企的基本功能定位是服务中国式现代化和中国经济高质量发展。为此，国资国企要进一步聚焦于能够发挥自身优势和体现使命担当的领域，不仅需要解决一般市场失灵和外部性问题，还需主动承担其他所有制经济不能、不愿或不适合承担的重要战略任务与社会责任，不断提升国资国企科技创新、产业引领、安全支撑能力，以更好服务国家战略需要。在提升核心竞争力上，国资国企改革要突出“全球竞争”而非“本地竞争”，注重“内生”而非“外在”，着眼“长远”而非“当下”。通过贯彻新发展理念，摒弃过去那种依赖大规模生产要素投入的粗放型发展模式，转而追求以创新驱动为核心的国资国企高质量发展模式。事实上，这一动力体系的转换不仅关乎国资国企自身的可持续发展，更是构建现代化经济体系、推动经济高质量发展的重中之重。

二、坚持问题导向是全面深化国资国企改革的应有之义

（一）突出问题导向是马克思主义的鲜明特点

坚持问题导向，作为党的十八大以来党治国理政的突出特征，深刻彰显了习近平新时代中国特色社会主义思想的鲜明风格。习近平总书记强调：“矛盾是事物联系的实质内容和事物发展的根本动力”①，“问题是事物矛盾的表现形式，我们强调增强问题意识、坚持问题导向，就是承认矛盾的普遍性、客观性，就是要善于把认识和化解矛盾作为打开工作局面的突破口”②。由此，坚持问题导向即承认矛盾的普遍性和客观性，要求从复杂多变的客观现实运动中，抽丝剥茧地剖析具体条件，准确识别客观现象背后蕴含的具体矛盾，并进一步分析矛盾各方的具体地位及其相互作用的复杂关系。要将坚持问题导向贯穿于国资国企改革的全过程和各领域。其中，发现问题是国资国企改革的逻辑起点和创新突破口，分析问题和解决问题是国资国企改革的最终落脚点，这一过程体现了对问题意识的深刻把握，以及对改革方法论的充分运用。就此而言，坚持问题导向不仅是习近平新时代中国特色社会主义思想的核心组成部分，更凸显了对马克思主义问题导向特征的当代继承和时代应用。

---

① 习近平．论党的思想宣传工作[M]．北京：中央文献出版社，2020：127.

② 习近平．习近平关于协调推进“四个全面”战略布局论述摘编[M]．北京：中央文献出版社，2015：86.

（二）突出问题导向要回应社会现实需求

习近平新时代中国特色社会主义思想作为马克思主义中国化最新理论成果，是中国共产党立足新时代推进“两个结合”实现的实践创新和理论创新良性互动的结果，展现出鲜明的时代特征与时代价值。坚持问题导向作为全面深化国资国企改革方法论的核心内容之一，其确立与提出根植于客观现实逻辑，既蕴含鲜明的时代特征，又反映特定的现实需求。

第一，在世界百年未有之大变局下，强调国资国企作用是统筹发展与安全、更好服务国家战略的必然选择。我国当前正处于战略机遇与风险挑战交织的复杂时期，脱钩断链现象频发，封闭性经济壁垒不断涌现，全球产业格局正在经历深刻重构，存在潜在系统性风险隐患。自2014年习近平总书记首次提出“总体国家安全观”以来，国家安全理念持续深化①。2023年中央经济工作会议再次强调，必须坚持高质量发展与高水平安全良性互动，共同推动国家发展的动态平衡与整体优化②。在此复杂且多变的国际环境下，确保发展安全已成为国家经济发展的首要战略要务。作为国民经济的重要支撑力量，国资国企必须充分发挥主力军作用，通过加强国际产能合作、确保关键原材料与战略物资供应的稳定性、建立完备的供应链管理体系等方式，保障国家经济稳定与安全。

第二，政府主导产业政策以推动创新和经济转型已成为全球共识，国资国企是新型举国体制下落实产业政策的主导力量。产业政策作为主要发达国家政府深度参与经济活动的重要途径，也是后发国家实现赶超的关键阶梯。近年来，虽然人工智能、新能源及生物科技等前沿领域取得了显著进展，但由于全球经济面临衰退风险，企业层面对大规模研发和投资的意愿相对低迷。对此，多国政府已出台一系列产业政策以推动新兴产业的发展，如《2021年美国创新和竞争法案》、“欧洲地平线”计划、英国2020年《研发路线图》等。面对全球产业竞争格局的快速演变，以及美欧等国的贸易摩擦与技术封锁，我国产业转型升级与安全稳定面临严峻挑战，产业链与供应链存在中断风险。为实现产业高质量发展并维护国家产业安全，亟须增强产业链供应链中核心技术与关键零部件的自主可控能力。国资国企具备强大的执行力和资源调配能力，需要其发挥主导作用以有效推动产业政策的落地。

---

① 习近平．习近平主持召开中央国家安全委员会第一次会议强调坚持总体国家安全观走中国特色国家安全道路[N]．人民日报，2014－04－16.

② 中央经济工作会议在北京举行习近平发表重要讲话[N]．人民日报，2023－12－13.

第三，新旧动能切换阶段，国资国企超前投资有助于加快新质生产力的形成。实现新旧动能转换，发展新质生产力是必然路径。现阶段我国经济正处于新旧动能转换的关键时期，一方面，以基建和房地产为代表的旧动能趋弱；另一方面，以数字经济为代表的新动能尚处于探索阶段，其经济与社会效益的显现需经历长期过程。当前以数字经济为抓手加快发展新质生产力的过程中，需要充分发挥国资国企的主导作用和新型举国体制的优势，加大对相关产业投资力度。同时，数字经济、绿色低碳等新兴产业作为新质生产力的关键载体，展现出颠覆性技术创新、前瞻布局，以及技术赶超机会多等特征，国资国企适度超前投资对加速新质生产力形成尤为重要。

（三）突出问题导向要直面固有难题

党的十八大以来，国资国企改革步入新的阶段，特别是在国企改革三年行动计划实施后，改革在诸多方面取得了长足进步与发展。但面对新形势、新挑战，国资国企改革仍需直面并解决一系列关键问题，以推动新一轮国资国企改革向纵深发展。

一是围绕新发展阶段的基本要求，着力解决国资国企发展理念还需优化的问题。当前，我国已经实现从全球分工体系中的被动接受者向全球分工和贸易秩序的构建者的角色转型，其中不可避免地会面临修昔底德陷阱和新的国际竞争。为更好参与竞争，进一步深化国资国企改革，应坚持新发展理念，通过体制改革与机制创新，构建面向未来的竞争优势。依据马克思主义政治经济学中生产力与生产关系相互作用的基本原理，国资国企亟须在新发展阶段构建与生产力发展和生产关系调整相适配的最优生产关系和生产方式①。创新、协调、绿色、开放、共享五大理念作为内在相互贯通的集合体，从多个视角为国资国企改革提供了总体指导，在实现国资国企高质量发展过程中发挥着“总指挥”作用。因此，要将新发展理念引领高质量发展的新观念作为理论主线，嵌入全面深化国资国企改革的全过程，推动国资国企在新时代实现更高质量、更可持续的发展。

二是围绕新发展格局的重点任务，着力解决战略性新兴产业布局与国家发展需求匹配度还需提高的问题。一方面，构建以国资国企为主体、协同科研机构与高水平研究型大学共同参与的基础研究体系，实现企业在市场需求把握、高校和科研机

① 何瑛，梁湘钏．国有企业改革推进中国式现代化建设：理论逻辑、经验范式与实践路径［J］．经济管理，2024（4）．

构在研究资源调配上的优势互补，推进以市场为导向的应用性基础研究。另一方面，聚焦前沿行业和未来产业，国资国企需充分发挥引导力量，既要发挥其在能源、交通、通信等领域保障国家安全、提高公共服务效率的引领作用，也要支持国资国企、民营领军企业聚焦国家重大需求，组建体系化、任务型创新联合体，共同推进数字经济、生命健康、新材料等战略性新兴产业的布局与发展。

三是围绕国家治理体系和治理能力现代化的核心要义，着力解决国资国企体制机制还需完善的问题。现阶段，诸多国资国企改革还有深入推进的空间，比如，推动党的领导融入公司治理的概念不够清晰，意识不够强烈；企业法人治理结构还需健全完善，公司股权结构不够合理，企业治理主体之间履职行权不够规范；经营性国有资产集中统一监管与理想状态存在差距，评价考核方法难以体现出对不同国资进行分类管理的差异性，以及以管资本为核心的国资监管模式还有待进一步创新；等等。深化国资国企改革，应当遵循系统集成、协同高效的管理理念，通过加强顶层设计，集中资源实施一系列具有变革性、引领性和标志性的措施，在破解深层次体制机制难题上实现根本性、实质性进展。

三、以全局观念系统思维谋划推进国资国企改革

习近平总书记指出："积极面对矛盾、解决矛盾，还要注意把握好主要矛盾和次要矛盾、矛盾的主要方面和次要方面的关系。"[①] 我国正处于社会主义初级阶段并正在经历深远的社会转型，国资国企的改革与发展、利益格局的调整往往呈现出高度关联性和复杂性，任何局部变动都可能引发全局性效应。因此，在规划全面深化国资国企改革的蓝图时，必须牢固树立系统观念，强化顶层设计的科学性与整体性布局。同时，由于改革进程中存在矛盾的多样性与不平衡性，矛盾间有着主次之分，而单个矛盾内部又包含主要方面与次要方面的差异。这既要求我们秉持系统观念，又要求我们坚持两点论和重点论的统一，以实现改革效能的最大化。

（一）进一步完善中国特色现代企业制度，将企业党组织的政治优势与现代企业的治理优势有机结合

现代企业制度是现代市场经济的基础，中国特色现代企业制度则深刻体现了制

① 习近平．论党的思想宣传工作［M］．北京：中央文献出版社，2020：129.

度本土化的独特性。具体而言，现代企业制度作为一般性规律，其适用范围不仅限于国有企业，还涵盖其他所有制类型的企业。将党的领导全面融入公司治理各个环节，则是其他国家没有的，是具有中国特色的现代企业制度①。中国特色现代企业制度的精髓在于加强党的领导和完善公司治理相统一，即“两个一以贯之”原则。这既是新时代赋予国资国企的新任务和新要求，也是全面深化国资国企改革亟待攻克的重要议题。现代企业制度和坚持党的领导二者并不矛盾，两者虽各有侧重，但在推动国资国企做强做优做大的改革目标上高度一致。坚持党对国资国企的领导，是由国资国企的性质和功能所决定的，是重大政治原则和“立企之魂”；完善公司治理是社会主义市场经济发展的必然要求，是国资国企改革的重要方向，是“兴企之策”，二者相辅相成、相互补充。

党的领导融入公司治理，并非干预企业具体运营，而是通过强化政治与经济双重属性的融合，最大化地将中国特色制度优势转化为企业治理效能。在实践中，需将企业党组织的政治优势与现代公司治理优势有效结合，明确党委会、董事会、管理层的组织架构、权责划分及运作流程，运用科学治理机制提升战略规划与决策质量。同时，完善国资国企全面从严治党体系，强化党组织在政治引领与组织动员中的核心功能。此外，推动党组织功能向子企业层级延伸，结合各企业具体情况，明确党委在决策事项中的决定权、审核权及监督权，促进子企业由“有形管理”向“有为治理”模式的转变。

（二）坚持和落实“两个毫不动摇”，促进多种所有制经济共同发展

“两个毫不动摇”是坚持和完善社会主义基本经济制度的关键所在。党的十九届四中全会将社会主义基本经济制度概括为以公有制为主体、多种所有制经济共同发展，以按劳分配为主体、多种分配方式并存，以及社会主义市场经济体制等②。党的二十大进一步指出，要“坚持和完善社会主义基本经济制度，毫不动摇巩固和发展公有制经济，毫不动摇鼓励、支持、引导非公有制经济发展”③。党的二十届三中全会再次强调了“坚持和完善社会主义基本经济制度”的重要性，要求“坚持和

① 顾钰民. 习近平做大做强做优国有企业的理论逻辑[J]. 思想理论教育导刊,2018(1).

② 中共中央关于坚持和完善中国特色社会主义制度 推进国家治理体系和治理能力现代化若干重大问题的决定[N]. 人民日报,2019-11-06.

③ 习近平. 高举中国特色社会主义伟大旗帜 为全面建设社会主义现代化国家而团结奋斗:在中国共产党第二十次全国代表大会上的报告[M]. 北京:人民出版社,2022:53.

落实‘两个毫不动摇’”，“促进各种所有制经济优势互补、共同发展”①。

习近平总书记强调：“我们必须亮明态度、决不含糊，始终坚持社会主义市场经济改革方向，坚持‘两个毫不动摇’。”② 对此，要着力构建高水平社会主义市场经济体制，为坚持和落实“两个毫不动摇”提供体制机制保证。通过更好发挥市场在资源配置中的决定性作用、更好发挥政府作用，依法创造更加公平、更有活力的市场环境。要毫不动摇巩固和发展公有制经济，坚持做强做优做大国资国企总目标，增强国资国企核心功能、提高核心竞争力的改革重点，加快构建与中国基本经济制度和社会主义市场经济发展相契合的国有资产管理体制、现代企业制度、市场化经营机制。要毫不动摇鼓励、支持、引导非公有制经济发展，深入破除市场准入障碍，推动竞争性领域基础设施向各类经营主体公平开放，完善民营企业参与国家重大项目建设的长效机制，为非公有制经济良性发展营造良好环境。

（三）突出国资国企科技创新、产业控制、安全支撑作用，强化企业创新主体地位，打造国家战略科技力量

需紧扣新时代党和国家的发展目标与战略规划，立足“国之所需”，积极服务国家重大战略安排，加快从“国企思维”向“国家思维”转变。通过深化国资国企在战略安全和产业引领中的主导与支撑作用，在更好履行战略安全、产业引领、国计民生、公共服务等功能上，实现经济、政治、社会三重属性的有机统一。科技创新、产业控制与安全支撑作为国资国企在新时代的核心使命，三者紧密关联、相辅相成，共同构成了国资国企在国家发展战略中的重要角色。

科技创新是推动产业发展的根本动力，对于提升产业控制能力和安全支撑能力具有决定性作用。国资国企需要强化其在科技创新主体中的角色定位，通过深度参与国家重大科技项目，肩负起关键共性技术、前沿引领技术、现代工程技术、颠覆性技术创新的研发与应用，成为国家战略科技力量的重要组成部分。同时，借助于科技创新和产业创新的双重驱动，前瞻性布局新兴赛道和新兴领域，抢占未来产业发展的战略高地，培育新的经济增长点。

产业控制能力是确保产业链供应链稳定安全的关键。产业控制能力是对产业链中的关键资源和关键节点进行控制的能力。国资国企应致力培育产业链上的领军企

① 中共中央关于进一步全面深化改革、推进中国式现代化的决定[N]. 人民日报,2024-07-22.

② 中央经济工作会议在北京举行 习近平李克强李强作重要讲话[N]. 人民日报,2022-12-17.

业，利用自身核心优势，提升整条产业链的综合竞争力。加速构建具备自主可控、安全可靠且竞争力强的现代化产业体系，实现产业基础向高级化和现代化的目标迈进。加强产业链供应链建设，提升产业链的抗风险能力和稳定性，确保产业链供应链的安全可靠运行。

安全支撑是国资国企履行社会责任、保障国家安全的基础。国资国企应聚焦于提升产业链“韧性”，特别是在关键行业和重点领域，大力确保产业链供应链的稳固与安全。通过加强供应链管理，切实提升供应链保障能力。通过推动供应链配置多元化，降低对特定供应商或者特定国家的依赖，保障供应链稳定安全，提升国家整体战略安全保障效能。通过科技创新引领与投入，减少对外部的技术依赖，在国防、粮食、能源、资源、产业安全等领域提供坚实技术支撑，筑牢安全底线。

（四）坚持社会主义市场经济改革方向，推动国资国企同社会主义市场经济深度融合

一是以分类改革为主线，持续优化国有经济布局。国有经济布局优化，既不能“国进民退”，也不能“民进国退”，而是应当着力构建“国民共进”的微观基础。从空间来看，优化国有经济布局，需要在提高国有经济的控制力上下功夫，按照生产力发展的要求调整国有经济的布局、结构和组织形式，正确界定国有经济的边界，推动国有资本向重要行业和关键领域集中①。从行业来看，应根据产品性质和行业特性的不同，对国资国企实施差异化的改革策略：对于提供公共产品且行业处于垄断地位的国资国企，应维持国有国营模式，以确保公共服务的有效供给与社会福利的最大化；对于自然垄断行业，可采用股份制改革方式，确保国有资本的控股地位，以平衡市场效率与国家战略利益；对于处于竞争性行业且提供私人产品的国资国企，改革方向则应聚焦于市场化转型，充分激发企业活力与市场适应性。

二是完善中国特色国有资产监管体制，理顺政府与国资国企的关系。我国国资监管体制的改革，主要是将国资监管职能从政府广泛的行政管理职能和一般性经济管理职能中剥离，着力解决阻碍政企分开、政资分开的关键症结。一方面，严格遵循法律法规，明确界定政府社会公共管理职能与国资监管职能之间的界限，通过实施集中统一的监管策略，确保监管工作的有效性与独立性；另一方面，在涉及国家安全和国民经济命脉的关键领域，应将有效防范与化解重大风险作为底线任务，进

① 杨瑞龙．加快国有经济布局优化[N]．北京日报，2024－07－29．

一步加大对国有资产的监管力度，持续优化监管机制，不断提升监管工作效能。

三是系统构建市场化经营机制，助推企业高质量转型发展。市场化经营机制改革是国资国企改革的重要内容和关键环节，是实现提高国资国企活力和效率的重要途径。具体而言，首先，应通过创新混改企业管理机制，实行混改企业管理权责清单制，强化对混改企业领导人员的管理，完善“三会一层”组织架构，加强外部董事建设。其次，深化经理层契约化和任期制改革，契约化管理和任期制并非简单完成契约化管理的签订，而是通过推动差异化岗位管理、个性化绩效考核，强化刚性兑现，实现经营层角色的归位，充分发挥经营层的“牛鼻子”牵引作用。最后，深入实施中长期激励机制，既要兼顾内部公平，考虑职工队伍的稳定性和保障性，也要体现战略意图的激励导向。对于企业的核心骨干以及关键人才，应考虑行业情况和市场薪酬水平，探索和企业适配的中长期激励工具。

四、坚持“破立并举”和“先立后破”的有机统一

改革，说到底是要正确处理“破”与“立”的辩证关系。在改革过程中，既要打破旧的、低效的管理和运营模式，又要建立新的、更有效的机制，即所谓“得其法者事半功倍”。马克思在《资本论》中提道，“各个人借以进行生产的社会关系，即社会生产关系，是随着物质生产资料、生产力的变化和发展而变化和改变的”①，当旧的生产关系成为生产力发展的桎梏时，就需要进行变革，从而建立新的、与生产力相适应的生产关系，这不仅是生产关系变革的必然逻辑，也是历史发展的客观规律。有“破”有“立”正是这种生产力和生产关系变革的体现。

（一）正确认识“破”与“立”之间的辩证关系

“破”与“立”是唯物辩证法的一对重要关系，全面深化国资国企改革必须坚持正确的破立观。事物的发展是新旧事物中各种因素相互较量、此消彼长的矛盾运动过程，旧事物的“破”和新事物的“立”是事物发展的最终结果，科学把握两者间的辩证统一及其运动规律，是全面深化国资国企改革方法论的关键所在。国资国企要实现转型升级和高质量发展，就要正确认识“破”与“立”的辩证关系，以“破”的辩证思维查找问题、分析问题，打破旧的发展方式和运行逻辑；以“立”

---

① ［德］马克思，恩格斯．马克思恩格斯文集：第1卷［M］．北京：人民出版社，2009：724.

的科学之举有力有序推动改革创新，建立适应经济新常态的国资国企可持续发展模式。

对立统一规律、质量互变规律和否定之否定规律可以作为阐释“破”与“立”辩证关系的理论框架。就对立统一规律而言，事物内在蕴含着矛盾的绝对同一性和相对斗争性，这要求改革实践既要“立”中寓“破”，又要“破”中见“立”，避免片面性的思维方式。就质量互变规律而言，改革进程划分为量变与质变两个阶段。在量变阶段，“立”是矛盾的主要方面，主导着改革的初始布局与基础构建，体现为“先立后破”的逻辑顺序；进入质变阶段，“破”成为矛盾的主要方面，要求以“破”为核心，通过突破既有框架实现根本性变革。就否定之否定规律而言，国资国企改革遵循螺旋式上升的发展轨迹，在此过程中，“破”代表了对既有状态的否定，而“立”则是对新秩序的肯定，两者相互作用，共同构成国资国企改革持续前进的动力源泉。

（二）坚持“破立并举”，注重国资国企不同领域改革以及同一领域改革不同方面的关联性和耦合性

国资国企改革作为社会主义制度的自我完善与发展，其方向性、立场性及原则性不容动摇。“破”不是改弦易张，“立”也不是另起炉灶，“破”和“立”都要围绕全面深化国资国企改革的战略目标展开。“万物得其本者生，百事得其道者成”，国资国企改革40多年的探索历程深刻揭示了坚守根本、保持定力的重要性。在探索“破”和“立”的具体路径时，要充分运用好系统思维。从总体和全局的视角出发，深入分析国资国企改革内部各要素间的动态平衡，以此指导并推动改革的深化与发展。全面深化国资国企改革作为一项系统工程，各改革举措间相互依存、相互影响，单一领域的突破需辅以多领域的协同，以免出现局部优化而整体失衡的局面。因此，在“破立并举”的过程中，应特别注重跨领域及领域内不同方面的改革联动与耦合效应，科学规划改革节奏与步骤，强化统筹协调机制。同时，需明确国资国企改革的主次矛盾，精准把握当前与长远、全局与局部、宏观与微观之间的辩证关系，确保各项改革措施同频共振、形成强大合力。

（三）坚持“先立后破”，正确处理和解决当前国资国企的主要矛盾

党的十八届三中全会开启了全面深化改革的新时代。在此背景下，国资国企改革展现出全方位、深层次、根本性的变革特征，“先立后破”成为破解难题的关键

路径。“先立后破”，将“立”置于优先位置，强调即时性与前瞻性并重。其方法论意义在于根据国内外形势变化，抓住国资国企改革中的核心矛盾。当前国资国企改革的主要矛盾是国资国企发展和新时代新征程对于国资国企功能定位的要求之间不匹配的矛盾。立足国家战略大局，围绕“国之所需”，国资国企在科技创新、产业控制、安全支撑方面发挥的生力军和主力军作用还有待进一步提升。基于此，国资国企改革的深化路径可划分为三个阶段：初期聚焦于基础性、先导性改革，通过试点的方法探索尝试，为制度体系奠定坚实基础；中期全面推进，强化创新驱动，拓宽制度建设边界；后期聚焦于战略性、战役性改革，实现改革措施与制度体系的深度融合和高效协同。通过分阶段“先立后破”策略，确保改革路径既具有前瞻性又具备可操作性，从而推动国资国企向更高质量、更高效率、更可持续的发展模式转型。

五、结语

进一步全面深化改革是一场深刻而系统的社会变革，必须坚持科学的改革方法论。当前和今后一个时期是以中国式现代化全面推进强国建设、民族复兴伟业的关键时期，国资国企改革作为全面深化改革的重要一环，深化国资国企方法论的提出，既是对过去改革实践及其方法论的系统总结，也为未来的改革发展指明了方向。必须突出目标导向，坚持问题导向，以全局观念系统思维谋划推进，坚持“破立并举”和“先立后破”的有机统一，以科学方法论推动国资国企改革高质量发展，不断拓展国资国企发展新空间。

（本文与南开大学马克思主义学院助理研究员刘溪合著）

作者简介

吴文新，山东大学马克思主义学院原副院长、教授、博士研究生导师。兼任中国实学会理事，山东省高校哲学教学研究会副会长，山东省自然辩证法研究会副理事长。主要研究马克思主义基本原理及其休闲价值观、中华文明与科学社会主义。在《马克思主义研究》《思想理论教育导刊》《人民论坛》《上海经济研究》《理论学刊》等刊物发表论文 120 余篇。独立及以第一作者身份出版《科技与人性：科技文明的人学沉思》《唯物史观视域中的休闲：享受和发展》等专著 7 部。主持“马克思主义休闲价值观及其当代意义研究”“公道民本：中华文明与 21 世纪中国特色社会主义”等国家社科基金项目和后期资助项目 3 项；参与国家社科基金重大项目 2 项；第 2 位参与国家社科基金项目 4 项。

吴文新：贯彻“六个坚持”重大原则正确推进国家治理现代化

善于从实践中总结经验发现规律、汲取前进力量，是中国共产党的优良传统和优势所在，是指导实践、推陈出新的科学方法，也是定位当下、开创未来的重要途径。党的十八届三中全会首次提出，“全面深化改革的总目标是完善和发展中国特色社会主义制度，推进国家治理体系和治理能力现代化”。[①] 由此，全面深化改革成为国家治理现代化不可或缺的内在要求和必要路径。2024 年 7 月，党的二十届三中全会审议通过《中共中央关于进一步全面深化改革、推进中国式现代化的决定》（以下简称《决定》），强调进一步全面深化改革应遵循坚持党的全面领导、坚持以人民为中心、坚持守正创新、坚持以制度建设为主线、坚持全面依法治国、坚持系统观念等重大原则。这“六个坚持”是对改革开放以来，特别是新时代全面深化改革实践基础上的成熟思考，是在进一步全面深化改革视域下推进国家治理体系和治理能力现代化的思想武器与理论指导。“六个坚持”不仅充分体现了习近平新时代中国特色社会主义思想的世界观和方法论，而且阐明了进一步全面深化改革、推进国家治理现代化的重大意义和总体要求。因此，系统论证“六个坚持”重大原则对于正确推进国家治理现代化的合理化认识，既是进一步深入学习贯彻党的二十届三中全会精神的要求，又是结合进一步全面深化改革实践正确推进国家治理现代化理论创新的需要。

① 中共中央关于全面深化改革若干重大问题的决定[M]. 北京：人民出版社，2013：3.

一、坚持党的全面领导，牢牢把握国家治理现代化的“定海神针”

“事在四方，要在中央。”在“六个坚持”中，“坚持党的全面领导”排在首位。党的领导是治好国、理好政的关键所在，是人民之选择、历史之必然。国家治理现代化能卓有成效地探索前进，其秘诀正在于不懈地坚持党的全面领导。只有将党的领导贯穿于国家治理现代化的全过程各方面，才能确保国家治理现代化蹄疾步稳，进而助推中国式现代化行稳致远。

其一，中国共产党始终是推进国家治理现代化的领导力量。回首现代化的求索之路，党一直承担着运筹谋划的设计重任、发挥着无可替代的领导作用。从党的十一届三中全会到二十届三中全会，中国共产党团结带领全国各族人民历经40多年的奋进历程，打赢一个个改革攻坚战，实现许多领域的历史性变革、系统性重塑、整体性重构，国家治理体系和治理能力现代化水平显著提高。无可辩驳的事实证明，中国式现代化事业的成败关键在党的全面领导；国家治理现代化，更是离不开党的战略擘画、号召聚力、领导组织、推进实践。恩格斯强调：“没有权威，就不可能有任何的一致行动。”① 如今要全面推进国家治理的现代化，不可避免会遇到来自不同方向的“台风”，遇到各种复杂和深层次的矛盾，因此也只有坚持党的全面领导，才能在重大风险面前做到临危不乱、井然有序，不断克服化解推进国家治理现代化前行道路上的重重阻力，最终有效应对重大风险和挑战。质而言之，只有坚持党的全面领导，以巨大的政治勇气和智慧进一步全面深化改革、推进国家治理现代化，才能造就中国式现代化的宏伟篇章，才能开创中国特色社会主义伟大事业的崭新局面。

其二，深化党的建设制度改革既是进一步全面深化改革的有机组成部分，更是定向推进国家治理现代化的重要举措。党的建设制度的健全和完善，也是党的治理现代化的根本目标，是国家治理现代化的根本政治保障。从党的十三大首次提出“党的自身建设也必须进行改革”，到党的二十届三中全会提出“深化党的建设制度改革”，中国共产党始终围绕党的建设领域的改革持续发力，绘制了推进国家治理现代化进程中浓墨重彩的篇章。首先，只有深化党的建设制度改革，才能切实加强

---

① ［德］马克思，恩格斯．马克思恩格斯文集：第10卷［M］．北京：人民出版社，2009：372.

民主集中制建设，推进人民代表大会制度紧跟时代步伐，推动协商民主广泛多层制度化发展，更好发展基层民主。其次，进一步完善党的领导体制与执政方式，不断强化各级领导班子建设，比如，重视干部教育培训，完善培训制度和实践锻炼制度，不断提升领导班子及领导干部改革攻坚能力，落实党管干部原则，深化干部人事制度改革。最后，保持和发展党的先进性与纯洁性，形成科学有效的权力制约和协商机制，进一步健全反腐败法规制度，加强反腐倡廉体制机制创新。历史与实践充分验证，改革不仅是坚持和发展中国特色社会主义的必由之路，还是全面推进党的建设新的伟大工程的必由之路。随着对自身建设规律的深化认识，中国共产党深刻认识到：必须将党的制度建设置于全面深化改革的总体布局中来谋划推进。质而言之，唯有深化党的建设制度改革，才能牢牢把稳改革航向，绘就国家治理现代化的崭新画卷。

其三，将坚持党的全面领导贯穿于推进国家治理现代化全过程。坚持党对国家政治生活和社会发展的全面领导，将其贯穿于社会主义现代化建设的全过程，是最深刻的原则遵循。党的全面领导直接关系到国家治理现代化的根本方向、前途命运以及最终成败，二者之间早已形成了互相联系、交相呼应的牢固关系，早已融为一体、密不可分。坚持党的全面领导为国家治理提供了坚强有力的政治保障，只有将党的全面领导贯穿其中，国家治理现代化的各项主张才能贯彻落实下去。如果没有党的全面领导，那么不仅改革将无法持续深入推进，国家治理现代化也将失去“定海神针”，稳定的社会秩序将受到前所未有的威胁。因此，推进国家治理现代化必须坚持党的全面领导，并通过深化党的建设制度改革来确保治理现代化的社会主义性质，这是历史定势，也是现实必需。

二、坚持以人民为中心，坚定站稳国家治理现代化的价值立场

坚持以人民为中心的发展思想，凸显了国家治理现代化的人民立场，彰显了党和国家各项事业的根本宗旨。国家治理现代化以人民幸福为根本目的，以坚持人民主体地位为内在要求，以人民共享成果为发展目标，其实质就是坚持以人民为中心的发展思想，实现国家治理的全民共治、人人共享。

其一，国家治理现代化的根本目的是人民幸福。中国式现代化的核心是人的现代化，是造福全体中国人民的现代化，因此，坚持以人民为中心就是强调，为人民而改革是国家治理现代化的根本价值立场和核心价值理念，是我们党治国理政的根

基所在和检验国家治理现代化成效的重要标尺。人民有所呼，改革有所应，国家治理有成效，充分体现了推进国家治理现代化的内在要求。党的十九大报告指出："为什么人的问题，是检验一个政党、一个政权性质的试金石。"① 国家治理现代化的根本取向和出发点是人民，是为了维护、实现和发展好人民群众的根本利益。党的中国人民先锋队性质和全心全意为人民服务的宗旨，以及中国社会的社会主义性质，都决定了国家治理现代化"为了人民"的根本方向，正如毛泽东所说："我们这个队伍完全是为着解放人民的，是彻底地为人民的利益工作的。"② 党在改革发展过程中始终坚持这一根本宗旨，始终把为人民服务、为人民谋利益作为国家治理现代化的出发点和落脚点，坚持以最广大人民的根本利益为最高标准，坚持改革为人民办实事、谋实利，不断满足人民群众日益增长的物质文化需要、美好生活需要；坚定不移增进人民福祉、改善人民生活，着力解决人民群众最关心最直接最现实的利益问题，不断增强人民群众的获得感、幸福感和安全感。

其二，国家治理现代化的内在要求是坚持人民主体地位。习近平总书记强调，"人民是历史的创造者，群众是真正的英雄。人民群众是我们力量的源泉"。③ 国家治理现代化的现实境遇要求必须尊重人民主体地位、紧紧依靠群众力量。当前国家治理面临着分配不公、发展不平衡、贫富差距扩大等诸多难题，要破解这些难题，"必须紧紧依靠人民，充分调动最广大人民的积极性、主动性、创造性"④，依靠人民群众的主动参与、创造性实践来推动国家治理现代化、增强发展动力、实现成果共享；坚持人民主体地位，时刻倾听人民呼声，回应人民期待；尊重人民首创精神，自觉向人民学习，从人民群众的探索实践中总结改革发展经验、汲取现代化发展智慧和力量，不断激发人民的能动性、创造性；凝聚人民智慧和力量，依靠人民支持参与来激发国家治理现代化新活力，实现人尽其才、各尽所能、各得其所。善于汇集民智、凝聚民心，让国家治理现代化的成果更多更公平惠及全体人民，让人民在国家治理现代化进程中发挥巨大的治理智慧，激发蕴藏在广大人民群众中的首创精神，从而凝聚起推进国家治理现代化的磅礴伟力。

其三，国家治理现代化的发展目标是人民共享成果。改革发展成果由人民共享意味着进一步全面深化改革和中国式现代化发展的一切成果由人民群众共同享有共

① 习近平．决胜全面建成小康社会　夺取新时代中国特色社会主义伟大胜利：在中国共产党第十九次全国代表大会上的报告（2017 年 10 月 18 日）[M]．北京：人民出版社，2017：44.

② 毛泽东．毛泽东选集：第 3 卷[M]．北京：人民出版社，1991：1004.

③ 习近平．习近平谈治国理政：第 1 卷[M]．北京：外文出版社，2014：5.

④ 中共中央文献研究室．十八大以来重要文献选编：上[M]．北京：中央文献出版社，2014：309.

同受益，它指出了国家治理现代化的根本目的，强调了改革的结果指向、发展的价值标准。改革的目的和动力要求国家治理现代化的成果必须由人民共享。人民作为改革的目的和动力，正是为了人民才不断推动经济社会发展进步，正是依靠人民才创造了丰富的改革发展成果，这些成果理应由人民来共享。因此，只有在进一步全面深化改革中不断做大“蛋糕”，创造日益丰富的经济、政治、文化、社会、生态文明成果，才能为全体人民共享改革发展和国家治理现代化的辉煌成果奠定坚实基础；只有以人民是否受益、是否满意作为检验国家治理现代化成效的根本标准，才能使其一切成果落实到为人民带来实惠、增进人民获得感、改善人民生活、保障人民权益上来。

三、坚持守正创新，不断增强国家治理现代化的动能活力

知常明变者赢，守正创新者进。《决定》强调：“坚持守正创新，坚持中国特色社会主义不动摇，紧跟时代步伐，顺应实践发展，突出问题导向，在新的起点上推进理论创新、实践创新、制度创新、文化创新以及其他各方面创新。”① 守正创新是习近平新时代中国特色社会主义思想的世界观方法论，体现了马克思主义唯物辩证法的基本要求。坚持守正创新是新时代新征程上推进国家治理现代化的客观需求。

其一，循法守正以确保国家治理现代化的正确方向。振叶以寻根，观澜而索源。司马迁在《史记·礼书》中讲：“循法守正者见侮于世，奢溢僭差者谓之显荣。”守正，就是坚持真理、恪守正道，不惧于任何风险、不惑于任何干扰，在政治上始终坚持正确的指导思想、正确的政治方向、正确的发展道路以及正确的文化立场，始终以道不变、志不改的强大定力，将国家治理现代化推向前进。首先，推进国家治理现代化必须毫不动摇地坚持马克思主义这一正确的指导思想。马克思主义历经近二百年而依旧熠熠生辉，历史风云的涤荡掩盖不了其真理之光芒闪耀世间，指引着中国国家治理现代化前进的社会主义方向。相反，一旦偏离背离了马克思主义，国家治理现代化将成为无根之木、无源之水。其次，推进国家治理现代化必须毫不动摇地坚持中国共产党对多元治理主体的一元化领导这一正确的政治方向。国家治理现代化的多元主体听从中国共产党的领导和指挥，各单位、各组织、各团体都必须听党话、跟党走，在任何时候任何条件下都不能动摇。再次，推进国家治理现代化

① 中共中央关于进一步全面深化改革、推进中国式现代化的决定[N]. 人民日报,2024－07－22.

必须坚持中国特色社会主义道路这一正确的发展道路。治国犹如栽树，本根不摇则枝叶茂荣。“本根”就是始终坚持社会主义方向。当前，我国改革步入了攻坚期和深水区，诸多治理危机和改革中未解决的深层次矛盾被放大，我国国家治理一切工作只有坚持中国特色社会主义道路这一正确的发展道路，才能实现战略上的高瞻远瞩和价值取向上的利国利民，才能有效破解改革发展面临的难题。最后，推进国家治理现代化必须坚守中华文化立场，传承和弘扬中华优秀传统文化这一民族根脉。中华优秀传统文化历经千载而依旧生机勃勃，王朝的更迭嬗变遮蔽不住其深厚底蕴源远流长，特别是其中丰富而深刻的治理智慧，诸如民本思想、德治思想、法治思想、仁政思想等，激活了国家治理现代化的内生动力。国家治理只有与中国的历史、文化和传统衔接起来、贯通起来，才能使传统文化中那些超越时空、富有永恒魅力、具有当代价值的国家治理思想愈加光芒璀璨、熠熠生辉。

其二，应时创新以开拓国家治理现代化的崭新局面。创新就是要勇于探索。在改革过程中，要以一往无前的胆魄和勇气，变革现实、打破常规、扫除障碍，开辟新境界、取得新突破、创造新事物，始终沿着历史进步的大势发展、始终顺应社会变革的潮流前进。唯物辩证法认为，无论是自然界、人类社会还是人的思维都是在不断地运动、变化和发展的。新时代新征程，国内外严峻局势要求破除抱残守缺、不思变化、冥顽不化的固化思维，必须审时度势、推陈出新、与时俱进，强化思想引领，创新执政理念，推进国家治理现代化。首先，推进阶级属性与社会属性相结合的合法性创新。中国共产党执政理念创新主要体现在价值和实践两个层面，并以此构成了政党阶级属性同社会属性的合法性构建。在价值层面，中国共产党努力实现自身价值与社会需求的一致性，将政党的价值立场与社会需求融入同一轨道，并推动人民群众对党在政治领导和政治象征上的认可与拥护。在实践层面，要以党在国家治理层面的成果为标准，通过具体的物化成果进一步提升人民群众对核心价值的共同认可，并形成知行合一的政治认同。其次，推进组织化向制度化转型的有效性创新。政党执政的绩效关系着国家治理现代化的成效，不仅表现在政策制定和执行的合理性与科学性，也体现在治理的宏观层面，特别是民主法治、公共服务、公平正义等综合内容。因此，党的执政理念可以从传统的单线程组织模式向立体化的制度体系进行有效转换，从而形成当代中国国家治理现代化的制度化架构，并在执政理念创新与国家治理制度之间建立起双向对应的内在联系。最后，推进资源整合的功能性创新。资源的整合离不开变革与调整。中国共产党在资源整合层面的功能性主要体现在三个方面，分别为控制经济资源的能力、聚拢人才资源的能力以及协调社会资源的能力。这就要求党通过对自身组织建设的完善，不断增强对经济资源的控制能力与水平，防止精英政治局面的出现，避免单一阶层长期垄断公共权力，同时，还亟须增强本领，使之成为各个社会团体和社会组织进行国家治理的领导核心。

习近平总书记在党的二十大报告中指出：“我们从事的是前无古人的伟大事业，守正才能不迷失方向、不犯颠覆性错误，创新才能把握时代、引领时代。”① 在推进国家治理现代化的过程中，必须坚持守正创新，不断增强国家治理现代化的动能活力。一方面，推进国家治理现代化是一个“立破并举”的过程，需要破除体制机制积弊，坚定正确政治方向，持续深化拓展其时代内涵，在不断推进马克思主义中国化时代化基础上坚持基本立场，实现新时代新征程国家治理现代化理论与实践上的守正创新。另一方面，在推进国家治理现代化的过程中，面对方向、立场、道路、原则等根本性问题时，必须毫不含糊、旗帜鲜明，着力强基固本、正本清源，同时，在面对新的国际国内形势时做到科学把握与应对，以一系列具有原创性的治国理政新思维新理念新策略，推动党和国家事业发生深层次与根本性变革。质而言之，推进国家治理现代化这项宏大的探索性事业，必须坚持守正创新，在守正中做到把稳舵盘、保持航向，在创新中实现寻求突破、扬帆远航，推进国家治理现代化向广度和深度进发，开辟历史性的新局面。

四、坚持以制度建设为主线，有效构筑国家治理现代化的规范保障

“经国序民，正其制度。”制度对治理国家具有规范性、根本性、全局性作用，是实施有效治理的规范性工具。“制度是一个社会的游戏规则，更规范地说，它们是决定人们的相互关系的系列约束。”② 制度稳则国家稳，制度强则国家强。经验已经充分证明，制度的竞争是国家之间最根本的竞争，制度优势是国家治理的最大优势。“如果没有制度层面的现代化，器物层面的现代化也很难向前推进。”③ 中国特色社会主义制度作为中国的立国之本，制度建设、推进制度体系的现代化，不仅是

① 习近平．高举中国特色社会主义伟大旗帜　为全面建设社会主义现代化国家而团结奋斗：在中国共产党第二十次全国代表大会上的报告（2022年10月16日）［M］．北京：人民出版社，2022：20.

② ［美］诺斯．制度、制度变迁与经济绩效［M］．杭行，译．上海：上海三联书店，上海人民出版社，1993：3.

③ 俞可平．国家治理现代化的若干问题（上）［N］．福建日报，2014－06－08.

进一步全面深化改革的一条红线，更是推进国家治理现代化的核心内容，因此，坚持以制度建设为主线，是有效推进国家治理现代化的重要原则。

其一，坚持以制度建设为主线必须优化制度设计。世界上没有一成不变的制度范式，一切制定出来的制度都需要与时俱进地通过不断改革而进行优化。当前我国正处于改革攻坚期与深水区，随着经济体制转型以及社会转型带来一系列问题和挑战，如何通过有效的制度创新应对这些新情况新变化成为一个重要课题。推进国家治理现代化，应把制度建设放在突出位置，在进一步全面深化改革中持续优化制度本身，确保社会运行的各个方面都能稳定发展。进一步优化制度设计，必须在国家宪法的规定框架内将党的领导、人民当家作主和依法治国有机统一，以强化制度适用性。一方面，要坚持制度设计的公正性。习近平总书记指出："人民群众的公平意识、民主意识、权利意识、法治意识不断增强，对促进社会公平正义、实现安居乐业的要求越来越高。"① 这深刻昭示，只有坚持以人民为中心、使人民群众的根本利益得到保障，制度设计才具有公正性。科学的制度设计以及提升制度执行力是为了确保社会成员能够以制度为依靠，获得基本的社会公正。在现实中，一些制度存在与人民利益不一致甚至背离人民利益的现象，这不仅损害了制度的公信力和权威性，还影响到政府执政能力建设及和谐社会构建的进程。因此，制度不但要体现以人民为中心的设计理念，更要强调制度本身的公平正义性。另一方面，要坚持制度设计的系统性。习近平总书记强调："制度不在多，而在于精，在于务实管用，突出针对性和指导性。如果空洞乏力，起不到应有的作用，更多的制度也会流于形式。"② 因此，制度设计应注重系统推进、统筹集成、价值取向上的统一，在设计原则上相互促进、在制度运行上内在联动，从而建立起改革有效、立治有体、施治有序的系统性制度链条。

其二，坚持以制度建设为主线必须确保制度有效运行。"凡将立国，制度不可不察也。"中国特色社会主义制度是有机系统的统一整体，在新时代全面深化改革的过程中，一方面在经济、政治、文化、社会、生态文明等多领域形成了一整套相互衔接且相互作用的根本制度，另一方面又建立了具体的经济体制、政治体制、文化管理体制、社会管理体制等各项具体制度。在这一系统中，不同类型、不同层面的制度各司其职、各尽其责，同时，彼此之间又互相促进、相互协调，以此有效地

① 习近平．习近平关于社会主义社会建设论述摘编[M]．北京：人民出版社，2017：146.
② 习近平．在党的群众路线教育实践活动总结大会上的讲话[N]．人民日报，2014－10－09.

推动和保证进一步全面深化改革的顺利进行。制度建设作为一项系统工程，既需要进一步优化制度设计，也需要督促制度有效运行、有力执行。再好的制度，如果得不到有效的落实与执行，那也只是镜里拈花、水中捉月，落得一个无济于事的空壳子。同时，规范制度运行，不仅需要构建合理且科学的制度，用制度约束权力活动，还需要建立对制度执行的监督和考核机制，追究制度执行不力或胡乱执行的责任。只有在进一步全面深化改革进程中不断强化制度执行，规范制度运行，才能保证体制机制得到有效落实，才能朝着国家治理现代化持续迈进。

其三，坚持以制度建设为主线必须注重制度创新。“制度创新是推动国家治理现代化的战略支撑，制度问题更带有根本性、全局性、稳定性和长期性。”① 制度建设是一个不断发展与完善的过程，通过进一步全面深化改革过程，不断进行制度创新，将制度自身的问题与缺陷逐一化解，在自身发展中使制度变得更加成熟与定型。我们必须立足于基本国情及当前实际采取行动，把握好制度自主成长的规律性，正确处理创新与规范的关系；促使数字技术与制度执行力深度融合，有效落实创新发展理念；创新制度执行力的动态考核模式，克服自身局限，不断激发制度的有效性与生命力。同时，提高创新性制度的执行力，不断增强执行制度的效度和力度、效果和强度。制度作为维持社会秩序的创设物而存在，其构建动机与执行效果必然会涉及制度执行力。因此，必须创新执行方法与路径，提升制度执行力，侧重执行结果与落地效果。

五、坚持全面依法治国，切实贯彻国家治理现代化的基本方略

法治是现代社会的基本标志，法治化水平是衡量国家各项工作现代化的重要标志，依法治国是我国国家治理的基本方略和基本方式。新时代推进国家治理现代化，必须坚持全面依法治国，切实贯彻治理现代化的基本方略，充分发挥法治的积极作用。通过法治的可预期性、可操作性以及可救济性等显著优势的发挥，使社会共识进一步得到凝聚，从而实现各利益主体依法追求和实现自身利益最大化。

其一，国家治理现代化对依法治国基本方略的实施提出了更好要求。法律是治国之重器，依法治国具有宏观性、全局性的战略意义，已然成为推进国家治理现代化进程中不可或缺的重要一环，是推进国家治理现代化的本质要求和战略重点。党

---

① 秦国民，陈红杰．国家治理能力现代化视阈下提升制度执行力的着力点[J]．中国行政管理，2017(8)．

的十八大以来，习近平总书记高度重视法律法规的建立和完善，强调这是维护国家安全和稳定的重要举措；“全面推进依法治国总目标是建设中国特色社会主义法治体系、建设社会主义法治国家”①。这个总目标，既明确了全面推进依法治国的性质和方向，又突出了国家治理现代化的工作重点和总抓手，具有纲举目张的意义。依法治国与社会主义法治国家建设相辅相成、相互促进，只有将二者结合起来才能更好地推动国家治理现代化。

其二，全面推进依法治国为国家治理现代化提供了坚实的法治保障。新中国成立以来，我国逐步构建了一个以宪法为根本大法的法规体系，并逐步建立健全了与之相配套的法律体系。习近平总书记强调，世界上实现了现代化的国家，都是明显处理好了法治和人治关系的国家；而那些陷入各种“陷阱”以及出现经济社会发展停滞不前甚至倒退的国家，在“很大程度上与法治不彰有关”②。因此，必须将法治建设融入国家治理现代化之中，并妥善处理政府与社会、政府与个人、社会与个人的关系，确保政府、社会及个人三者之间有序运转；还需要在法制层面健全治理体系，完善治理结构，破除治理中面临的重难点问题，从而形成一个有机统一、协调发展的治理法制体系，从整体层面推进国家治理能力建设，营造出良好的法治环境和法治氛围。

其三，通过完善党内法规体系推进国家治理现代化。党内法规是管党治党的重要依据，也是建设社会主义法治国家的重要保障。习近平总书记强调，“法律的生命力在于实施。如果有了法律而不实施，或者实施不力，搞得有法不依、执法不严、违法不究，那制定再多法律也无济于事”③。新时代加强党内法规建设是进一步全面深化改革的重点领域，也是实现国家治理现代化的必然要求。党中央为适应时代需要，不仅废止了大量不适应当前社会发展趋势的党内法规，修订了约百部党内法规，而且制定了不少全新的反映新情况解决新问题的党内法规，这一措施进一步完善了党内法规体系，增强了法律体系的系统性、整体性、协同性。党的二十大报告指出，要“坚持制度治党、依规治党，以党章为根本，以民主集中制为核心，完善党内法规制度体系，增强党内法规权威性和执行力，形成坚持真理、修正错误，发现问题、纠正偏差的机制”。④ 中国共产党顺应时代发展潮流，不断完善党的领导制度体系，

① 中共中央文献研究室．习近平关于全面依法治国论述摘编[M]．北京：中央文献出版社，2015：33.

② 中共中央文献研究室．习近平关于全面依法治国论述摘编[M]．北京：中央文献出版社，2015：12.

③ 中共中央文献研究室．习近平关于全面依法治国论述摘编[M]．北京：中央文献出版社，2015：57.

④ 习近平．高举中国特色社会主义伟大旗帜　为全面建设社会主义现代化国家而团结奋斗——在中国共产党第二十次全国代表大会上的报告(2022 年 10 月 16 日)[M]．北京：人民出版社，2022：66.

通过构建完备的党内法规体系，使领导干部法治思维和依法办事能力得到增强，不仅提升了党的科学执政水平，还在一定程度上实现了治理的科学化、民主化和法治化，发挥了国家治理现代化之基本方略的有力保障作用。

六、坚持系统观念，科学强化国家治理现代化的系统性、整体性、协同性

作为唯物辩证法联系观的内在要求及辩证唯物主义的基本方法，系统观念是指导我们认识世界、追求真理、把握规律、改造世界的强大思想武器。坚持系统观念，不仅是马克思主义的科学思想方法，还是正确推进国家治理现代化的重要原则遵循。党的十八大以来，以习近平同志为核心的党中央对社会主义发展规律的认识不断深化，深刻把握治国理政的系统性、整体性、协同性，形成了国家治理现代化的方法论。因此，必须坚持系统观念，科学地强化国家治理现代化的系统性、整体性、协同性。

其一，坚持系统观念，系统性推进国家治理现代化。在改革横向广度层面，通过各个领域、环节、方面的系统协调，相互联动，共同推进国家治理现代化。习近平总书记强调：“全面深化改革是关系党和国家事业发展全局的重大战略部署，不是某个领域某个方面的单项改革。”① 全面深化改革作为连接现代化不同子系统间的关系链，是推进国家治理现代化事业不可或缺的重要力量。因此，正确推进国家治理现代化，必须协调好现代化的不同维度，聚合形成国家治理能力现代化的群集效应，以此提升国家治理基本单元的综合能力，并产生远大于各个单元基本能力的系统功能。国家治理现代化同样也是一个纵深递进的过程，是一个顺应历史潮流、根植现实国情、探索优化未来的动态过程。每个历史时期的改革都涉及特定历史时期党和国家工作全局、经济社会发展各领域诸多重大理论和实践问题，是一项不断发现问题、解决问题的系统工程，因而更加需要我们运用系统思维以及辩证方法对其加以把握。

其二，坚持系统观念，整体性推进国家治理现代化。国家治理在总体上涵盖对国家一切事务的治理，必然要以整体性思维推进国家治理现代化。进入新时代以来，党中央从时代发展以及复兴全局的高度出发，坚持系统观念，勇担历史使

① 中共中央文献研究室．习近平关于全面深化改革论述摘编[M]．北京：中央文献出版社，2014：140.

命，统筹推进“五位一体”总体布局，协调推进“四个全面”战略布局，构建出了新时代国家治理现代化的战略框架。中国共产党整体性推进国家治理现代化进程，把顶层设计与实践探索有机结合起来，利用顶层设计的宏观思路指导实践探索，并通过实践探索进一步丰富顶层设计的时代内涵，两者相辅相成、良性互动、辩证发展，在上下联动、融为一体的全面布局、整体动作中持续深入推进国家治理现代化。

其三，坚持系统观念，协同性推进国家治理现代化。行之力则知愈进，知之深则行愈达。习近平总书记指出：“改革越深入，越要注意协同，既抓改革方案协同，也抓改革落实协同，更抓改革效果协同。”[①] 得益于系统与各子系统之间、各子系统之间、各子系统与各组成部分之间永不停息、复杂微妙的相互作用，万事万物才得以协同发展。我们党着眼于国家治理系统各子系统及其内部各要素之间的相互作用，遵循其协同性规律，落实党的全面领导、政府的组织实施、社会的协同联动，以及市场各主体各要素的积极跟进，行业和组织广泛参与的群集效应等。党和人民健全完善协同联动机制，注重强化各项政策协同，发挥协同监督机制作用，形成了各司其职、各尽其职、齐抓共管的国家和社会治理结构。同时，党充分把握正确推进国家治理现代化的时序和节奏，一方面注重对于不同阶段改革内容规划上的相互协调，另一方面强调不同领域改革步调节奏上的协同一致，使各方面改革有条不紊、井然有序、相辅相成。只有不断提高推动国家治理现代化发展的协同性，才能保障国家治理走在健康发展的路子上，进而真正实现国家治理现代化的目标任务。

善弈者谋势，善谋者致远。推进国家治理现代化是一项系统工程，需要统筹兼顾、系统谋划、整体推进，这是对实现什么样的治理形态和治理文明，怎样实现这样的治理形态和治理文明这一重大理论与实践命题的科学回答。党的二十届三中全会通过的《决定》指出，“面对纷繁复杂的国际国内形势，面对新一轮科技革命和产业变革，面对人民群众新期待，必须继续把改革推向前进”。[②] 此前全面深化改革的经验启示我们，唯有坚持这六项重大原则，在进一步全面深化改革中深刻认识、科学把握国家治理现代化的客观规律，牢牢把握其“定海神针”，坚定站稳其价值立场，不断增强其动能活力，有效构筑其规范保障，切实贯彻其基本方略，科学强

---

① 习近平．抓好各项改革协同发挥改革整体效应 朝着全面深化改革总目标聚焦发力[N]．人民日报，2017－06－27.

② 习近平．中共中央关于进一步全面深化改革、推进中国式现代化的决定[N]．人民日报,2024－07－22.

化其系统性、整体性、协同性，才能顺应人民群众的要求和经济社会发展的需要，有效应对当前面临的日趋激烈的国际竞争以及任务艰巨的国内形势，科学擘画出正确推进国家治理现代化的宏伟蓝图，最终全面建成社会主义现代化强国，实现中华民族伟大复兴。

（本文与山东大学马克思主义学院博士研究生马旭合著）

作者简介

孙绍勇，法学博士，国家社科基金重大项目首席专家，陕西（高校）哲学社会科学重点研究基地“马克思主义创新发展研究中心”主任，西北工业大学马克思主义学院教授、博士研究生导师，主要从事文化与经济社会发展研究。兼任陕西高校青年创新团队带头人、陕西省委讲师团特聘专家、西北工业大学学术委员会委员，《世界马克思主义研究》编辑部主任、《世界马克思主义评论》（*World Marxist Review*）国际英文季刊编辑部主任、《管理学刊》青年编委会副主任等。在《马克思主义研究》《马克思主义与现实》《世界哲学》《思想理论教育导刊》等发表 CSSCI 论文 60 篇，主持国家社科基金重大项目、教育部哲学社会科学后期资助重大项目等 20 项。获得陕西省哲学社会科学优秀成果奖二等奖、陕西省高等教育教学成果奖一等奖、世界政治经济学学会“21 世纪世界政治经济学杰出成果奖”等。受邀参加中共中央纪念毛泽东同志诞辰 130 周年座谈会和全国学术研讨会。

孙绍勇：马克思生产力思想的旨趣及其对发展新质生产力的启示

生产力是马克思主义唯物史观的一个重要范畴，也是马克思主义政治经济学关注的主要对象。马克思生产力思想的形成与发展，是一个随着其思维逻辑转换而不断深化发展的批判与建构的过程。在批判唯心史观的过程中，马克思以“现实的人”作为理解历史的首要前提，逐渐确立起唯物史观意义上的生产力概念范畴，进而建立了社会物质生产实践与人类历史之间的理论联系。从唯物史观建构的生产力理论深化了马克思对资本主义生产过程及其规律的揭示和认识。马克思提及的“劳动生产力”“资本生产力”等，既是对资本主义社会生产力进行考察的观念表现，也是马克思生产力思想发展逻辑进程的深刻体现。由于生产力具有历史规定性，资本主义生产力的进步隐含着人类通过革新生产力系统通往实现解放的未来道路。新质生产力是生产力发展的高阶性要求，本质上隶属于马克思主义的生产力范畴，但随着经济社会的发展变革，其在技术形态、时代内涵、内在要求、战略价值等方面都呈现出新的内涵和指向。党的二十届三中全会提出：“发展以高技术、高效能、高质量为特征的生产力。”[①] 在物质生产能力和中国特色社会主义发展的相互关联演化中，新质生产力从范畴上不仅体现了马克思主义生产力理论在21世纪的术语革命和范式转换，而且能够为推动实现经济高质量发展、全面推进中国式现代化提供强大动力。

---

① 中共中央关于进一步全面深化改革、推进中国式现代化的决定[N]. 人民日报,2024-07-22.

一、马克思生产力思想核心范畴的内在规定

在马克思看来，社会的发展变迁始终同一定的生产力及其社会形式相关联。其中，生产力作为生产方式中最活跃、最革命的要素，在社会形态的演进更替中起到基础性作用。马克思特别强调从事生产活动的现实个人的主体能动性，并从现实生产生活的具体形式中抽象出不同层次的生产力。这个生产力既是个体体力和脑力的综合体现，也是通过一定生产组织方式形成的社会生产力，以及人们在与自然进行物质变换中形成的客观力量。在唯物史观建构与政治经济学批判中，马克思基于一般的物质生产现实去考察某一特定阶段的生产力发展及其演变规律，为新时代深刻把握和解析新质生产力提供了理论基础与逻辑基础。

（一）生产力是人作为社会历史主体的创造力

马克思在改造费尔巴哈人本主义哲学中引入了社会经济现实的分析框架，把物质生产活动归为一定历史条件下人的主体性活动，即生产劳动。通过分析具体的工业生产，马克思观察到了包括古典政治经济学在内的以往生产力研究的局限性。例如，在批判李斯特的生产力理论中揭露出所谓“致富的手段”“致富的生产力”等论断的虚伪，指出其并没有把人看作生产力的主体，反而看成资产阶级的“致富工具”。在《德意志意识形态》中，马克思通过对唯物史观的阐述，进一步强调生产力是“现实的人”在劳动生产中形成的具有创造性的力量。在这里，“现实的人”是“从事活动的，进行物质生产的，因而是在一定的物质的、不受他们任意支配的界限、前提和条件下活动着的”①。

从历史起源来看，“现实的人”及其“物质生活”与“活动”是生成和发展一切生产力的前提。一个现实的生产活动，必然包括“物的因素和人的因素”②，两者的协同发展，即促进生产力的主体方面和客体方面相结合，才会形成推动社会历史发展的决定性力量。但就主体和实践而言，现实生产力总是基于人的自主活动而生成，表现为将蕴藏于个体的人的体力和智力两方面的生产能力转化为外在的物质力量。作为主体的人将自身能力对象化为生成生产力所需的物质条件，如生产工具、

① ［德］马克思，恩格斯．马克思恩格斯文集：第1卷［M］．北京：人民出版社，2009：524.

② ［德］马克思，恩格斯．马克思恩格斯文集：第5卷［M］．北京：人民出版社，2009：215.

科学技术等，都是基于人自身创造力的凝结和显现。

因此，“现实的人”拥有的主体创造力又是理解生产力的切入点。生产力发展中人的创造力的形成和他们的物质生产活动是一致的。具体而言，“就单个人来说，他的行动的一切动力，都一定要通过他的头脑，一定要转变为他的意志的动机，才能使他行动起来”①。人作为有别于其他动物的能动存在物，既能运用大脑中的智慧和思维来满足衣食住行的需要，也能以自身创造力蕴含的实践能动性和创新性来提高劳动生产力。依据这一思路，不论是什么类型的生产力，也不论该生产力具有什么同以往生产力不同的性质，都离不开“人的要素”。对于新质生产力来说，其在强调科学技术创新发展的同时，也着重突出“现实的人”的积极作用。因为技术等实体性要素不外乎是人的主体客体化的结果，离开了人的创造能力，生产力的发展也就失去了内生性动力。

（二）生产力是在现实生产活动中形成的合力

马克思指出：“任何生产力都是一种既得的力量，是以往的活动的产物。”② 可见，从一般意义上说，生产力是作为一种既得的潜在力量存在的，人们需要把前人创造的生产力作为手段和依托来生产出适应自身与社会发展需要的新产品。但这一物质生产能力在实际发挥出来之前，只是作为一种潜在的力量而非成为推动社会发展的现实力量。因此，只有在实际进行的、现实存在的生产活动中，以及在与劳动者结合的过程中，这种既得的潜在力量才能实际地发挥效用。因此，在考察生产力时，如果离开现实的生产活动，只是外在地、空洞地从生产力的概念或观念中思辨地去分析，那么往往只能得出笼统抽象、缺乏实际的内容和认识。

马克思通过批判资本主义私有制条件下人与各类物化力量的等同关系，阐明了生产力具有的主体性属性，从“主体—实践”出发确立了社会历史存在和发展的生产基础，即人类的共同活动。马克思指出：“受分工制约的不同个人的共同活动产生了一种社会力量，即成倍增长的生产力。”③ “通过协作提高了个人生产力，而且是创造了一种生产力，这种生产力本身必然是集体力。”④ 如何结成以及以什么形式结成“个人的共同活动方式”，决定既得的潜在力量能够在多大程度上成为现实的

① ［德］马克思，恩格斯．马克思恩格斯文集：第4卷［M］．北京：人民出版社，2009：306.
② ［德］马克思，恩格斯．马克思恩格斯文集：第10卷［M］．北京：人民出版社，2009：43.
③ ［德］马克思，恩格斯．马克思恩格斯文集：第1卷［M］．北京：人民出版社，2009：537－538.
④ ［德］马克思，恩格斯．马克思恩格斯文集：第5卷［M］．北京：人民出版社，2009：378.

合力。因为生产力作为个体既得的潜在力量，在孤立状态下无法凝结成为现实的社会力量，“这些力量只有在这些个人的交往和相互联系中才是真正的力量”。[①] 在通过生产获取物质资料的过程中了需要凭借现实的生产要素，还需要组织有效的生产活动来推动既得的潜在力量的实现。总之，以“共同活动”界定现实生产活动中形成的力量，表明马克思眼中的生产力是在人类劳动生产中通过分工与协作创造的社会生产力。社会生产力意味着许多个人的共同作用，体现着生产关系的形成与塑造，它能够把个体潜在的生产力聚集成现实的生产力并生成新的生产力之合力。

在政治经济学视域下，分工与协作即一定的组织形式，是实现和发展社会生产力的重要依托。随着社会分工的细化，必然要依托有序的生产组织与管理，才能协调合理地分配现实生产力诸要素，形成整体的合力。并且，在不同组织形式下的生产活动，还会创造出不同的生产力。如生产技术在资本主义社会中的运用就与其组织形式紧密相关。基于机器体系的现代工厂制度不仅极大地提高了个人的生产力，还增强了包括不同生产部门、生产单位在内的整个社会的生产力，使社会财富表现为庞大的商品堆积。在社会主义条件下，生产力更能发挥出集中、高效的作用，新质生产力在以新型举国体制为运行保障，依靠技术创新和人才引领的协作与统一、生产布局的协调优化等中国特色社会主义的优势下，更有利于形成强大合力，加快推进社会生产力的变革和发展。

（三）生产力是人与自然之间的物质变换能力

长期以来，人们往往狭隘、片面地将生产力的发展视作人们征服自然、支配自然的能力，从而忽视人与自然之间相互建构的统一关系，遮蔽了自然生产力与社会生产力之间的有机联系。事实上，从马克思生产力思想的整体性来看，马克思的生产力是自然生产力与社会生产力相互作用、彼此交织的有机整体。[②] 人类通过劳动将自然物或自然环境纳入生产力的范畴，在形成自然生产力的基础上将其转化为社会生产力，只有建基在自然生产力之上的社会物质生产，才能共同形成财富创造的力量。同时，自然条件的“差异性和它的自然产品的多样性，形成社会分工的自然基础”[③]。这些自然条件既包括人这一自然存在物本身，也包括水、金属、煤炭等生产生活资料，是形成和扩大社会分工的自然前提，也是决定劳动生产力发展状况的

① ［德］马克思，恩格斯．马克思恩格斯文集：第 1 卷［M］．北京：人民出版社，2009：580.

② 王丹，冯文华．马克思自然生产力思想的当代维度［J］．甘肃社会科学，2009（2）.

③ ［德］马克思，恩格斯．马克思恩格斯文集：第 5 卷［M］．北京：人民出版社，2009：587.

重要条件。

在政治经济学语境中，马克思多次将“劳动生产力”与“自然条件”相提并论。他在探讨绝对剩余价值的生产时就指出：“劳动首先是人和自然之间的过程，是人以自身的活动来中介、调整和控制人和自然之间的物质变换的过程。”① 在生产过程中，生产力涵括的劳动资料和劳动对象两大要素均存在于自然环境之中，两者都是人利用生产工具和自然界发生作用的产物。因此，用“物质变换”来定义劳动过程，充分表明生产力的一个重要层面，就是指人从自然界获取劳动资料与劳动对象，并经过劳动加工形成物质资料的物质变换能力。但这种物质变换能力不是对自然系统进行征服，而是在遵循生态演化规律的基础上合理有度地调节人与自然之间的交换关系。这意味着，人类与自然进行物质、信息和能量交换，不仅要获取满足生存发展所需的物质生活资料，还要注意拓展和建构人与自然之间的正向联系。从中体现出的生产力的自然属性与社会属性的同一性，要求人们既不能摆脱自然依赖，也不能超越自然界限。一方面，按使用价值的需求来统筹社会总生产，缓解自然环境的承载压力；另一方面，发展绿色生产力以突破原有的生产力质态结构，进一步提高人类社会代谢循环的效率。② 正如习近平总书记所强调的，“新质生产力本身就是绿色生产力”③。这也为辩证认识发展生态经济、绿色经济与培育和形成新质生产力的有机联系提供了科学指引。

二、新质生产力的马克思主义理论逻辑诠释

历史必然性与现实必要性的内在统一规定了理论将因时因势地呈现出不同的内容和形式。从理论溯源来看，新质生产力仍然是基于人类现实生产活动变革而提出的先进生产力范畴，是对马克思生产力思想的丰富发展。只有从马克思生产力思想的建构把握新质生产力的学理逻辑，在唯物史观和政治经济学双重视域下正确理解新质生产力的内涵要义，才能更好地发展新质生产力。

（一）新质生产力的唯物史观考察

“生产力”是马克思用以分析人类社会存在及整个历史发展的核心范畴之一。

① ［德］马克思，恩格斯．马克思恩格斯文集：第5卷［M］．北京：人民出版社，2009：207－208.

② 王常冉，韩沛伦．马克思生态思想在政治经济学语境中的历史生成［J］．江西社会科学，2023（12）.

③ 习近平．加快发展新质生产力　扎实推进高质量发展［N］．人民日报，2024－02－02.

马克思对古典政治经济学生产力范畴进行的历史唯物主义改造，赋予这一经济学范畴以鲜明的哲学意蕴，使其在唯物史观理论体系乃至整个马克思主义理论体系中占据着始基性地位。生产力的发展是推动人类社会由低级向高级、由落后向先进演变的根本动力。每一次生产力的变革，都呈现出与过去生产力发展不同的特性和质态。新质生产力作为现时代生产力发展的跃迁，必将推动社会生产实践的进步以及社会生产关系的调整。马克思主义唯物史观认为，一切社会因素都是历史的、暂时的，生产力也是如此，它是既定的，但不是永恒或固定的。随着社会历史条件的变化，生产力也会发生新的质态变化，并在已有基础上不断实现能级的攀升。新质生产力内含生产力的基本要素，是在传统生产力基础上的趋时更新和创造性发展。其“新质”是相对于旧的质态、旧的形式而言的，表明生产力并不只是发生了量的规定性变化，还是生产力发生的质的转化，是由技术革命性突破、生产要素创新配置、产业变革升级而催生的更具时代性的先进生产力。

马克思唯物史观视域下的生产力是一个系统性概念，其基本要素包括劳动者、劳动资料、劳动对象。其中，劳动者是生产力系统中主观性、主体性的存在，劳动资料和劳动对象则更多是客观性、客体性的存在，三者的协同演化能够从主体和客体两个方面形成支撑生产力不断新质化的原动力。新质生产力在生产力变革过程中能够成为高质量发展的新航向，关键在于其实现了对传统生产力要素的整合和转变，主要表现为“劳动者、劳动资料、劳动对象及其优化组合的跃升”①。具体而言，由于新技术向生产工具系统的植入和赋能，引起劳动过程的技术基础发生质的变革，进一步降低生产受到的劳动者主观意愿和生理状况的限制，使得部分体力劳动被工具系统替代，从而驱使更多的劳动者转向脑力劳动。同时，越来越多的脑力劳动者也转向从事科学技术的发明和创新。马克思表明：“生产力中也包括科学。”② 科学技术以物质的形式存在于生产力系统中，推动生产力实现规模性递增。发展新质生产力，必须将科技创新成果转化运用到具体的生产过程中。如利用人工智能技术、云计算等共同创造出“类脑”的智能工具系统，可以按照人预设的程序进行数据分析、智能控制、深度学习，使得生产力的智能化水平不断提高。总的来说，科技创新成果作为人类智慧的结晶，可以作用于劳动资料和劳动对象，是加快形成和发展新质生产力的关键牵引力。

---

① 习近平. 加快发展新质生产力　扎实推进高质量发展[N]. 人民日报,2024-02-02.

② [德]马克思,恩格斯. 马克思恩格斯全集:第46卷下册[M]. 北京:人民出版社,1980:211.

在马克思看来，人是一切生产活动的核心和关键。因此，从新质生产力的主体性要素来看，新质生产力的形成必然需要科技人才的支撑，要求劳动者掌握新质劳动技能。对此，传统产业中体能型的一般劳动力需要转化为知识型、复合型的高素质劳动力。着眼当前自动化、数字化、绿色化等高新技术运用呈现的经济社会发展现状，适应和操作现代高端先进设备的劳动技能，势必成为发展新质生产力的前提条件。从新质生产力的客体性要素来看，新质生产资料（包括新质劳动资料和新质劳动对象）是劳动者从事生产劳动的资源和工具，主要包括物质形态的新能源、新材料、新工具、新基础设施以及虚拟形态的数据要素等。在实际劳动生产过程中，新质生产力的基本构成要素之间通常呈现出互相关联和交织融合的新态势，共同赋能推动新质生产力的形成与发展。

（二）新质生产力的政治经济学透视

唯物史观视域下的生产力范畴是从宏观层面对生产力的哲学规定，它主要是从生产力的社会历史形态、生产力系统的科学规定来把握这一抽象概念的。而政治经济学视域下的生产力则是以唯物史观为基础，从直接的、现实的物质生产出发，形成更为微观、更具经济学意义的生产力定义。具体而言，政治经济学意义上的生产力主要是指“劳动的生产力”。根据马克思《资本论》中的观点，劳动生产力是劳动者作用于生产资料的现实生产能力的反映，集中体现物质生产活动在一定时间内的效率。“生产力当然始终是有用的、具体的劳动的生产力，它事实上只决定有目的的生产活动在一定时间内的效率”①。虽然“生产力”和“劳动的生产力”提法不同，但从中也表明两者存在相互贯通性，即生产力是以具体劳动创造的使用价值为物质内容的。在旧质生产力向新质生产力演变的过程中，劳动的自然条件、科学技术的发明应用、劳动的分工协作与组织管理、劳动者的平均熟练程度等都是影响劳动生产力的现实因素。新质生产力作为劳动生产力发展的新质态，是伴随关键性、颠覆性技术的突破而生成的，实现了科学技术、创新驱动和人才资源的有机结合与协同并进。

对于劳动生产过程变化引起的劳动生产力的提高，马克思认为，“这种变化能缩短生产某种商品的社会必需的劳动时间，从而使较小量的劳动获得生产较大量使

① ［德］马克思，恩格斯．马克思恩格斯文集：第5卷［M］．北京：人民出版社，2009：59.

用价值的能力”。① 新质生产力的形成与发展表明技术创新的革命性力量使生产力内部发生了规模化、复杂化、体系化的颠覆性质变，数智生产、绿色生产深刻改变了劳动者与生产资料的结合方式，增强了劳动者使用价值生产和价值创造的基本能力。一方面，新质生产力首先创造的是新质的使用价值。人们通过开发利用新能源材料、信息软件技术来代替低成本劳动力、大规模资源投入和高能源消耗，不仅提高了产业劳动效率，推动生产力呈指数级增长，而且能够创造出更多满足人民美好生活需要的产品，以解决人们需求多样性与自然资源有限性的问题。另一方面，劳动者在生产新质使用价值的过程中也创造出新质价值。劳动者通过信息控制系统、数字技术、新能源技术等与生产资料实现多样组合和聚合，不仅打破了空间约束，降低了企业生产成本，而且破解了劳动力发展的困境，将更多人从简单重复的劳动中解放出来，并创造出更大、更可持续的新质价值。综合新质生产力的使用价值和价值来看，新质生产力追求的是量的增长和质的提升的有机统一，为促进人的全面发展和建立自由人联合体创造物质条件。

从“生产过程的社会结合”② 来看，分工协作是加快发展新质生产力不可或缺的因素。以分工为基础的协作，能够形成分工明确、协作深入、稳固牢靠的供应链、创新链、产业链体系，促使现代化产业集群在科技创新的推动下形成联系紧密的有机整体。这种基于分工协作形成的生产力，是新质生产力的重要表现形式，也是马克思所言的“社会劳动的生产力”③。分工协作要寻求生产力系统中各类生产要素的科学配比并实现高效运行，这就需要提升与新质生产力发展相适应的管理水平，通过实时调控和合理配置人、财、物、信息等资源，加快科技创新成果的转化效率，更加高效地培育发展新质生产力的动能。

（三）新质生产力的现代化意蕴解析

现代化作为人类社会历史发展进步必然趋势，其与生产力的发展变革密不可分。甚至从一定程度上看，人类社会实现现代化的过程，就是新的生产力不断接替旧的生产力，从而推动经济社会变迁的过程。发展新质生产力“是科学技术现代化水平的重要衡量尺度”④，反映的是当今时代现代化发展的趋势和要求，体现了在新一轮

---

① ［德］马克思，恩格斯．马克思恩格斯文集：第 5 卷［M］．北京：人民出版社，2009：366.

② ［德］马克思，恩格斯．马克思恩格斯文集：第 5 卷［M］．北京：人民出版社，2009：53.

③ ［德］马克思，恩格斯．马克思恩格斯全集：第 34 卷［M］．北京：人民出版社，2008：259.

④ 孙绍勇．发展新质生产力：中国式经济现代化的核心要素与实践指向［J］．山东社会科学，2024（1）.

科技革命和产业变革进程中的经济社会变化。新质生产力作为现代化的、优质的生产力，蕴含着科学技术现代化、生产要素现代化、现代化产业体系等现实要求，是推进中国式现代化的关键支撑和基石。

习近平总书记强调："中国式现代化关键在科技现代化。"① 新质生产力是强调发挥科技创新核心驱动作用的生产力，其中的新技术不仅是对传统体力型劳动方式的转化创新，更强调实现关键性、原创性、颠覆性的科技创新，从而为现代化发展提供革新动力。在传统的生产力中，科学技术对生产资料的赋能主要体现于它是"作为社会实践的直接器官，作为实际生活过程的直接器官被生产出来"② 的，从而使人能够"站在生产过程的旁边"。③ 与之相较，新质生产力是以人工智能、量子信息、生物育种、新能源技术、高新环保技术等最前沿或最先进的科学技术为基础形成的。这些具有前瞻性、战略性、颠覆性的创新型科技与生产资料的深度融合和转化应用将突破旧有的生产方式并促进形成新的技术体系，催生出新生产部门和新经济发展模式。尤其是新质生产力形成的智能化生产系统，将极大地将人从机器的束缚中解放出来，推动实现社会现代化和人的现代化。

同时，科技的创新发展与嵌入也会促进新质生产力的生产要素体系发生现代化转变，为现代化发展提供新的要素动能。科技现代化的发展浪潮促使新型的数据要素融入生产函数当中，实现对传统生产要素的升级与互补，使直接劳动对象非物质化，进而重塑劳动生产过程。由"数据＋算法＋算力"创新组合形成的数智化生产力就是一种典型的新质生产力。数字技术和数据要素的双轮驱动可以链接并强化不同生产要素之间的联系，从而产生价值倍增效应。

从产业现代化来看，高新技术产业的形成和发展，农业、工业、服务业的现代化转型升级，都有赖于新质生产力的支撑和推动。新质生产力形成和发展中的新技术、新要素只有充分应用到现代化产业体系建设之中，才能"以科技创新推动产业创新、以产业升级构筑竞争新优势"④。而战略性新兴产业与未来产业在建设现代化产业体系中具有先导性地位，是新质生产力转化应用最鲜明的体现，也是培育和发展新质生产力的着眼点与着力点。因此，从产业现代化来看，战略性新兴产业是传

---

① 习近平．在推进中国式现代化中走在前做示范 谱写"强富美高"新江苏现代化建设新篇章[N]．人民日报，2023－07－08.

② 马克思恩格斯文集：第8卷[M]．北京：人民出版社，2009：198.

③ 马克思恩格斯文集：第8卷[M]．北京：人民出版社，2009：196.

④ 周文，李雪艳．民营经济高质量发展与新质生产力：关联机理与互动路径[J]．河北经贸大学学报，2024，45(2).

统产业迭代升级的重要力量，能够通过复杂的产业网络形成产业发展的集群效应，强化运营协同的产业融合机制。而未来产业科技含量更高、产业赋能能力更强、应用前景更广，其孵化和孕育于新兴产业，是制胜新赛道的“风口”和走向，能够为推进中国式现代化创造新的产业形态。

三、马克思生产力思想对发展新质生产力的启示

马克思生产力思想既从唯物史观维度揭示出在“现实的人”的物质生产活动中生成的生产力是推动人类社会演变和现代化发展的根本力量，又从政治经济学维度对生产力的范畴进行了微观诠释与系统建构，阐明了劳动者如何在生产资料、劳动方式的辩证运动中推动生产力的变革与重塑。从马克思生产力思想的核心范畴及其揭示的生产力发展规律来看，加快形成和发展新质生产力，要立足时代发展要求，从培养新质劳动者、促进绿色可持续发展、塑造新型生产关系、推进“数实”融合等方面，实现多维联动、多措并举、多点突破。

（一）培养具有较强创新能力的高素质新质劳动者

从劳动的主体性来看，生产力实际上是人的本质力量的对象化呈现。培育和发展新质生产力，只有推动科学技术从知识形态转化为劳动资料这一客体形态，也就是需要劳动者将脑力劳动成果应用于社会生产领域，才能转化成为现实的物质生产力。因此，劳动者的素质与技能及其对象化程度是实现生产力跃升的基本条件，只有培养符合新质生产力发展所需的新质劳动者，才能充分发挥人才资源对新质生产力的引领、驱动和支撑作用。

习近平总书记强调：“要按照发展新质生产力要求，畅通教育、科技、人才的良性循环。”① 实现教育发展、科技创新、人才培养的有效联动、一体推进，是发展新质生产力的现实要求。三者协同发展才能增强科技成果向新质生产力转化的动力，把新质生产力的发展落脚到依靠科技创新与提高劳动者素质上。其中，教育能够通过再生产劳动力和科学技术知识为新质生产力的形成与发展提供基础条件。对此，应加快发展高等教育、建设教育强国，为发展新质生产力输送具有现代技术特质的创新型劳动者以及适应现代高端先进设备的技术型人才。一方面，应强化创新能力

---

① 习近平．加快发展新质生产力　扎实推进高质量发展[N]．人民日报，2024－02－02.

和科学思维的培养。通过营造兼容并包、宽松容错、鼓励创新的科研氛围，提供开放包容的交流、分享研究成果的展示平台，激发学生从事科研工作的热情，培养学生自主探究精神和创新实践能力。培育具有前瞻性战略眼光、善于把握关键问题、主动适应科技进步的新质人才。另一方面，聚焦实现高水平科技自立自强创新教育模式，促进高素质劳动力有效供给。在以立德树人为根本任务，培养德智体美劳全面发展的新质劳动者的同时，围绕基础研究、技术创新和产业升级，高校应加强开发和打造应用型、技术型专业课程，为发展新质生产力培养从事技术管理和研发的复合型新质人才。

在融入生产实践的过程中，新质劳动者的培育关键要培养和提升其综合运用知识能力与创造性思维能力。引导高素质人才为科技创新、生产资料迭代、新兴产业和未来产业布局与发展提供智力支持，增强新质劳动者在发展新质生产力过程中的实践科学性和创造性。鼓励新质人才聚焦基础研究和前沿技术，增强应对技术持续创新与变革所需的知识技能。此外，发展新质生产力是一项长期性、艰巨性的大系统工程，还需要培养新质劳动者的协作攻坚能力。只有搭建多主体融合的互补性、协同性攻坚团队和平台，促进新质劳动者的人际协作以及人机协同，才能形成共同攻克科技领域和产业发展中“卡脖子”“捆四肢”难题的强大合力。

（二）着力发展促进人与自然和谐共生的新质生产力

马克思通过“劳动”将人类社会与自然环境联结起来，并以劳动生产为核心范畴建构起自然生产和社会生产相统一的生产力思想。将人与自然环境诸因素纳入人类生产过程，揭示出人与自然环境相互依存的有机联系，指引人们通过建构“再生产整个自然界”① 的可持续生产方式，形成人与自然和谐共生的生产能力。马克思生产力思想内在的生态意蕴指明，人类只有使其自身与自然界以相辅相成、和谐共生的方式相互转换物质和能量，才能在劳动生产实践中形成适应经济、社会、生态可持续发展的新质生产力。

从新质生产力就是绿色生产力的论断来看，以自然环境生产的法则来定义生产力的发展，是形成和发展新质生产力必须遵循的客观依据。其方法就是以新质态的劳动生产方式实现社会生产力与自然生产力、经济效益与生态效益的和谐统一。从绿色化的内涵要求来看，新质生产力不仅仅体现在生产效率的提升上，更重要的是

① ［德］马克思，恩格斯．马克思恩格斯文集：第1卷［M］．北京：人民出版社，2009：162.

强调利用低碳、绿色技术降低对自然资源的过度依赖，形成一种有益于自然环境保护的生产方式。尽管过去工业化、机械化大生产使得社会生产力快速发展，但机器的使用和标准化生产也带来了高能耗与高污染，对生态环境造成了破坏。不同于传统生产技术，新质生产力提倡的低碳、绿色技术具有低能耗成本、高技术赋能的特点。因此，加快形成新质生产力需要依靠减污降碳的绿色技术和“高精尖”节能设备，推动实现资源利用低能耗、低污染，发展“节能环保、清洁生产、绿色低碳”①的生态经济、循环经济。就绿色技术本身而言，要加强对绿色技术的研究、开发、推广与利用。按照绿色生产的目的，整合生态农业技术、废物资源化技术、生态破坏防治技术等高新环保技术，构建绿色技术创新体系，实现从生产到产品的全线、全过程绿色化。

此外，发展人与自然和谐共生的新质生产力，还需要发挥新能源对绿色生产实践的助力和促进作用。从全球能源格局对中国的影响来看，中国一方面面临着能源进口成本增加的风险，另一方面在清洁能源领域与美国之间的竞争博弈加剧。② 为此，我国需要加快构建新型能源体系、大力发展绿色能源产业以应对能源绿色低碳转型的迫切要求。以解决污染防治攻坚战的关键难点为突破口，进一步通过新技术、新工艺、新业态、新模式对以煤炭为主的能源结构进行转型，推动实现“碳达峰、碳中和”目标。重点培育新材料和资源循环利用等绿色低碳产业，孵化出自主可控的低碳产业链、企业链与供应链，发挥绿色产业对生产、消费等各领域的带动作用，加快建立健全绿色低碳循环发展经济体系。

（三）调整塑造适应新质生产力发展的新型生产关系

从唯物史观来把握马克思生产力思想，可以发现在物质资料生产中形成的生产关系同样嵌套在生产力的运动系统中。党的二十届三中全会指出：“加快形成同新质生产力更相适应的生产关系，促进各类先进生产要素向发展新质生产力集聚。”③生产力的跃升以及生产力创造财富的分配，必须建构与之相适应的生产关系作为保障。新质生产力的形成不只是一个纯粹技术进步或经济发展的过程，还是一个深刻调整和循序建构、塑造新型生产关系的过程。

新质生产力在科学技术、要素组合、产业形态等方面的发展必须以社会主义基

---

① 叶榅平．“双碳”目标下促进绿色消费的理念塑造、策略选择及制度完善[J]．学术交流，2023(11)．

② 王永中．全球能源格局发展趋势与中国能源安全[J]．人民论坛·学术前沿，2022(13)．

③ 中共中央关于进一步全面深化改革、推进中国式现代化的决定[N]．人民日报，2024-07-22．

本经济制度为依托。为了更好促进社会生产的变革，必须坚持发挥公有制经济，特别是国有企业研发基础雄厚、资源调度灵活、技术人才集聚的强大优势。同时，还要激发多种所有制经济活力，为形成和发展新质生产力注入新动能，如发挥民营企业决策链条短、市场反应快、创新动力足等优势，与公有制经济形成彼此呼应、合理分工的新质生产力体系，迅速推动新质生产力的商品化、产业化。在分配制度层面，要把按劳分配和按生产要素分配结合起来，调动不同要素所有者推动发展新质生产力的积极性。劳动者生产和创造的积极性在形成与发展新质生产力中起着关键作用，知识、数据等各种生产要素的产生与应用要以劳动者为中介进行协调和组合，因此要让不同类型要素的收入分配保持科学合理的比例。

围绕构建高水平社会主义市场经济体制，要深化新型生产要素的市场化配置改革，让新型生产要素向发展新质生产力集聚转化。比如，利用数据要素流动性高、复制成本低等特点，促进劳动力、技术、资金等其他要素的快速流动，打破限制新质生产力发展的市场分割和地方保护，提高全要素生产率和市场的运行效率。在形成与发展新质生产力的组织架构和运行机制方面，要完善中国共产党领导的重大科技创新新型举国体制，把国家科研力量、政府财政力量和市场主体力量有机整合起来，提升各类生产要素和创新主体的组织协调性。重点聚焦新质生产力发展的关键技术领域，推动实施重大科技创新项目的协同攻关，形成跨领域、跨行业、跨部门、跨机构的合作机制。把社会主义制度优势、党的集中统一领导优势转化为发展新质生产力的效能。

（四）加快建设“数实”深度融合的现代化产业体系

数字经济是新质生产力形成和发展的重要起因，也是必然结果。① 通过数字技术对生产资料进行数字化重组与升级，能够推动形成创新性、融合性强，科技含量和应用效率高的优质生产力，尤其在产业数字化、数字产业化以及二者协同并进的发展过程中更能体现新质生产力的质态和质效要求。习近平总书记在阐释新质生产力时强调：“要大力发展数字经济，促进数字经济和实体经济深度融合，打造具有国际竞争力的数字产业集群。”② 数字经济在推进产业体系数字化转型、重构生产力方面具有强大的引擎效应。因此，抓住数字经济发展机遇，以数字经济赋能实体经

① 李政，廖晓东．发展“新质生产力”的理论、历史和现实“三重”逻辑［J］．政治经济学评论，2023(6)．
② 习近平．加快发展新质生产力 扎实推进高质量发展［N］．人民日报，2024－02－02．

济，推进数字经济和实体经济深度融合，助力现代产业体系构建，才能为形成和发展新质生产力提供强有力的支点。

数字产业化是数字经济和实体经济实现深度融合的产业链接。高端芯片、高端工业软件等尖端数字技术的开发应用无疑是新质生产力发展的重要突破口。一方面，在聚焦数字产业集群建设中加快推动技术自主创新和推广应用，构建专业化分工、产业间协同的多产业链融合机制，推动供应链管理智能化，促进工业互联网与消费互联网双向联通，才能优化资源配置，促进各类生产要素合理流动、互利共享，进而拓展实体经济的发展空间；另一方面，通过物联网、数据传感器等数字技术和设备着力提高数据生成与挖掘的效率，推动数据资源流动及价值实现，才能进一步提升产业链、供应链的现代化水平。因此，加强数字基础设施建设、大力发展数字基础产业、以数字产业集群助推原创性数字技术攻关，是数字产业和数字经济高质量发展的增长点所在。

产业数字化能够增强数字经济和实体经济的融合效应，从而不断激发形成和发展新质生产力产业结构升级的动能。一方面，要推动传统产业基于自身发展特质实施产业基础再造工程，运用数字技术促进实体经济产业结构的优化，推动工业互联网创新发展，推进制造业的数字化、网络化、智能化转型。另一方面，要加强重大技术装备攻关，聚焦形成数字技术融合创新应用的乘数效应，升级产业体系的结构、质量和效率。积极实施“企业上云”战略，打造研发设计、生产制造、运营管理、市场服务的数字化产业链，提升产业数字化的牵引力，打造适应新质生产力发展要求的产业发展势能。概而言之，数字产业化和产业数字化的互为补充、协同发展有利于形成更完善的产业链与产业集群，为形成和发展新质生产力构建系统性、联动性的现代化产业体系。“新质生产力在战略性新兴产业中分布比重最高，从长远趋势来看，分布比重有继续上升趋势。”① 而数字新质生产力的发展，能够进一步推进智能联网汽车、人工智能、集成电路等新兴产业的集群和壮大，并推动量子信息、卫星互联网、类脑智能等未来产业的布局和建设。

四、结语

新质生产力的提出基于对中国式现代化进程中生产力发展的前进方向，以及推

① 王娟娟. 新质生产力对产业布局的影响与区域锁定[J]. 贵州师范大学学报(社会科学版),2024(4).

动生产力迭代升级和质性变革的时代要求的科学把握，体现了中国共产党在深化生产力发展规律性认识的过程中对马克思生产力思想的创新和发展。从唯物史观视域来看，生产力发展的过程是人们在劳动生产中以自身的实践活动来调节人和自然之间物质变换的过程，其中，劳动者是起主导作用的要素。因此，在新质生产力形成和发展过程中，高素质新质劳动者起着关键性的主导力量，必须依托人才链的建设来推动科技创新，并在“新介质”劳动资料和“新料质”劳动对象的协同作用下促进生产力实现螺旋式上升、绿色化发展。从政治经济学视域来看，生产力作为劳动的表现形式，反映着物质生产活动在一定时间内的效率。由于新质生产力表现为劳动生产力的提高，它在国民经济循环中能够实现更大的价值创造。总之，从马克思生产力思想建构的理论逻辑对新质生产力进行溯源和考察，对于明晰新质生产力的内涵特征、系统把握其形成与发展的本质要求，具有重要的理论意义和现实意义。

第三篇

国际影响

全会为中国人民和全人类开启充满希望的新阶段

在习近平新时代中国特色社会主义思想的指导下，中国进入了蓬勃发展的关键时期。中国共产党第二十届中央委员会第三次全体会议是这一时期召开的具有重要历史意义的会议，开启了中国特色社会主义建设的全新阶段，其决议将对中国乃至世界的经济、政治和思想产生广泛影响。

一、在中国共产党的领导下推进全面深化改革

毋庸置疑，中国正处于一个深刻变革的时期，肩负着全面建设社会主义现代化国家、实现中华民族伟大复兴的使命。越是在这样重要的变革时期，就越要加强中国共产党的领导，重视思想建设。因此，此次全会强调了进一步全面深化改革的指导思想："坚持马克思列宁主义、毛泽东思想、邓小平理论、'三个代表'重要思想、科学发展观，全面贯彻习近平新时代中国特色社会主义思想，深入学习贯彻习近平总书记关于全面深化改革的一系列新思想、新观点、新论断，完整准确全面贯彻新发展理念，坚持稳中求进工作总基调，坚持解放思想、实事求是、与时俱进、求真务实，进一步解放和发展社会生产力、激发和增强社会活力。"①

新时代的中国正处于其历史的关键时刻，当下实施的战略和政策将决定社会主义国家的未来。加强中国共产党的领导是实现全面深化改革、推进中国式现代化的关键因素。习近平总书记曾多次强调："中国特色社会主义，最本质的特征是中国共产党领导，最鲜明的特色是理论创新和实践创新、制度自信和文化自信紧密结合，

① 中共中央关于进一步全面深化改革、推进中国式现代化的决定[M]. 北京：人民出版社，2024：3.

在推动发展上拥有强大的政治优势、理论优势、制度优势、文化优势。”① 此次全会也强调了这一点：“坚持党的全面领导，坚定维护党中央权威和集中统一领导，发挥党总揽全局、协调各方的领导核心作用，把党的领导贯穿改革各方面全过程，确保改革始终沿着正确政治方向前进。”②

中国共产党拥有与时俱进、一切从实际出发拟定和调整政策的出色能力，这是中国共产党取得革命胜利、社会主义建设不断取得成果、推进改革开放、建设中国式现代化的秘诀。此次全会推出的一系列举措无疑是中国共产党将马克思主义与本国实际相结合的又一重要成果。

中国共产党在新时代的改革力量和变革决心令人印象深刻。改革一直是习近平总书记治国理政的核心议题之一。2020 年 9 月 1 日，习近平总书记在中央全面深化改革委员会第十五次会议上指出：“要继续用足用好改革这个关键一招，保持勇往直前、风雨无阻的战略定力，围绕坚持和完善中国特色社会主义制度、推进国家治理体系和治理能力现代化，推动更深层次改革，实行更高水平开放，为构建新发展格局提供强大动力。”③ 习近平总书记在中国共产党第二十次全国代表大会报告中多次强调“变革”，如“十年来……党和国家事业取得历史性成就、发生历史性变革”④，中国“正在经历广泛而深刻的社会变革”⑤，等等。我们注意到，此次全会的核心内容与中国共产党第二十次全国代表大会的精神是一脉相承的，即强调深化改革与不断革新。

二、新时代的改革更具深度和广度

改革给中国带来了显著的经济成就，是推动国家蓬勃发展的主要因素之一。在过去的十几年中，中国的 GDP 从 2012 年的 54 万亿元增长到 2023 年的 126 万亿元。这一数据表明，新时代中国实施新发展理念已初显成效。这一以新发展理念为引领的改革之路，将确保中国在 2035 年基本实现社会主义现代化的目标及其他诸多

---

① 习近平．习近平谈治国理政：第 4 卷[M]．北京：外文出版社，2022：46.

② 中共中央关于进一步全面深化改革、推进中国式现代化的决定[M]．北京：人民出版社，2024：5－6.

③ 习近平．习近平谈治国理政：第 4 卷[M]．北京：外文出版社，2022：225.

④ 习近平．高举中国特色社会主义伟大旗帜　为全面建设社会主义现代化国家而团结奋斗——在中国共产党第二十次全国代表大会上的报告（2022 年 10 月 16 日）[M]．北京：人民出版社，2022：6.

⑤ 习近平．高举中国特色社会主义伟大旗帜　为全面建设社会主义现代化国家而团结奋斗——在中国共产党第二十次全国代表大会上的报告（2022 年 10 月 16 日）[M]．北京：人民出版社，2022：20.

目标。

对于中国这样一个蓬勃发展的国家来说，改革不仅是必要的，而且是国家实现现代化的动力。改革使中国的国家政策更具灵活性和创新性，使中国在全球舞台上更具竞争力。改革对于中国应对内部和外部的挑战至关重要。在新时代，改革是一场深远而全面的革新运动。改革的深度体现在中国在努力解决发展过程中遇到的各类“不平衡”“不充分”“不健全”“不稳固”等问题上，体现在中国共产党强调的各类“高质量”“高水平”“均衡”“协调”的要求上。

高质量发展是中国的重要任务，因此，改革的一大重点就是构建高水平社会主义市场经济体制。改革开放 40 多年来，中国共产党对社会主义市场经济建设的探索从未止步。新时代对社会主义市场经济建设又提出了内容更丰富、覆盖面更广泛的高要求，如促进资源的高效配置、提高技术创新和全球竞争力、深化金融体制改革、打造国际化一流营商环境，以及鼓励创新和新兴产业发展的政策实施等。

与此同时，中国共产党认为社会改革同样不容忽视。新时代的中国特别关注教育科技人才领域的工作，以此为高质量发展提供增长动力。中国正在通过构建更健全的社会保障体系、高质量的教育、更高水平的医疗公共服务和更公平的收入分配体系来改善人民生活质量。

中国共产党深知人民的福祉是社会稳定和可持续发展的基础，致力于建设一个更具公平性和包容性的社会，这一目标在此次全会的决议中得到了明确阐述：“坚持以人民为中心，尊重人民主体地位和首创精神，人民有所呼、改革有所应，做到改革为了人民、改革依靠人民、改革成果由人民共享。”① 这一原则再次反映了习近平总书记“我将无我，不负人民”的情怀和责任心。作为一个走过百年风雨历程且正处于辉煌发展时期的大党的领导人，习近平总书记常说，“民之所忧，我必念之；民之所盼，我必行之”②。在 2022 年 1 月考察山西省临汾市时他说道：“中国共产党执政的唯一选择就是为人民群众做好事，为人民群众幸福生活拼搏、奉献、服务。这种执着追求 100 多年来从未改变，多少革命先烈先辈为此付出了生命，为国家建设改革发展付出了多少心血，我们才走到今天这一步。”③

在经济和社会领域的深化改革，确保中国人民可以实现共同富裕的伟大目标。此外，中国还致力于以高水平开放推动世界经济合作共赢，推动全球治理朝着更加

① 中共中央关于进一步全面深化改革、推进中国式现代化的决定[M]. 北京：人民出版社，2024：6.
② 习近平. 习近平谈治国理政：第 4 卷[M]. 北京：外文出版社，2022：65.
③ 习近平. 习近平谈治国理政：第 4 卷[M]. 北京：外文出版社，2022：67.

公正合理的方向发展。事实表明，无论是在国内还是在国际上，中国始终倡导具有平等、融合、创新、协调、可持续性、包容、开放和共享等特点的新发展范式。这意味着中国不仅追求经济增长、追求改善人民生活，还致力于减少地区（不仅是中国国内的地区概念，还包括国际范畴的地区）和社会不平等，并强调在保护生态环境的前提下推动增长。由此，改革与开放在新时代都被赋予了更加深远而丰富的内涵。

三、中国式现代化助力全球发展

此次全会强调了推进中国式现代化的重要意义。这一现代化愿景植根于习近平新时代中国特色社会主义思想，将马克思主义基本原理同中国具体实际相结合、同中华优秀传统文化相结合，使经典的马克思主义和历史悠久的中国传统文化在21世纪获得了现代性、相关性、延续性。

此次全会锚定2035年基本实现社会主义现代化目标，并部署了中国未来五年的重大改革举措。可以预见，中国将在科技、经济、国家治理和人民生活质量等方面取得重大进步。届时，中国将跻身世界上最具创新能力的国家之列，拥有现代化的经济体系，人民在物质和精神上将非常富足。中国还将在可持续发展、社会正义和文化建设等方面达到新的高度，成为其他发展中国家现代化建设的典范。

中国式现代化不是一种只关心自身发展的狭隘的现代化。中国正在重塑其外交政策，使之与中国日益增长的全球影响力相适应，使之与中国对合作共享和可持续发展的承诺相适应。因此，新时代的中国提出在和平共处五项原则基础上同各国发展友好合作，推动构建新型国际关系，深化拓展平等、开放、合作的全球伙伴关系。中国反对霸权主义和扩张主义，倡导真正的多边主义和国际关系的民主化，切实推进世界和平及全人类的共同进步。

当今世界，单边主义和冷战思维仍在一些地区盛行。在此背景下，中国这样一个大国捍卫多边主义就愈加重要。中国基于大小国家一律平等、捍卫一个更加公正公平的国际体系的多边主义愿景是真诚的。中国提倡建设一个更加包容的全球治理体系，呼吁各国能够平等合作，促进世界和平与稳定，进而有效地应对全球挑战。十几年来，习近平主席为这一外交政策提供了诸多理论层面的支柱，如构建人类命运共同体理念、全球发展倡议、全球安全倡议等。

具有五大特征的中国式现代化，诠释了中国对本国发展及全球发展的长期愿景，集中体现了中国对全面深化改革和推动全球和平发展的国际担当。中国未来的愿景不仅是成为一个强大繁荣的国家，而且要为世界的和平与发展作出重要贡献。正因如此，中共二十届三中全会为中国人民和全人类开启了一个充满希望的新阶段。

［本文作者若泽·雷纳尔多·卡瓦略（José Reinaldo Carvalho）系巴西声援人民和争取和平中心主席，巴西共产党中央委员会委员及中央政治局委员；译者楼宇系中国社会科学院马克思主义研究院助理研究员］

全会丰富了社会主义和马克思主义的内涵

中国共产党第二十届中央委员会第三次全体会议的胜利召开，是中国社会主义现代化建设的里程碑事件。中国共产党作出了关于进一步全面深化改革、推进中国式现代化的重要决定。这既巩固了中国社会经济建设取得的成就，也反映出中国愿意为促进更加公正民主的多极化世界贡献力量。

一、习近平新时代中国特色社会主义思想意义重大

我们认为，中国共产党人和秘鲁共产党人志同道合，都强调从本国国情出发去发展适合自己、适应时代的马克思主义。习近平总书记强调“两个结合”，无独有偶，秘鲁共产党创始人何塞·卡洛斯·马里亚特（José Carlos Mariátegui）认为社会主义不能是一种复制或抄袭。

中国社会主义建设的伟大成就打破了资本主义及其新自由主义模式不可战胜的神话，对于国际共产主义运动以及全球民主和进步力量具有重要意义。对于那些固执地秉持单一思想和极端自由主义理念的人来说，中国社会的蓬勃发展令人存疑，因为根据他们的意识形态，只有资本主义才能创造财富以及所谓的“自由”和进步。因此，在当下，极端自由主义费尽心机地用各种叙事策略操控舆论，妄图歪曲中国的社会主义性质。但这一切都无法抹杀一个事实，那就是中国是一个解放和发展了巨大的社会生产力且竞争力超强的经济体，与此同时，中国正通过优化各种管理形式实现中国特色社会主义建设的各项目标。

这次全会重申了对马克思列宁主义、毛泽东思想、邓小平理论、“三个代表”重要思想和科学发展观的坚持，并强调要全面贯彻习近平新时代中国特色社会主义思想。换而言之，中国共产党始终坚持马克思列宁主义，社会主义始终是中国的底色。

二、中国共产党拥有强大的规划能力

在西方自由主义的经典叙述中，计划和市场是互不相容的。有一种观点认为，只有在全球范围内实现所谓的“自由竞争和自由市场”，市场才能发展。马克思主义者则认为，资本主义本身导致了垄断和跨国经济，自由市场也必将被国家垄断资本主义取而代之。因此，唯有一个拥有强大高效计划性的国家，才能建设公平公正的经济，才能保障人民的权利。唯有像中国这样能处理好计划和市场关系的社会主义国家，才能捍卫生产者之间真正的自由竞争，捍卫真正的社会主义优胜劣汰，捍卫建立在机会均等原则基础上的民主和“任人唯贤”，捍卫生产者免受金融资本和使经济与社会“非人化”的权势集团的操控。

回顾中华人民共和国的历史，社会主义建设在最初几个五年计划的推进中的确遭受了诸多困难，但中国共产党最终克服了那些困难，让社会主义建设砥砺前行。此后，以邓小平同志为主要代表的中国共产党人在改革开放中不断创新，继续捍卫社会主义建设事业，开启了社会主义建设新时期。中国经济持续增长，在科学技术方面也取得了举世瞩目的成就。中国共产党不仅可以进行中短期规划，还可以制定长期的经济、政治、文化、社会和生态方面的目标规划。具体到在以习近平同志为核心的党中央坚强领导下的新时代，正如这次全会指出的：“完整准确全面贯彻新发展理念，坚持稳中求进工作总基调，坚持解放思想、实事求是、与时俱进、求真务实，进一步解放和发展社会生产力、激发和增强社会活力，统筹国内国际两个大局，统筹推进‘五位一体’总体布局，协调推进‘四个全面’战略布局，以经济体制改革为牵引，以促进社会公平正义、增进人民福祉为出发点和落脚点，更加注重系统集成，更加注重突出重点，更加注重改革实效，推动生产关系和生产力、上层建筑和经济基础、国家治理和社会发展更好相适应，为中国式现代化提供强大动力和制度保障。”①

为了实现这一经济和社会愿景，中国共产党强调要扎实推动科技创新和产业创新深度融合，促进产学研融通创新。中国共产党对科研的重视也在全会中得到彰显，无论是科研体制改革，还是大幅度增加科研领域的公共开支、科研人才的培养等，都可圈可点。值得注意的是，全会规划了到 2029 年中华人民共和国成立 80 周年时

① 中共中央关于进一步全面深化改革、推进中国式现代化的决定[M]. 北京:人民出版社,2024:3 -4.

需要完成的改革任务。这一改革框架和目标与2035年更长期的目标紧密相连，即全面建成高水平社会主义市场经济体制，中国特色社会主义制度更加完善，基本实现国家治理体系和治理能力现代化，基本实现社会主义现代化，为到21世纪中叶全面建成社会主义现代化强国奠定坚实基础。

中国的全面深化改革和推进中国式现代化任务将围绕几大问题展开，将重点处理好经济和社会、政府和市场、效率和公平、活力和秩序、发展和安全等重大关系，增强改革系统性、整体性、协同性。唯有如此，才能在更加坚实的物质基础和文化基础上加强社会主义建设。上述几组重大关系都旨在通过行之有效的规划促进经济和社会发展。党和国家的科学规划以及适应中国国情的马克思主义理论无疑构成了这一进程的物质和思想层面的引导力量。在中国共产党的领导下，中国的改革井然有序。与之形成鲜明对比的是那些垄断者统治下的资本主义社会混乱不堪的局面。在资本主义国家，经济和社会只是为少数人服务的工具。

三、不断完善和巩固中国特色社会主义制度

在一个不断发展和变化的世界中，经济、政治和社会改革必须是一个有机整体。因此，一方面，政治指导方针和经济目标必须与物质要素的建设相联系；另一方面，物质要素的建设要保障当前及未来整个制度体系的良好运作。

这次全会多次使用“健全”一词，内容涵盖中国当前变革过程中的诸多领域。在全面建设社会主义现代化国家过程中，物质、科学和文化等要素都构成新时代中国的一部分，人、国家和文化等成为一个相互依存、不断发展进步的有机体。

全会在谈及健全推动经济高质量发展的体制机制、健全因地制宜发展新质生产力的体制机制的同时，也强调了应重视人、发展和自然环境之间的关系。全会指出，应“健全生态环境治理体系，推进生态优先、节约集约、绿色低碳发展，促进人与自然和谐共生”①。我们认为，这是中国对社会主义理论发展的又一重要贡献。因为新时代提出了更加人性化的愿景，即社会主义不仅仅是为了取得物质和科技领域的成就，还旨在辩证地、持之以恒地改善人与社会、人与自然之间的关系。

全会指出，要“健全促进实体经济和数字经济深度融合制度”②。我们认为，这

① 中共中央关于进一步全面深化改革、推进中国式现代化的决定[M]. 北京：人民出版社，2024：5.

② 中共中央关于进一步全面深化改革、推进中国式现代化的决定[M]. 北京：人民出版社，2024：11.

一点也非常重要。当今世界社会主义发展要以科学的方式理解和发展劳动本身，因此，数字化必须和物质生产紧密相连。全会关于健全现代化基础设施建设体制机制的建议极具战略意义。中国共产党不仅提出了改善生产所需基础设施的问题，还提出了改变传统基础设施建设理念和方式的问题。就此意义而言，中国共产党带给我们诸多启示：不仅要将数字化手段应用于基础设施建设，而且应该充分考虑我们身处技术时代，在作顶层设计时应从这一宏大时代背景出发去规划国家的建设。

此外，全会提出的健全提升产业链供应链韧性和安全水平制度的问题也非常重要。在当前背景下，社会主义中国不仅要建设能够提高生产系统效率的现代化基础设施，还要面对外部地缘政治格局和战略利益变化导致的安全威胁问题、全球变暖带来的自然灾害问题以及公共卫生事件等。因此，生产必须自给自足，但同时必须通过技术要素和方针政策对生产加以整合优化，以确保即使遇到困难的情况，中国也能实现社会发展。

总之，中共二十届三中全会提出了诸多令人印象深刻的新观点，进一步丰富了社会主义和马克思主义的内涵，给予秘鲁共产党人诸多启示。中国共产党的成功和不断革新的精神，激励着我们全力以赴、更加坚定地走为秘鲁人民和全人类服务的社会主义复兴之路。

［本文作者多明戈·卡布雷拉·托罗（Domingo Cabrera Toro）系秘鲁共产党（团结）总书记；译者楼宇系中国社会科学院马克思主义研究院助理研究员］

瑞士共产党人看中共二十届三中全会的战略部署

2024 年 7 月 18 日，中共二十届三中全会通过了一份意义重大、影响深远的战略性文件——《中共中央关于进一步全面深化改革、推进中国式现代化的决定》（以下简称《决定》）。《决定》涉及中国进一步全面深化改革、推进现代化的方方面面，其深度和广度不言而喻。这份文件展现了以习近平同志为核心的党中央在带领人民深化改革、建设社会主义现代化国家征程中应对纷繁复杂问题和挑战时的决心与历史担当。

尽管中国和瑞士相隔千里、文化迥异，社会经济制度的历史演进和根本目标也相去甚远：中华人民共和国是社会主义国家，瑞士联邦是资本主义国家。但作为一名有幸领导了瑞士共产党 15 年的马克思主义者，我认为，全世界共产党人对人类未来理想社会模式的思考总有很多相通之处。近年来，我们党始终关注中国的改革与发展，党内对近期召开的中共二十届三中全会也展开了热烈讨论。经过深入思考，我最终选择引发瑞士共产党人最多关注和最多共鸣的三个主题——主权、民主和安全，与中国的同志们分享。

对这三个主题的分析，将结合中共二十届三中全会对三个方面的部署安排展开。一是农村农业、区域协调发展与生态文明建设；二是在社会主义法治不断完善的背景下推动全过程人民民主发展；三是国防与军队改革。这并非按重要性而作的排序，从表面来看，这三个方面似乎毫不相干，但事实并非如此。没有农业的发展和粮食的自给自足，就不可能有真正的国家主权；没有国家主权，就不可能有完善的法治和人民主权，因此也就不可能扩大和保障人民群众参与政治生活的民主权利。在当下这样一个动荡不安的时代——其特点是大西洋体系不可逆转地衰落及以多极化为基础的新的世界平衡正在形成，如果不认真对待安全问题，那么主权与民主等所有美好设想都将沦为镜花水月。

一、农村农业、区域协调发展与生态文明建设

中共二十届三中全会讨论了如何巩固和完善农村基本经营制度，要求“发展新型农村集体经济，构建产权明晰、分配合理的运行机制，赋予农民更加充分的财产权益”①。这种表述无疑会令西方的民众感到惊讶——因为他们已经习惯于新自由主义教条，即便在初级产品领域也是如此。中国共产党人明确表示要“完善强农惠农富农支持制度”，增加农村家庭的收入。其中，最引人注目的措施就包括“促进农民合作经营”“健全便捷高效的农业社会化服务体系”② 等。75 年来成功治理中国的中国共产党，一直坚持社会主义道路。改革开放后，集体主义而非个人主义的经济生产形式，在农村依旧发挥重要作用。简而言之，中国包括农村农业部门的改革，与西方部分左翼人士有时所谓的“资本主义复辟”毫不相干。

（一）农村农业问题、区域协调发展与民族团结

在中国，国家的作用是非常突出的。我们注意到，中共中央在《决定》中作出了“统筹建立粮食产销区省际横向利益补偿机制”③ 的决策。尽管这只涉及谷物市场，但应从更广泛的层面去理解其意义，且不应吝于对中国共产党给予肯定。在资本主义国家，富人占极少数，这些人“独善其身”，把整个国家和民众抛在身后——后者只能被动地接受经济停滞并在其中挣扎求生。在社会主义中国，就不会发生这种情况——不仅脱贫路上“一个都不能少”，而且不断改善和创新巩固各地区、各民族之间的团结和谐，以及社会不同阶层人群之间的团结机制。

“均衡”是中国共产党对其资源分配和利益分配方式的界定。这种方式，一直有效地维护了中国这样一个幅员辽阔的国家的民族团结和领土完整。我们都知道，在这方面中国共产党做了很多工作，且至今也丝毫没有放松警惕。因为现如今，帝国主义越来越多地试图通过鼓动民意分化甚至操纵少数民族和不富裕地区的一小撮群众搅动发酵分裂主义，破坏中国的统一，破坏中国社会的和谐稳定，所以中国共产党和政府通过“完善城乡融合发展体制机制”④，缩小城乡差别，促进城乡共同繁

① 中共中央关于进一步全面深化改革、推进中国式现代化的决定[M]. 北京：人民出版社，2024：23.

② 中共中央关于进一步全面深化改革、推进中国式现代化的决定[M]. 北京：人民出版社，2024：23.

③ 中共中央关于进一步全面深化改革、推进中国式现代化的决定[M]. 北京：人民出版社，2024：24.

④ 中共中央关于进一步全面深化改革、推进中国式现代化的决定[M]. 北京：人民出版社，2024：22.

荣发展；通过“完善实施区域协调发展战略机制”①，确保落后地区的崛起与发展，确保没有一个少数民族被落下，以全力巩固共同富裕愿景下的大团结。

卓越的、有丰富革命和建设经验的中国共产党人，无论何时都不会将主动权拱手让与别有用心的阶级对手。后者往往在西方某些非政府组织的教唆下，秘密地搜罗中国各地存在的发展问题——从历史唯物主义角度来说这都是发展过程中难以避免的。显然，这些人的目的并不是为中国共产党的治理建言献策，而是进一步放大和渲染发展问题，煽动不满并制造社会动荡。他们意欲塑造、引爆小部分人的情绪，进而将之引向背叛祖国和分裂主义道路。为此，中国共产党在《决定》中明确，中国将“制定民族团结进步促进法，健全铸牢中华民族共同体意识制度机制，增强中华民族凝聚力”②。

瑞士共产党会继续关注中国共产党如何通过促进融合、协调发展等方式增强中华民族的凝聚力——这些举措无疑具有重大启示意义，甚至可以为许多仍然面临着民族关系问题的欧洲国家提供宝贵借鉴。

（二）粮食自给自足

提高农村居民生活水平固然非常重要，但我们认为正如《决定》指出的，“构建多元化食物供给体系，培育乡村新产业新业态”③ 才是核心所在。中国共产党在这方面的深刻创建，引发了我们的强烈共鸣。由此，我们也想介绍与《决定》中相关内容和思想有诸多相通之处的瑞士共产党最近胜利推动的“粮食主权”行动。

众所周知，根据联合国粮食及农业组织（FAO）的数据，瑞士食品严重依赖进口，自给自足率很低。因此，我们国家食品价格易受国际粮食市场波动的影响。近几年，新冠疫情暴发导致的相关贸易通道封锁、边境关闭等惨痛教训，深刻地表明粮食严重依赖外部供应会造成多么严重的问题。

早在2016年11月，瑞士共产党第二十二次代表大会就通过了由马克思主义农学家莱亚·费拉里（Lea Ferrari）提出的一项关于推动国家实现粮食自给自足的动议。该动议不仅承诺瑞士共产党将加强促进国家粮食自给自足的工作，还为笔者（时任州议会中的共产党议员）提供了非常明确的提案方向，即“粮食主权”。除此之外，瑞士共产党二十二大还标志着党革新群众路线的开始：我们开启重建与农民、

① 中共中央关于进一步全面深化改革、推进中国式现代化的决定[M]. 北京：人民出版社，2024：21.

② 中共中央关于进一步全面深化改革、推进中国式现代化的决定[M]. 北京：人民出版社，2024：29.

③ 中共中央关于进一步全面深化改革、推进中国式现代化的决定[M]. 北京：人民出版社，2024：23.

山区小农场主、农场工人关系的历程。瑞士左派在很大程度上已经抛弃了这部分群体，把他们交给了极右翼保守主义和民粹主义力量。迄今为止，共产党是瑞士唯一努力重建与农民间信任关系的左翼政党（尽管进展仍然缓慢）。在此之后，我们党发挥自身在立法机构及其他组织中的影响力，推动将“粮食主权”原则作为社会目标之一写入提契诺州宪法。这项提案得到了州议会大多数议员的支持，并在全民投票中获得了62%之多的提契诺州公民的选票支持。通过将“粮食主权”概念写入宪法，提契诺州政府将逐步调整农业政策，使其向本土生产倾斜，从而更加重视瑞士农民的工作。

可以说，瑞士共产党顺应了人民希望能阻止瑞士耕地不断减少的意愿。我们不仅发出了增加第一产业就业和对新生代进行环境可持续性教育的信号，而且采取了具体行动支持本地农业。提契诺州的农业大多掌握在小农户手中，他们并不富裕，而且在食品行业受到欧洲大资本和跨国公司的残酷挤压。而通过共产党的“粮食主权”行动，民众可以认识到建立一个就近的、健康的、多样化的、生态上可持续的和社会上可获取的农业食品体系的重要性。瑞士共产党人的行动，在一定程度上实现了瑞士中小型农场与欧洲大型农场，小型农业生产者与大型加工商、经销商之间的力量平衡，并通过促进短线供应链、推广拥有典型产品的农贸市场，拉近了消费者与生产者之间的距离。同时，在上述行动基础上，为“绿色”行业公立职业高中提供更多教育资源。

瑞士共产党的“粮食主权”行动，与中共二十届三中全会《决定》中相关内容的相通之处还表现为二者都有促进城乡融合发展的目标。在瑞士，这更多地意味着山区和平原之间的经济发展要协调一致。在这种情况下，土地上的劳作者重获尊严，与加工者和销售者一样在经济中扮演重要角色。

当然，中共二十届三中全会《决定》中对我们党进一步开展工作的启示还在于“改革完善耕地占补平衡制度，各类耕地占用纳入统一管理”[①] 这一统一管理非农业用途的各类可耕地的明智之举。这将能够更好地平衡经济和人民的粮食需求。

（三）人与自然的和谐发展

在2023年4月的北京，中共中央对外联络部的同志向我们阐释了中国式现代化的特征——“中国式现代化是人口规模巨大的现代化，是全体人民共同富裕的现代

① 中共中央关于进一步全面深化改革、推进中国式现代化的决定[M]. 北京：人民出版社，2024：24.

化，是物质文明和精神文明相协调的现代化，是人与自然和谐共生的现代化，是走和平发展道路的现代化[①]”，这五大特征令人印象深刻。

其中，人与自然和谐共生是习近平主席曾在多个场合强调的内容。我们注意到中共二十届三中全会的《决定》再次强调了中国式现代化是人与自然和谐共生的现代化。显然，中国共产党人的人与自然和谐发展，与我们在西方看到的简单的“漂绿”（green washing）政策是截然不同的。新自由主义经济体系宣称自身是“绿色”的，用以粉饰资本主义生产模式对环境的污染和不合理剥夺——马克思对此早有相关解释。不幸的是，西方资产阶级统治者成功利用具有生态意识的左翼人士的美好情感，实施了征收反社会的二氧化碳税等无意义政策。这种税对气候变化没有任何实际意义，这只不过是把本应由资本主义企业去承担的生态转型的成本与责任，让工人阶级和大众买单。

如中国共产党人一样，瑞士共产党也秉持人与自然和谐共生的原则，只是面临的挑战有所不同。例如，瑞士共产党在我们国家主要是生态运动的监督者。因为西方的生态运动往往财力雄厚，且媒体化程度高。在某些情况下，它们能够通过亲大西洋的非政府组织扭曲生态运动，煽动仇华情绪，迫使瑞士等欧洲国家放弃粮食和能源主权，转而依赖欧美大型农业综合企业。这就是为什么几乎所有的瑞士生态运动都敌视农民，而我们瑞士共产党则致力于促进真正的生态主义者与捍卫“粮食自足”群体（农民）间的对话，以实现人与自然和谐共生。

二、加强社会主义法治建设与推动全过程人民民主发展

（一）法治建设的重要保障意义

法治是中国式现代化的重要保障。法律的确定性不仅有助于促进经济交流、投资与贸易，更重要的是可以抵御形形色色的侵权行为，增强人民群众对社会主义制度的信任。随着《中华人民共和国民法典》的颁布，社会主义中国的法治建设成就达到了新的历史高度，这应当成为包括瑞士法学家在内的全世界马克思主义法学家的研究对象。

---

① 习近平．高举中国特色社会主义伟大旗帜　为全面建设社会主义现代化国家而团结奋斗：在中国共产党第二十次全国代表大会上的报告(2022 年 10 月 16 日)[M]．北京：人民出版社，2022：22.

尽管中共二十届三中全会强调了立法、执法、司法各环节的分立，并将深化审判权与执行权分离改革，但中国不会照搬西方国家希望在世界各地推行（有时甚至以武力手段强制推行）的自由主义法治模式。中共二十届三中全会明确指出，“完善党委领导、人大主导、政府依托、各方参与的立法工作格局”①。它不仅重申了党在法治建设中的中心地位及其在社会中的广泛根基，而且重申了中共中央希望完善的“各方参与的立法工作格局”②。换句话说，中国共产党极为重视通过统一战线推动不同政治力量发挥“群策群力”作用。因此，《决定》强调要加强民主党派组织的作用，完善党外代表人士队伍的组建机制。

必须指出的是，中共二十届三中全会还给予人权问题以极大重视。我们在《决定》中看到了对公民人身权利的尊重与保障，“坚持正确人权观”③，通过加强司法更好地保障人权。而在帝国主义操控下的西方主流媒体仍罔顾事实地对中国的人权问题进行诋毁式宣传，有意地掩盖这个社会主义国家为保障人权付出的努力——中国所做的让8亿人摆脱绝对贫困的工作，就是最好的反驳！

（二）全过程人民民主制度是真实的民主

在加强法治建设的背景下，中共二十届三中全会还提出要健全全过程人民民主制度体系。事实上，中国共产党坚持把发展全过程人民民主视作中国式现代化的本质要求。这就是为什么中共二十届三中全会设定了坚持好、完善好、运行好人民代表大会制度的目标，特别是通过了完善其对行政机构的监督和内部审议规则。

在欧美所谓的“自由主义体制”下，政治越发远离人民的真正需求，欧洲和瑞士代议机构中的精英事实上不再代表人民的利益，不再表达人民的真实感受。而在中国，《决定》强调要“健全人大议事规则和论证、评估、评议、听证制度。丰富人大代表联系人民群众的内容和形式”④。同样令人印象深刻的是，还要“发挥人民政协作为专门协商机构作用，健全深度协商互动、意见充分表达、广泛凝聚共识的机制”⑤，丰富协商方式，健全政党协商等制度化平台。

当瑞士媒体、大学鼓噪中国是所谓“独裁”国家时，我们看到了真实的中国民主实践——如《决定》提出“健全基层党组织领导的基层群众自治机制”“拓宽基

① 中共中央关于进一步全面深化改革、推进中国式现代化的决定[M]. 北京：人民出版社，2024：30.

② 中共中央关于进一步全面深化改革、推进中国式现代化的决定[M]. 北京：人民出版社，2024：30.

③ 中共中央关于进一步全面深化改革、推进中国式现代化的决定[M]. 北京：人民出版社，2024：31.

④ 中共中央关于进一步全面深化改革、推进中国式现代化的决定[M]. 北京：人民出版社，2024：28.

⑤ 中共中央关于进一步全面深化改革、推进中国式现代化的决定[M]. 北京：人民出版社，2024：28.

层各类组织和群众有序参与基层治理渠道”，同时，“完善办事公开制度”① ——透明化。当然，民主并不仅仅意味着征求人民的意见或让人民选择他们委托决策的代表，更重要的是，我们首先在经济层面上看到了资本主义民主与社会主义民主的区别。中共二十届三中全会的战略安排中指出，必须“健全以职工代表大会为基本形式的企事业单位民主管理制度，完善企业职工参与管理的有效形式”②。而在西方自由主义制度下，民主实际上止步于工厂的大门。在工厂里，老板“唯我独尊”，其意志受到瑞士宪法几乎绝对的保护。瑞士宪法确保资本利益和私营企业的利润最大化，不仅限制工会的权利，而且容忍资本进行极其恶劣的操作，甚至容忍那些牺牲国家和民族利益的做法。反观中国，中国共产党积极应对不平等现象，保障工人成为现代化进程中的主角，维护社会团结，维护社会主义制度的稳定。从《决定》可以看出，中国共产党基层党组织在工作场所和企业中的主角地位得到了进一步重视，工会积极支持工人在参与制定生产目标和改良生产方法中发挥作用。同时，我们也注意到企业管理层的不同，在中国其不仅应积极激发工人阶级的创造力，而且应推动企业与所在社区之间保持和谐。

关于企业治理，中共二十届三中全会的《决定》还有一句话令我们印象极为深刻——“全面构建亲清政商关系，健全促进非公有制经济健康发展、非公有制经济人士健康成长工作机制”③。这说明，中国共产党意识到了私营经济领域既蕴藏着巨大的商业潜力，也潜藏着最大利润原则驱动下的剥削、腐败和道德堕落，乃至偏离社会主义发展本质要求的巨大风险。因此，中国共产党提出并强调构建“亲清政商关系”。从《决定》的这方面内容中，我们还可以看出，中国共产党非常注重引导非公有制经济为实现国家确定的宏观经济目标作出贡献、造福社会。正如习近平主席解释的，“要规范和引导资本发展。要设立‘红绿灯’，健全资本发展的法律制度”④。

中国共产党人还认识到，随着开放的持续扩大，自由主义等价值观的渗透对社会主义价值观的潜在破坏力也会增强。因此，要“反对拜金主义、享乐主义、极端个人主义和历史虚无主义”“培育和践行社会主义核心价值观”⑤，要巩固民主制度建设中的政治思想根基，尤其要加强对党员干部的马克思主义教育。

---

① 中共中央关于进一步全面深化改革、推进中国式现代化的决定[M]. 北京：人民出版社，2024：28－29.
② 中共中央关于进一步全面深化改革、推进中国式现代化的决定[M]. 北京：人民出版社，2024：29.
③ 中共中央关于进一步全面深化改革、推进中国式现代化的决定[M]. 北京：人民出版社，2024：29.
④ 习近平. 习近平谈治国理政：第4卷[M]. 北京：外文出版社，2022：220.
⑤ 中共中央关于进一步全面深化改革、推进中国式现代化的决定[M]. 北京：人民出版社，2024：33.

三、国防和军队改革

列宁称帝国主义为“垂死的资本主义”，因为帝国主义是资本主义的最高阶段、最后阶段。在这个阶段，资本主义的基本矛盾和其他一切矛盾都呈现出极端化状态，一旦超过其耐受极限，革命就开始了。因此，我们必须意识到，大西洋两岸的帝国主义力量会千方百计——包括必要时发动第三次世界大战——遏制西方资本主义不可阻挡的衰落以及中国（同样势不可当）的崛起。显然，迄今为止提出的所有崇高目标的实现都以安全稳定和平的环境为前提，否则都可能沦为镜花水月。因此，中共二十届三中全会表示不仅要完善涉外国家安全机制，“健全反制裁、反干涉、反‘长臂管辖’机制”①，还要持续深化国防和军队改革。

（一）保持战略定力，审慎应对战争风险

“国家安全是中国式现代化行稳致远的重要基础。”② 从这个意义上讲，中国共产党致力于构建“联动高效的国家安全防护体系，推进国家安全科技赋能”③，尤其关注网络安全和人工智能，是极具战略眼光的。事实上，后者如果不受监管，那么不仅可能被用于犯罪目的，还可能破坏社会凝聚力甚至危及国家安全。除网络空间的巨大风险外，在这个从大西洋单极主义向多极化过渡的历史时代，还存在爆发大规模战争的风险。

马克思主义者是不允许怀有任何天真的幻想的，哪怕与社会主义国家存在紧密的商业和贸易往来，帝国主义内在固有的战争倾向也一直存在。因为管理帝国主义国家的历史集团有时也会选择极端手段，即便这些手段从纯粹的经济发展角度考量明显是非理性的。在大西洋建制派的非理性分子选择直接军事对抗之前，这些风险有时可以通过外交手段加以控制，或者通过保持高质量发展即以高质量发展吸收西方资本主义积累的需求来避免。

（二）党对军队的绝对领导和国防科工独立性的战略意义

在这样一个动荡不安、存在战争风险的国际环境中，国防现代化是维护国家安

---

① 中共中央关于进一步全面深化改革、推进中国式现代化的决定[M]. 北京：人民出版社，2024：42.
② 中共中央关于进一步全面深化改革、推进中国式现代化的决定[M]. 北京：人民出版社，2024：40.
③ 中共中央关于进一步全面深化改革、推进中国式现代化的决定[M]. 北京：人民出版社，2024：41.

全的根本保障。我们非常赞赏《决定》有力地重申“必须坚持党对人民军队的绝对领导”①。唯有马克思主义政党的领导，才能确保人民军队“构建新型军兵种结构布局，加快发展战略威慑力量，大力发展新域新质作战力量，统筹加强传统作战力量建设”②，且始终走在维护和平的道路上。

中国加快发展国防科技工业体系和军事装备管理的战略方向是正确的。我们注意到，中共中央极具前瞻性地提出了“新质作战力量”③，这意味着中国军备作战系统技术发展能够突破西方的技术围堵。换而言之，中国将不会重蹈瑞士的覆辙。因为瑞士军队只在与北约国家使用技术兼容的情况下才能购买武器装备、无人机、战斗机等，这实际上使瑞士越发不可逆地陷入北约的讹诈之中。与此同时，由于瑞士在军事上无法实现武器系统的多样化，这削弱了其中立性的可信度，并使其依赖于大西洋帝国主义制定的军事政策。正是基于此种状况，瑞士共产党人正努力构建一个支持瑞士保持军事中立的统一战线。

在这样一个大变局时代，中国加强国防军备建设之于世界和平的意义也是有目共睹的。即便如此，在西方主导的舆论环境下，仍需共产党人作出正确的引导。一方面，在欧洲，那些管理各级安全机构的资产阶级代表，往往利用先进军备武器和技术（有的甚至滥用来自中国的民用技术）镇压革命者、共产党员、工会会员，以及向往社会主义的广大学生和工人——而非为了维护大众的安全。另一方面，西方主流媒体往往渲染中国国防科技工业发展的威胁，这会给大众带来思想上的混乱。瑞士共产党人不仅要知华友华，还要启发民智，以避免将来那些愿意与中国友好相处的西方年轻人产生误解。

（三）加强军民联系

关于军队改革，《决定》提出要完善双拥工作机制，确保其最大限度地发挥作用。从某种程度上说，深化军民关系与法治建设、反腐败及中国共产党政治思想教育等方面的工作之间存在交织。军队不应被视为脱离人民需要的特权阶层，而应作为人民和国家的公仆享有威望。由于中共中央军委的卓越领导，中国的人民军队始终走在正确的道路上。

在瑞士尤其是年轻一代中，人们逐渐将国防体系视为一种并非真正有效的安全

① 中共中央关于进一步全面深化改革、推进中国式现代化的决定[M]. 北京：人民出版社，2024：42.

② 中共中央关于进一步全面深化改革、推进中国式现代化的决定[M]. 北京：人民出版社，2024：43.

③ 中共中央关于进一步全面深化改革、推进中国式现代化的决定[M]. 北京：人民出版社，2024：43.

防御体系。年轻一代往往难以辨别军队与警察或民防等其他机构功能的主要差异。而且，军队在应对其职责内的民事险情时表现出的能力令人不安，除了大流行病等极少数情况外，并未表现得那么训练有素。毕竟瑞士的军队不是为人民服务，而更多是为了实施某种社会控制，阻止年轻人接触进步思潮——如社会主义思想，转而欣赏大西洋主义（如瑞士军官的部分培训甚至外包给了北约）。在大肆宣扬瑞士中立国地位的同时，瑞士军队还根据北约的命令，作为“和平伙伴关系”成员参与了国外的军事行动。瑞士政府在事关民生的教育、医疗保健和社会福利领域紧缩开支的同时，依然不吝高价从美国购买昂贵战机（即便与我国领土安全需要并不匹配）。以上就是西欧资本主义中心国家之一瑞士军民关系的基本现状。

社会主义中国与上述情况大相径庭。从《决定》中，我们意识到，在这个国家，青年大众的获得感、民族认同感使得他们自觉将自身视为包括国防和军队现代化进程在内的国家发展与现代化的主角。于是，在这个历史进程中，中国的军民关系自然如习近平主席所言的那般——同呼吸、共命运、心连心。这显然与中国共产党懂得赋予思想政治教育和爱国主义教育以严肃的人文主义价值，而不是仅仅停留在教条主义或机械记忆层面也有很大关系。

我们对意义重大、影响深远的中共二十届三中全会的思考和关注会随着中国式现代化的推进而持续深入。我们也将在与中国同志的交流中，进一步反思对中国经验和道路的理解，以获得更多启迪。

[本文作者马西米利亚诺·阿伊（Massimiliano Ay）系瑞士共产党总书记；译者李凯旋系中国社会科学院马克思主义研究院副研究员，中国社会科学院马克思主义研究院当代理论思潮研究中心特邀研究员]

蕴含革新力量的中共二十届三中全会

自1978年12月召开中央十一届三中全会开始，中国共产党的“三中全会”就成了一个特殊的词语。它从一个普通的名词变成了一个蕴含力量的动词。一届又一届的三中全会，在规划、调整中国的发展道路上起到了至关重要的作用，即推动生产力的发展，不断提高人民的生活质量。中国共产党二十届三中全会也是如此。习近平主席在会上提出的一系列具体指导方针和倡议，无不涌动着坚韧的革新力量。

习近平主席指出：“进一步全面深化改革，要锚定完善和发展中国特色社会主义制度、推进国家治理体系和治理能力现代化这个总目标。”[①] 由此可见，在习近平主席的领导下，新时代的中国旨在进一步维护和深化1949年中国革命胜利以来，以及1978年改革开放以来开启的光明道路，在保障人民的物质和精神福祉以及国家稳定的基础上，持续深化改革和推进中国式现代化。此次全会的胜利召开，再次表明中国拥有一个坚实的领导层，并得到了人民的支持，这使其能够在不动摇核心目标的情况下，不断激发革新力量，灵活应对新的局势，战胜挑战，不断发展。全会为中国描绘了新的发展蓝图，推动中国全面深化改革和现代化进程进入全新阶段。

一、中国式现代化是一种新式现代化

“中国式现代化”是全会的一个关键词。需要强调的是，我们的视角来自一个仍然与美帝国主义“争夺主权”的大陆。自200年前门罗主义提出以来，美国一直将拉美地区视为其“势力范围”或“后院”。之所以要指出这一点，是因为“现代化”概念在不同国家、不同背景下具有不同的含义。对于那些能够充分利用资源优

① 中国共产党第二十届中央委员会第三次全体会议公报[M]. 北京:人民出版社,2024:5.

势发展生产力并以人民为中心的国家来说，这个概念有着一种积极的意义；而对于那些自欧洲殖民以来因掠夺和帝国主义剥削而饱受其害的国家来说，这个概念则有着截然不同的内涵。

我们看到的中国式现代化，是一种与西方现代化在本质、实现路径、价值观及最终目标等多个维度都完全不同的新式现代化。拉美国家惨痛的教训告诉我们，西方现代化是一种充满掠夺、殖民、不平等、不公正的现代化。而中国式现代化，则是以人民为中心，为了提高人民的生活福祉而不断努力的现代化。

我们认为，中国正在推进健全全过程人民民主制度体系非常重要。拉美的历史经验表明，在所谓的“民主”外衣下，阶级统治对人民及其代表制施加了无数的限制，严重损害了真正的民主。因此，中国不断深化和完善以人民利益为基础的民主制度与之形成了鲜明对比。

中国积极推动高水平社会主义市场经济体制建设，基于高质量发展的生产力布局，旨在推动更公平的市场环境，深化供给侧结构性改革，以实现更公平的资源分配，进而提高生产力以造福全体人民。这与我们资本主义社会中的市场运行存在本质区别。在资本主义社会中，市场的目标是财富集中和全球化金融资本的主导地位，而这种情况往往会损害人民的整体利益。

另一个具有重要意义的议题，不仅在中国本土，而且在国际舞台上产生了深远影响，那就是中国倡导的要构建人与自然和谐共生的现代化。为此，中国推动生态文明建设，减少碳排放，推广清洁能源的使用。在我们看来，这一倡议尤为重要，因为在拉美地区，主要是以掠夺性开发为基础的资源剥削系统，这种系统对人民和自然造成了严重的后果。

类似这样中国式现代化和西方现代化的对比还有很多。简而言之，对于中国来说，现代化曾经是、现在依然是一种机遇；而对于我们拉美国家来说，现代化更像是一种金融资本的统治。

二、中国式现代化给南方国家提供了新的选择

诚然，中国的改革开放已经有 40 多年历史了，也取得了非凡的成绩，但中国从未停止深化改革的探索与扩大开放的步伐。此次全会指出，开放是中国式现代化的鲜明标识，必须坚持对外开放基本国策，完善高水平对外开放体制机制。

毋庸置疑，中国将继续利用其广阔市场的优势，通过国际合作提升自身能力。

对于拉美国家来说，这一点代表了我们与中国关系中的重大机遇。中国经济与拉丁美洲经济之间的互补，必将给双方带来合作共赢。同时，中拉经济发展水平的明显差异迫使我们在本地区加强一体化和多边合作，以确保这些差异不会对中拉关系产生负面影响，进而推动互利共赢的交流。就此意义而言，中国的改革开放也促进了拉美等广大南方国家的改革开放。

此次全会涉及的议题和决策，不仅对中国意义重大，对全球也具有极大的吸引力。新自由主义是资本主义体系代言人推崇的模式，而中国倡导的诸多理念和推行的政策给世界上其他国家，特别是南方国家提供了另一种选择。

我们认为，中国共产党二十届三中全会既体现了国际主义、马克思主义和人民至上的优良传统，又充分结合中国的实际国情和国际形势，提供了一份指导中国继续稳定发展的最新行动指南。而中国的改革开放和现代化模式，也将直接且深刻地为全球带来影响。

三、促进世界和平的中国力量

此次全会的一个重要主题是中国国内目标与国际环境之间的紧密联系，再次强调了中国式现代化、社会稳定、进一步全面深化改革开放与和平发展之间密不可分的关系。

全会强调，中国式现代化是走和平发展道路的现代化。必须坚定奉行独立自主的和平外交政策，推动构建人类命运共同体，践行全人类共同价值，落实全球发展倡议、全球安全倡议、全球文明倡议，倡导平等有序的世界多极化、普惠包容的经济全球化，为进一步全面深化改革、推进中国式现代化营造良好外部环境。

从中华人民共和国成立到现在，我们见证了中国维护和平的决心和为世界和平作出的积极贡献。中国通过对话与协商解决争端和分歧，以合作推动国际关系稳定、良好地发展。因此，中国的发展和现代化进程的不断推进，也意味着全球和平与发展的力量不断壮大。

我们认为，此次会议特别强调了当前国际形势的严峻性，这一点非常重要。诚然，以中国为代表的新兴国家为建立一个更公正的多边国际新秩序提供了可能性，正受到全人类越来越高的期待。以美国、英国和国际犹太复国主义金融势力等为代表的权力集团正在走向衰落，但它们仍然保持着强大的破坏能力。这就给中国等新兴国家带来了巨大的挑战。

10 年来，身处动荡不安的世界格局，我们在拉丁美洲已经见证了习近平主席提出的构建人类命运共同体倡议的成效。这一倡议对于世界的繁荣与稳定至关重要，为各国人民带来了实质性的利益，并与中国的现代化进程密切相关。“一带一路”倡议代表了另一个重要贡献，促进了各国人民之间的联系与交流。

［本文作者马塞洛·法比安·罗德里格斯（Marcelo Fabián Rodríguez）系阿根廷共产党中央政治局委员、马克思主义研究与培训中心主任；鲁文·达里奥·古塞蒂（Rubén Darío Guzzetti）系阿根廷地缘政治研究所所长；译者楼宇系中国社会科学院马克思主义研究院助理研究员］

俄罗斯及中亚国家学者关于中共二十届三中全会的主要认知

中共二十届三中全会的召开在俄罗斯及哈萨克斯坦、乌兹别克斯坦等国家引起强烈反响。俄罗斯与中亚国家的许多知名学者积极关注中共二十届三中全会，并通过多种渠道表示了对全会精神的解读。例如，俄罗斯科学院中国与现代亚洲研究所作为俄罗斯当代中国问题研究的核心智库，积极关注本次全会。该智库的知名学者弗拉基米尔·彼得罗夫斯基（Владимир Петровский）、谢尔盖·齐普拉科夫（Сергей Цыплаков）、亚历山大·叶尔绍夫（Александр Ершов）、帕维尔·特罗欣斯基（Павел Трощинский）等对中共二十届三中全会“进一步全面深化改革、推进中国式现代化”的主题给予了充分肯定，并对新政策的相关内容进行了解读。在中亚地区，哈萨克斯坦东方学研究所首席专家叶尔金·拜达罗夫（Еркин Байдаров）、乌兹别克斯坦塔什干国立东方大学副教授阿济姆·沙扎马诺夫（АзимШазаманов）、乌兹别克斯坦时政评论员沙罗菲丁·图拉加诺夫（Шарафитин Тураганов）等多位中国问题研究者也就中共二十届三中全会的议题发表了自己的看法。

一、俄罗斯及中亚国家学者解读中共二十届三中全会的基本情况

俄罗斯及中亚国家学者对中共二十届三中全会的解读内容非常丰富，梳理后可以分为以下三个方面。

（一）解读中国进一步全面深化改革、推进中国式现代化的重要意义

我们注意到，俄罗斯及中亚国家有许多学者肯定了本次全会对于中国及世界发

展的重要意义。他们聚焦“全面深化改革”和“中国式现代化”两个关键词，基于自身理解，对本次全会的重要意义进行了解读。

第一，对于中国发展的意义。一些学者积极阐述全会对中国自身，尤其是经济领域的发展意义。齐普拉科夫撰文强调，中共二十届三中全会秉持了社会主义市场经济的核心理念，进一步全面深化改革，这是邓小平改革思想的延续，也是中国共产党根据当前中国面临的新形势和新情况进行的决策部署。① 中俄友协副主席尤里·塔夫罗夫斯基（Юрий Тавровский）表示，中共二十届三中全会同1978年召开的中共十一届三中全会和2013年召开的中共十八届三中全会同样重要。② 叶尔绍夫认为，中国式现代化有别于西方的现代化，最重要的一点在于中国始终坚持社会主义的发展道路，强调把提升人民幸福感和获得感作为发展的第一要义。在当前国际局势风云变幻的背景下，中国仍旧坚持发展经济、深化改革，以和平的方式解决世界问题，为世界发展提供了中国模式。③ 拜达罗夫在接受笔者关于中共二十届三中全会的专题调研时指出，中共二十届三中全会结束后，中国共产党关于进一步全面深化改革的重大举措将推进中国式现代化的发展进程，全面深化改革既为各领域的现代化建设提供了制度保障，也是保持短期、中期和长期稳定增长的动力。④

第二，对于世界发展的意义。部分学者还从地区及全球视角阐述中共二十届三中全会的重要意义。例如，特罗欣斯基表示，中国全面深化改革不仅能够推动自身的高质量发展，对地区乃至全球的发展也将发挥重要作用。⑤ 齐普拉科夫强调，这次全会重申了“中国式现代化是走和平发展道路的现代化”的论断，再次证明中国坚定奉行独立自主的和平外交政策，倡导平等有序的世界多极化、普惠包容的经济全球化。⑥ 图拉加诺夫指出，在国际关系紧张、全球经济发展问题突出的背景下，中共二十届三中全会对于世界经济的进一步发展、共同应对全球性挑战和威胁至关

① СЕРРЕЙЦЫДЛАКОВ. КомпартияКитаянеотказаласьотнаследияДэнСяопина[EB/OL]. https://www. iccaras. ru/news/kompartiya – kitaya – ne – otkazalas – ot – nslediya – den – syaopina. html.

② ЮРИЙТАВРОВСКИЙ. ПейзажнаканунеⅢПленумаЦКкомпартииКитая[EB/OL]. https://www. fondsk. ru/news/2024/07/14/peyzazh – nakanune – iii – plenuma – ck – kompartii – kitaya. html.

③ АЛЕКСАНДРЕРШОВ. Российскийэксперт：ТретийпленумЦККПК20 – госозывабудетиметьоченьважноезначениедлявсех[EB/OL]. https://www. youtube. com/watch? V = xbao7qkxy3g.

④ 笔者于2024年7月18日与哈萨克斯坦学者叶尔金·拜达罗夫先生通过线上平台围绕中共二十届三中全会进行了研讨,本文相关内容均来自此次研讨的文字记录。

⑤ 国际人士表示中国全面深化改革助推中国式现代化促进全球发展繁荣[EB/OL]. https://tv. cctv. com/2024/07/15/vider314kILNnMRJ4PCVpZeL240715. shtml.

⑥ СЕРРЕЙЦЫПЛАКОВ. КомпартияКитаянеотказаласьотнаследияДэнСяопина[EB/OL]. https://www. iccaras. ru/news/kompartiya – kitaya – ne – otkazalas – ot – naslediya – den – syaopina. html.

重要。他认为，中国目前在世界各国中具有雄厚的经济实力和外交影响力，因此，中共二十届三中全会向国际社会释放了一个信号，即“中国式现代化”未来将作为“火车头”引领全球发展，而中国提出的全球安全倡议则为各国实现现代化、经济富裕和平稳发展提供了方向与保障。①

（二）分析中国进一步全面深化改革、推进中国式现代化的最新举措

关于健全因地制宜发展新质生产力体制机制。叶尔绍夫注意到，这次全会强调发展新质生产力的关键是高技术和高质量，赞同只有为高质量发展提供坚实的技术支持，才能实现生产的高效能，从而保障中国经济的发展处于世界领先地位的观点，认为最能体现这一辩证统一关系的主要是生物技术、半导体、人工智能、量子计算等领域②。

关于健全推进新型城镇化体制机制。彼得罗夫斯基认为，在中国实现新型城镇化的道路上，许多城市面临的主要障碍之一就是近年来地方政府陷入的财政困境：市政债务累积、房地产行业危机以及收入与支出之间的失衡。而中共二十届三中全会通过的《决定》明确指出，要深化财税体制改革和金融体制改革，计划“完善国家战略规划体系和政策统筹协调机制”，加强中央政府在财政管理中的主导作用，以减少地方政府的开支，这一政策厘清了中央政府与地方政府之间的税收分配关系，也有利于中央政府在未来经济发展过程中更好地统筹高科技领域的投资。③

关于统筹强化关键核心技术攻关。彼得罗夫斯基还注意到，深化科技体制改革、优化重大科技创新也是这次全会的一个重要议题。他关注了《决定》中的“统筹强化关键核心技术攻关，推动科技创新力量”等表述，尤其是重视高科技安全问题。他在自己的文章中特别提到，2023 年新组建的中央科技委员会可能会在下一阶段的全面深化改革中发挥重要作用。④

关于推动国有企业改革。俄罗斯人民友谊大学副教授奥列格·季莫菲耶夫

---

① ЭКСКЛЮЭИВ：ТретийпленумЦККПК20 – госозывасодействуетмодернизациииуглублениюреформиоткрытостивКитае – узбекскийэксперт [EB/OL]. https://rus. sian. news. cn. /20240717/52ac68e90c5c4d71ae13b6a759c14cee/c. html.

② АЛЕКСАНДРЕРШОВ. Российскийэксперт：ТретийпленумЦККПК20 – госозывабудетиметьоченьважноезначениедлявсех [EB/OL]. https://www. youtube. com/watch？V = xbao7qkxy3g.

③ ВЛАДМИРПЕТРОВСКИЙ. 3пленумЦККПК20созыва：Кновомуэтапууглублениереформ [EB/OL]. https://interaffairs. ru/news/show//46939.

④ ВЛАДМИРПЕТРОВСКИЙ. 3пленумЦККПК20созыва：Кновомуэтапууглублениереформ [EB/OL]. https://interaffairs. ru/news/show//46939.

（Олег Тимофеев）认为，提高中国经济机构的国际吸引力和加快建设具有国际水平的国有企业至关重要，这与中共二十届三中全会的《决定》中提出的“推动国有资本和国有企业做强做优做大，增强核心功能，提升核心竞争力”相一致，而要实现这一目标就必须“完善管理监督体制机制，增强各有关管理部门战略协同，推进国有经济布局优化和结构调整”，这也正是构建高水平社会主义市场经济体制的重要内容之一。此外，季莫菲耶夫还称赞中国已经彻底解决了贫困问题，认为当前中国正在向全球货币超级大国转变，因为就货币结算在全球贸易中所占份额的增长率而言，人民币远远领先于美元和欧元①。

关于经济方针及贸易政策。俄罗斯高等经济大学欧洲与国际综合研究中心主任瓦西里·卡申（Василий Кашин）认为，《决定》制定的经济方针不仅针对解决中国国内经济发展问题，还涉及对外贸易问题，是对当前中国乃至世界经济发展形势的一个回应，新的政策将有助于克服高科技产品出口贸易障碍、解决向发达国家市场出口下降等问题。② 卡申认为，在《决定》的“稳步扩大制度型开放”和“深化外贸体制改革”部分中可以找到解决这些现实问题的方法。另外，齐普拉科夫同样关注《决定》中涉及对外开放的问题。他相信，未来中国会在商品、服务和资本市场，包括通信、互联网、教育、文化和医疗等领域进一步开放，也将会在知识产权保护、产业补贴、环境标准、劳动保护、政府采购、电子商务、金融领域等方面制定透明、稳定、可预期的规则。③

关于“一带一路”倡议。俄罗斯和中亚国家学者注意到，《决定》中特别提到要完善推进高质量共建“一带一路”机制，并将重点加强绿色发展、数字经济、人工智能、能源、税收、金融、减灾等领域的多边合作平台建设，既注重推进重大标志性工程，也注重实施面向民生的“小而美”项目。这无疑是“一带一路”沿线国家最关心的实质性措施，这意味着近些年在欧亚地区顺利开展的“丝绸之路经济带”建设将会继续深入和扩大。中亚国家学者尤为注重这方面内容。沙扎马诺夫在接受新华社记者采访时表示，期待中国通过持续推进高质量发展和高水平开放，让

---

① ЭКСКЛЮЭИВ：ТретийпленумЦККПК20 – госозываисторическиимеютбольшоезначениедляразвитияКи тая – российскийэксперт[EB/OL]. https://russian. news. cn. /20240715/098ac90dd84b4e9ba54c9823f96f0c6d/c. html.

② КСЕНЛОГИНОВА. ПостопамДэнСяопина： вКитаепроходитключевойпленум [EB/OL]. https://iz. ru/1727849/ks. eniia – loginova/po – stopam – siaspina – v – kitae – prokhodit – kliuchevoi – plenum.

③ СЕРГЕЙЦЫПЛАКОВ. КомпартияКитаянеотказаласьотнаследияДэнСяопина [EB/OL]. https://www. iccaras. ru/news/kompartiya – kitaya – ne – otkazalas – ot – naslediya – den – syaopina. html.

乌兹别克斯坦未来能够共享中国机遇、实现互利共赢。[①] 拜达罗夫还明确提出，期待未来能落实2023年5月中国—中亚峰会上提出的“中国—中亚新经济对话战略”，采取有针对性的措施确保双边贸易畅通无阻，形成产业合作的共同空间，从而推动共建“一带一路”继续走深走实。

（三）解读中国进一步全面深化改革、推进中国式现代化的未来思路

解读中国共产党的务实精神。在中共二十届三中全会召开之前，一些别有用心的外国人士不断鼓吹唱衰中国经济的论调。对此，“俄罗斯—亚洲工业家和企业家联盟”主席维塔利·曼克维奇（Виталий Манкевич）撰文评论道：“我对中共二十届三中全会没有作出激进的决定表示理解。从中国的角度来看，这是非常合乎逻辑的。中国的GDP和其他经济指标没有达到国外某些人的预期，这并不是一个应该认真考虑的因素。”[②] 他指出，中国政府现在并不拘泥于那些统计数字，国外某些针对中国经济指标的负面预期并不能干扰中国政府的决策。他还提到，中国房地产市场目前的困境需要一个着眼于未来的清晰思路，相信中国政府会基于自身的丰富经验，作出合乎逻辑的调控。[③]

解读中国共产党的人民立场。中国式现代化的核心在于秉持以人民为中心的发展思想。这次全会通过的《决定》中三次提到“以人民为中心”的表述，明确指出要让现代化建设成果更多更公平惠及全体人民。对此，俄罗斯学者阐述了自己的理解。他们认为，中国政府一直致力对外开放和发展公平的经济关系，同时，坚决捍卫中国在国际舞台上的合法利益，中国在经济、科技、外交等领域取得的巨大成就都是中国政府坚持全面深化改革的结果。诺维科夫强调，现阶段为了使中国经济重回强劲增长的轨道，中国政府要解决的主要问题是如何应对全球严峻局势对中国经济的挑战，而应对这些挑战的关键只能是“双管齐下”，即在国内进一步全面深化

---

① 中共二十届三中全会引世界瞩目：开放的中国为世界带来更多机遇[EB/OL]. https://www.163.com/dy/article/J78JH9MO055040N3.html.

② ВИТАЛИЙМАНКЕВИЧ. ТретийпленумЦККПКхарактеризуетсятем，чтопоегоитогамнебылообъявленоокаких – торадикальныхмерахподдержкиэкономики[EB/OL]. https://radiometro.ru/2024/07/22/tretij – plenum – ck – kpk – harakterizurtsya – tem – chto – po – ego – itogam – ne – bylo – obyavleno – o – kakih – to – radikalnyh – merah – podderzhki – ekonomiki/.

③ ВИТАЛИЙМАНКЕВИЧ. ТретийпленумЦККПКхарактеризуетсятем，чтопоегоитогамнебылообъявленоокаких – торадикальныхмерахподдержкиэкономики[EB/OL]. https://radiometro.ru/2024/07/22/tretij – plenum – ck – kpk – harakterizurtsya – tem – chto – po – ego – itogam – ne – bylo – obyavleno – o – kakih – to – radikalnyh – merah – podderzhki – ekonomiki/.

改革，以提高人民的生活水平、社会治理的效率和透明度，而在国际上则是捍卫公平贸易和平等关系。① 他在接受新华社记者的采访中高度赞扬了中国共产党的执政能力，指出中国共产党对自己的道路非常自信，对最终目标以及前进道路上可能遇到的困难十分清醒，中国政府也清楚地知道如何才能走好这条艰难的道路。他还认为，“习近平主席提出的许多倡议都具有全球意义，特别是人类命运共同体理念已被写入联合国和其他国际组织的文件”②。他强调，中国共产党坚定地以马克思列宁主义的理论为基础，并始终牢记自己来自人民、服务于人民，中国过去、现在和未来的一切胜利都是因为坚持了以人民为中心的理念。③

二、俄罗斯及中亚国家学者关于中共二十届三中全会认知的主要特点

通过总结和分析俄罗斯及中亚国家学者近期公开发表的各类观点可以发现，他们关于中共二十届三中全会的认知与评析主要有视角较为多元、正面观点居多、期待相对务实等三个特点。

第一，视角较为多元。从全会召开前后公开发表的各种观点来看，来自俄罗斯及中亚国家的多位权威学者评析此次全会的视角较多，既有对全会精神的宏观解读，也有对《决定》相关论述的具体评析；既有对中国国内经济等领域的分析，也有对涉外经贸合作的思考。总体来看，来自智库的研究者更多关注全会传递的宏观政策走向，来自实务部门的经济专家和时事评论员则更多关注现实经济发展困境的解决方案。纵观俄罗斯及中亚国家学者发表的观点可以发现，他们聚焦的论点涉及全会《决定》内容的第一至第七部分，覆盖面广泛，关键词醒目，且这些学者的观点并非一时的简单解读，而是基于长期研究的深度阐释。正如季莫菲耶夫表示，自己多次分析了中共中央政治局会议的报道、中国领导人的讲话稿和中共党报等重要资料。俄共中央委员会副主席诺维科夫也表示，自己认真阅读了中国国家主席习近平在《求是》杂志上发表的专题文章。可见，俄罗斯专家学者持续关注中国的大政方针，

① НародыпланетывидятвКитаесправедливуюальтернативу[EB/OL]. https://gazata - pravda. ru/issue/74 - 31567 - 1617 - iyulya - 2024 - goda/narody - planety - vidyat - v - kitae - spravedlivuyu - alternativu/.

② НародыпланетывидятвКитаесправедливуюальтернативу[EB/OL]. https://gazata - pravda. ru/issue/74 - 31567 - 1617 - iyulya - 2024 - goda/narody - planety - vidyat - v - kitae - spravedlivuyu - alternativu/.

③ НародыпланетывидятвКитаесправедливуюальтернативу[EB/OL]. https://gazata - pravda. ru/issue/74 - 31567 - 1617 - iyulya - 2024 - goda/narody - planety - vidyat - v - kitae - spravedlivuyu - alternativu/.

深入研究中国共产党的执政理念，关心中国经济等领域出台的最新举措，对中国智慧和中国经验寄予浓厚的兴趣。因此，较之于新闻记者来说，他们的评论相对更加理性。

第二，正面观点居多。如前所述，中共二十届三中全会闭幕后，虽然俄罗斯及中亚学界多位学者发表观点的角度不同、渠道不同，但整体观点相对比较正面。大家不约而同地将关注焦点聚集在“中国式现代化”“新质生产力”“高质量发展”“对外开放”“市场经济”“科技创新”“财税改革”“金融监管”“城乡融合”“服务贸易”“一带一路”等关键词上，表达了对中国经济发展潜力的信心，也体现出对中国共产党推出重大改革举措的大力支持。需要说明的是，在主流声音之外，这些国家的学界也存在一些恶意曲解中共二十届三中全会精神的杂音，以及特意渲染的抹黑观点，但这些不实言论未对主流认识和评价产生较大影响。与中亚国家相比，这种恶意解读的现象在俄罗斯更加明显，一方面是与对象国关注中国国家大事的人员数量和重要程度有关，另一方面也受到国家利益、地区话语权等因素的影响。

第三，期待相对务实。俄罗斯和中亚国家学者都倾向于从利好本国发展的角度表达对这次全会的评价及未来展望。他们希望在中共二十届三中全会精神和最新举措的推动下，未来中国经济的高质量发展能为中国对外贸易的扩大提供更多机遇，并能为全球经济的进一步发展创造更多空间。俄罗斯学界普遍期待本次全会能为深化和拓宽俄中经贸务实合作带来新的动力，认为中国对改革开放政策的长期战略承诺，以及中国国内市场不断增长的潜在机遇，都可能为进一步发展俄中之间互利共赢的经贸关系开辟新的广阔前景。例如，特罗欣斯基在接受央视记者采访时特别指出，中国在经济特区建设方面取得了丰硕的成果，俄罗斯在这方面可以借鉴中国模式，俄中两国可以共享发展经验、携手共进。① 哈萨克斯坦、乌兹别克斯坦等中亚国家学者则纷纷强调，期待中共二十届三中全会能有助于扩大双方在“一带一路”倡议框架内的务实合作，并期待本次全会能为“中国—中亚”合作发展运输和物流网络、区域间对话、数字化与创新合作等带来新的机遇。

（本文作者孙芳，工作单位：北京外国语大学俄语学院，哈萨克斯坦研究中心）

① 国际人士表示中国全面深化改革助推中国式现代化促进全球发展繁荣[EB/OL]. https://tv.cctv.com/2024/07/15/vider314kILNnMRJ4PCVpZeL240715.shtml.

德国各界关于中共二十届三中全会的主要认识

一段时间以来，德国各界对中共二十届三中全会高度关注，尤其聚焦中国进一步全面深化改革的举措、中国对世界的影响力、中欧合作前景等议题展开了讨论。

一、关于中国进一步全面深化改革的举措

中国经济体制改革的方向以及中国的经济发展前景是德国舆论关注的重点内容。德国墨卡托中国研究中心围绕中共二十届三中全会刊发了 4 篇专题文章，并组织开展了 2 次视频和 2 次音频讨论。该智库尤其关注民营经济的改革措施，认为中国会通过拓展投资渠道和减少市场限制改善民营部门的发展环境。① 墨卡托中国研究中心高级分析师克里斯蒂娜·赛德拉（Christina Sadeler）认为，全会发出的信号表明，中央政府希望改变国有企业和民营部门不可调和的局面。理想状态是，拥有现代公司治理结构的国有企业愈加强大，同时，民营部门充满活力和弹性，而中国共产党在这两者当中都能发挥主导作用。中国共产党勾勒的未来发展道路不仅对于中国公民和商界至关重要，对于在中国开展业务和同中国业务往来密切的外国公司也至关重要。②

墨卡托中国研究中心首席分析师尼斯·格伦伯格（Nis Grünberg）重点关注全面深化改革对领导职能和机制作出的调整。他认为，2013 年以来，中央全面深化改革委员会成为推进改革的关键决策机构。该委员会展示了中国如何将党政机构融合为

---

① REBECCAARCESATIETC. Havingitbothways － ThirdPlenumpromisesreformsanddoublesdownonXi'sgrandvision [EB/OL]. https://merics. org/de/kommentar/having – it – both – ways – third – plenum – promises – reforms – and – doubles – down – xis – grand – vision.

② CHRISTINASADELEER. AheadoftheThirdPlenum, divergingvisionsforChina'sprivatesector [EB/OL]. https://mer – ics. org/en/comment/ahead – third – plenum – diverging – vi – sions – chinas – private – sector.

一个有机统一的行政体系。通过协调各相关部委的职能和政策，该委员会可以高效地审议议程并迅速形成实际政策。“更高层次的、更直接的‘自上而下’的监督意味着，中国改变了过去零敲碎打和缺乏协调的官僚决策程序，能够迅速高效地实施重要的结构性改革。”①

德国媒体更关注的是此次全会展现出的中国共产党的改革决心。《德国经济周刊》的报道称，中国正在致力寻求科技独立自主的发展道路，推动国家摆脱对西方的依赖。②《德国商报》的报道关注中国关于社会保障体制的改革，全会推出大量改革举措会提振经济和社会气氛。③《时代报》肯定了中国共产党的决心和信心，认为中国经济增长路线并非直线上升，这表明中国正在进行经济结构的深化改革，为推动新兴高科技产业的长远发展，宁愿以牺牲短期利益作为代价。④

二、关于中国对世界的影响力

德国智库和媒体在中共二十届三中全会召开前后对改革的重点领域有其独特的关注视角，在一定程度上反映了德国社会结合自身需求的特殊关切，主要涉及人民币国际化和数字化、新质生产力、空间技术等议题。总体而言，在德国智库和媒体眼中，中国已经形成了一个对世界影响力不断提升的整体形象。

在人民币国际化和数字化议题方面，德国颇具影响力的智库科学和政治基金会认为，中国有机会推动人民币作为替代美元的“新兴市场货币”，中国“去美元化”的政策导向兼具货币政策和地缘政治的因素。该机构亚洲研究小组的高级研究员汉斯·冈特·希尔珀特（Hanns Günther Hilpert）是“经济和技术转型”主题的联席负责人，他在中共二十届三中全会召开前发表了题为《中国货币政策：人民币国际化和数字化的挑战》的研究报告。他的研究结论包括：第一，中国货币政策的目标是确保内部稳定，对外扩大自身在国际金融货币体系中的权力范围，重塑全球体系，

① NISGRUNBERG. Xi'sControlRoom:TheCommissionforCom－prehensivelyDeepeningReform[EB/OL]. https://merics. org/en/comment/xis－control－room－commission－comprehensively－deepening－reform.

② JORNPETRING. ChinasKampfansageandenWesten[EB/OL]. https://www. wiwo. de/my/politik/ausland/drittes－plenum－der－kp－chinas－kampfansage－an－den－westen/29891034. html.

③ SABINEGUSBETH. ChinasWirtschaftwachstlangsameralser－wartet[EB/OL]. https://www. handelsblatt. com/politik/internation－al/drittes－plenum－chinas－wirtschaft－waechst－langsamer－als－erwartet－sozialer－vulkan－brodelt/100051565. html.

④ JÖRNPETRING. XisWirtschaftsplangehtgeradenichtauf [EB/OL]. https://www. zeit. de/politik/ausland/2024－07/drittes－ple－num－china－donaldtrump－wirtschaft－usa.

使其与世界体系更加兼容；第二，中国长期、坚定地向着人民币国际化的目标努力，推动金融和资本市场的高质量发展，并逐步向外国投资者开放；第三，中国是第一个在全国范围内发行央行数字货币（CBDC）的主要经济体，中国有雄心掌握区块链技术、数字货币和支付交易的主动权。展望未来，中国通过货币政策改革，有可能重塑现有的国际银行资金清算系统。①

在发展新质生产力方面，一些德国媒体倾向于从中国推动发展新质生产力为欧洲带来挑战的角度进行解读。《青年世界报》发表题为《三中全会即将指明经济发展方向》的文章，聚焦三中全会上关于发展新质生产力的提法。文章指出，这一新提法表明，中国不应再从国外采购高科技产品，而应尽可能广泛地在国内生产，并在此基础上至少在一些尖端技术领域取得“全球领先”。发展新质生产力应优先于追求数量增长。唯有如此，中国才能避免经济发展长期受阻，陷入对外依赖。②《法兰克福汇报》报道称，中共二十届三中全会公报强调：“高质量发展是全面建设社会主义现代化国家的首要任务。”这一表述意味着，中国致力将大部分资源投入先进技术的研发，以尽可能地摆脱对美国技术的依赖，并在与华盛顿的贸易战中保障自身利益。③

在空间技术议题方面，德国智库科学和政治基金会在其近期发表的题为《世界政治的不确定性：对未来的探索》一文中指出，中国在太空领域具有领先世界的优势。中国正在赢得登月竞赛，而与此相比，欧洲未能积极参与太空规则的制定。中国的太空探索计划合作伙伴包括俄罗斯、匈牙利等国，而美国领导下的西方联盟将会出现分裂，欧洲被抛在了身后，只能眼睁睁地看着太空规则越来越多地由中国及其合作伙伴制定。④

---

① HANNSGUNTHERHILPERT. ChinaswahrungspolitischeOffen－sive. DieHerausforderungderInternationalisierungundDigi－talisierungdesRenminbi［EB/OL］. https://www. swp－berlin. org/publikation/chinas－waehrungspolitische－offensive－2.

② JÖRGKRONAUER. VorokonomischenWeichenstellungen ［EB/OL］. https://www. jungewelt. de/artikel/479548. volksrepublik－chi－na－vor－%C3%B6konomischen－weichenstellungen. html.

③ JOCHENSTAHNKE. SicherheitstehtfurPekinganersterStelle［EB/OL］. https://www. faz. sicherheit－steht－fuer－pek－an－erster－stelle－19864690. html.

④ LISABECKER/ANGELASTANZEL, gewinntdenWettlaufzum, ChinaMond. In: MirandaBottcherLarsBrozus(eds.) Weltpoli－tischeUnwagbarkeiten: ErkundungenderZukunft. SWP－Studie2024, S14.

三、关于中欧合作前景

《柏林日报》在全会召开期间刊发题为《中国对抗西方制裁的新经济计划——谁来保护我们?》的分析文章，着重探讨了中美贸易争端对中德、中欧关系的影响。文章指出，此次全会是在世界百年未有之大变局的背景下召开的，惩罚性关税、贸易战和“脱钩”可能使美国与中国之间的贸易流枯竭。一方面，中国不想再充当世界的工作台，而是想争取全球高科技主导地位。中国政府希望保护本国产业免受美国制裁，并实现自给自足。通过对建筑行业和大型互联网公司实施更严格的规定，引导资本进入正轨。另一方面，西方将自己封闭起来，而不是从相互贸易中获益。对中国微芯片产业的制裁阻碍了欧洲的发展。而事实上，欧洲企业依赖来自中国的产品。文章特别强调，美国最近掀起的惩罚性关税狂欢可能会给德国经济带来压力。对于中国电动汽车制造商比亚迪、蔚来和名爵来说，德国的销售市场几乎可以忽略不计。但是，如果中国政府反过来也征收关税，那么德国汽车业可能会遭受重创。①

欧洲中国智库网络（ETNC）重点关注中国的外交政策以及中欧关系。该机构发布的研究报告指出，欧盟委员会主席乌尔苏拉·冯德莱恩于2023年3月首次提出的“降低与中国关系的风险”这一原则，并没有得到整个欧洲大陆的理解。尽管欧盟委员会似乎已决定推进其针对中国的去风险议程，但一些成员国持有不同意见，因此欧盟的这一决策可能会推迟实施。与第三方合作也遇到同样的问题。为使这一原则发挥作用，各成员国需要就投入的资源进行预算谈判。成员国普遍倾向于要求在欧盟层面采取更多行动，将风险控制在联盟层面，以便避免国家层面受到实施这一原则的负面影响。②

四、结语

总体而言，德国各界对中共二十届三中全会的关注，主要还是出于推动中德、中欧关系发展的需要，意欲通过展望中国的改革前景预判中德、中欧关系的发展走

① ChinasneuerWirtschaftsplangegenwestlicheSanktionen – – ChinasNeuerwirtschaftsplanGegenWestlicheSanktionen – – undwerschutztuns? [EB/OL]. https://www.berliner – zeitung.de/politik – gesellschaft/geopolitik/china – neuer – wirtschaftsplan – gegen – westliche – sanktionen – und – wer – schuetzt – uns – li.2235214.

② PATRIKANDERSSON, FridaLindberg. NationalPerspectivesonEurope'sDe – riskingfromChina, theEuropean Think – tankNetworkonChina(ETNC)June2024, P22.

向。当前，德国社会对中欧关系的看法呈现出两种不同的倾向。一方面，部分德国人认为，在中美冲突的背景之下，中欧双方围绕意识形态、经贸投资以及科技创新等议题的分歧正在日益凸显。另一方面，也有部分德国人认为，德国为减少对中国原材料和初级产品的依赖，而追求供应来源的多样化策略存在缺陷，呼吁德国各界加大对中国的深入研究力度，客观看待中国的成功经验。德国社会存在的这种观点分歧在中德交往的各个领域均有所体现，此次德国智库和媒体对中共二十届三中全会的认知也从一个侧面反映了这个问题。在此背景下，我们更应当做好对德工作，加强双方沟通，增强互信，强调中欧经济的互补性是推动双方共同发展的主要动力，防止泛安全化论调外溢到本应寻求聚合的经贸、科技和人文交流等领域。

（本文作者王婀娜，工作单位：华东师范大学外语学院，上海理工大学外语学院）

英文世界关于中共二十届三中全会的主要解读

2024 年 7 月 15 日至 18 日，中国共产党第二十届中央委员会第三次全体会议在北京举行，全会审议通过《中共中央关于进一步全面深化改革、推进中国式现代化的决定》（以下简称《决定》）。英文世界主流媒体、智库和学者相继发表报道或文章，围绕中共二十届三中全会的重大意义、《决定》的主要内容和政策特征、《决定》提出的重点改革举措等方面进行了解读与评论。

一、对中共二十届三中全会重大意义的认知

（一）中共二十届三中全会的历史意义

英国《经济学人》（*The Economist*）杂志梳理了中国共产党历史上几次重要的三中全会，认为中共十一届三中全会启动改革，使贫穷封闭的中国走上了成为经济超级大国的道路。中共十四届三中全会制定了建立社会主义市场经济体制的框架。中共十八届三中全会启动实施了“单独二孩”政策，并提出“国有资本投资项目允许非国有资本参股”。中共二十届三中全会重在“推动世界第二大经济体的改革”。[①] 美国战略与国际问题研究中心（CSIS）在其相关研讨会纪要里分析道：“历史上，三中全会的重点是经济政策。十一届三中全会被称为‘改革开放时代’的开始。十四届三中全会提出了建立社会主义市场经济体制的重大举措。十八届三中全会强调‘使市场在资源配置中起决定性作用’”，“二十届三中全会审议通过的《决定》将

① “What is the Chinese Communist Party’s Third Plenum?”, The Economist, 16 July, 2024.

是中国共产党未来几年领导中国经济发展的最权威的计划”。①

（二）中共二十届三中全会的现实意义

新加坡南洋理工大学拉惹勒南国际研究院（RSiS）的报告指出：“中共二十届三中全会勾勒出了中国经济发展和政策改革的大方向，为即将出台的重要文件定下基调。”② 美国ABC电视台前副台长哈维·佐丁（Harvey Dzodin）认为，“中共二十届三中全会同1978年召开的十一届三中全会一样具有重大意义”，“面对日益复杂的世界形势和挑战，中共二十届三中全会为中国经济未来发展指明了方向”。③ 瑞典“一带一路”研究所副所长侯赛因·阿斯卡（Hussein Askary）表示，“中共二十届三中全会的一系列方针政策将推动中国实现可持续发展，并朝着到2035年基本实现社会主义现代化的目标稳步前行”。④ 俄罗斯卫星通信社国际版（Sputnik international）报道称，“中共二十届三中全会为中国设计了到2029年的经济路线图”，“‘改革’一词在中共二十届三中全会公报中出现了53次，体现出中国共产党对提升国家治理水平和治理能力的决心”。⑤ 美国中美研究中心（ICAS）高级研究员苏拉布·古普塔（Sourabh Gupta）发文指出，“中共二十届三中全会将可能重塑中国经济的未来”。⑥

（三）中共二十届三中全会的世界意义

俄罗斯国际事务委员会（RIAC）学术主任安德烈·科尔图诺夫（Andrey Kortunov）发文指出，“中共二十届三中全会公报受到全世界密切关注”，“中国是向可持续经济新模式转型的先锋，并且正在帮助其他国家实现这一转型”。⑦ 泰国泰中“一带一路”研究中心主任威伦·披差翁帕迪（Wirun Phichaiwongphakdee）指出，中共二十届三中全会“对世界具有重要意义，因为它将向全球南方展示一条独立自

---

① THIRDPLENUMHOTTAKES. SkepticismandConcern [EB/OL]. https://www.csis.org/blogs/third—plenum—hot—takes—skepticism—and—concern.

② IP24058 | POST—PLENUMANALYSIS: China’ sThirdPlenarySession [EB/OL]. https//www.rsis.edu.sg/rsis—publication/idss/ip24058—post—plenum—analysis—chinas—third—plenary—session/.

③ “PlenumMarksMilestoneinFurtherReform”, ChinaDaily, 20July, 2024.

④ “PlenumMarksMilestoneinFurtherReform”, ChinaDaily, 20July, 2024.

⑤ PEPEESCOBAR. ChinaDesignsanEconomicRoadMapAlltheWayto2029 [EB/OL]. https://sputnikglobe.com/20240722/pepe—escobar—china—designs—an—economic—road—map—all—the—way—to—2029—1119458539.html.

⑥ SOURABHGUPTA. PlenumPrioritiesthatcouldReshapeChina’sEconomicFuture [J]. EastAsiaForum, 2024.

⑦ ANDREYKORTUNOV. NoNationisanIsland: HowChina’sDevelopmentImpactstheWorld [EB/OL]. https://russiancouncil.ru/en/analytics—and—comments/analytics/no—nation—is—an—island—how—china—s—development—impacts—the—world/.

主的发展道路，为世界带来更多发展机遇”。[①]《巴基斯坦观察家报》（*Pakistan Observer*）刊文认为：“中共二十届三中全会出台了全面的政策，全球南方、‘一带一路’沿线国家和中巴经济走廊可能会受益最多，甚至全球北方也会从中国持续的现代化建设和创新中获益。”[②] 斯里兰卡“一带一路”组织（BRISL）主任玛雅·玛筑仁（Maya Majueran）认为，“中国进一步全面深化改革的计划将继续鼓励其他国家效仿中国的发展道路和制度，实现包容性的经济增长和发展，促进地球村所有国家的共同进步与繁荣”。[③]

二、对中共二十届三中全会主要内容和政策特征的认知

（一）对全会公报与《决定》主要内容的认知

美国彭博新闻社（Bloomberg News）刊文从“民营部门”“住房”“政府预算”“社会政策”“其他政策”五个方面对《决定》的主要内容进行了解读。[④] 英国路透社（Reuters）的报道从“国家主导的创新和增长”“财税政策变化”等角度介绍了《决定》的内容，认为“这份包含60条要点的文件，概述了中国发展先进产业和改善营商环境等雄心勃勃的目标”。[⑤] 澳大利亚广播公司（ABC News，Australia）围绕“中国式现代化”“经济政策的持续性”“外交与对外关系”介绍了中共二十届三中全会制定的政策，指出相关政策蕴含了“系统整合及战略重点”，同时，覆盖了“技术创新、政府治理和生态可持续性等广泛领域”。[⑥] 英国国际战略研究所（IISS）中国安全与国防政策高级研究员温玫雅（Meia Nouwens）认为，全会提出经济结构改革和吸引外资的计划，以及“供给侧结构性改革”“教育改革”“社会保障体系改革”等一系列改革举措，旨在实现两个关键目标：一是“增强中国的国家韧性和自力更生能力”；二是“增强中国在科学技术等关键战略领域的国家实力”。[⑦] 埃及贝尼苏韦夫大学副教授纳迪娅·希勒米（Nadia Helmy）认为，中共二十届三中全会

---

① “ThirdPlenumtoShowcaseIndependentDevelopmentPathforGlobalSouth”, GlobalTimes, 17July, 2024.

② MehmoodUlHassanKhan, “CPEC, ThirdPlenumandLessonsforPakistan”, PakistanObserver, 24July, 2024.

③ “ThirdPlenum‘InjectsFreshGrowthMomentum’”, GlobalTimes, 22July, 2024.

④ “HighlightsofChinaCPCThirdPlenum'sResolutiononReforms”, BloombergNews, 21July, 2024.

⑤ “Long—awaitedChinesePolicyUpdatePresentsNoMajorShift”, Reuters, 15July, 2024.

⑥ “XiJinpingSetstheCourseforChina'sEconomyfortheNextDecade”, ABCNewsAustralia, 20July, 2024.

⑦ MEIANOUWENS. TheCCP'sThirdPlenum: EconomicReforms, StrategicContinuity[EB/OL]. https://www.iiss.org/online—analysis/online—analysis/2024/07/the—ccps—third—plenum—economic—reforms—strategic—continuity/.

“强调完善体制机制，因地制宜发展新质生产力，推动实体经济和数字经济深度融合，大力发展服务业，推进基础设施现代化，增强产业链供应链的灵活性和安全性”；“为了支持各领域创新，推动教育综合改革、科技体制改革、人才发展体制改革”；“为了改善宏观经济治理，继续推进预算、税收、金融等重点领域协调改革，增强宏观政策方向的一致性，完善国家战略规划体系和政策协调机制”。这些举措“勾勒出一个能够在未来几年重塑国家发展进程的政策框架”[①]。

（二）对全会公报与《决定》政策特征的认知

其一，战略性。美国《外交学者》（*The Diplomat*）杂志发表文章强调，中共二十届三中全会追求“战略深度和长远眼光”，相关政策并不是“削弱市场的作用”，而是“努力平衡市场机制和政府干预”。要理解这一点，不能忽视“中共二十届三中全会的长期战略意图”[②]。美国有线电视新闻网（CNN News）的一篇报道引述澳大利亚麦格理集团（Macquarie Group）经济学家胡伟俊（Larry Hu）的观点：“回顾中共召开的历届三中全会，强调短期经济政策的情况十分罕见。”[③] 英国48家集团俱乐部主席杰克·佩里（Jack Perry）在中国国际电视台《全球南方之声》特别节目关于中共二十届三中全会的讨论中指出，“中国拥有‘超越未来30年’的眼光”[④]。

其二，连续性。新加坡《联合早报》就中共二十届三中全会公报采访了相关学者，称“除了2029年改革任务进程，公报内容均在其他会议上提过”，“没有意料之外的表述”，这表明“中国政府将坚持过去40多年来成功发展的大政方针”[⑤]。中国香港《南华早报》文章称，美国高盛集团（Goldman Sachs）分析师认为“中共二十届三中全会的文件与长期的改革方向基本一致”，美国花旗集团（Citigroup）分析师也表示“中共二十届三中全会的文件反映了中国政策的高度连续性”[⑥]。美国民意调查机构蒂普见解（TIPP Insights）网站发文表示，“连续性是中国共产党制定政策

① NadiaHelmy，“ThirdPlenums：SettingtheDirectionforChina'sMajorEconomicandPoliticalReforms”，ModernDiplomacy，23July，2024.

② LizziC. Lee，“MisreadingChina'sThirdPlenum”，TheDiplomat，20July，2024.

③ “ChinaEconomy：KeyMeetingOffersFewCluesonHowtoTackleWorseningDownturn”，CNNNews，19July，2024.

④ “Internal&GlobalInfluenceofChina's3rdPlenumthroughaGlobalSouthLens”，CGTN，24July，2024.

⑤ 三中全会部署深化改革学者 公报无意料之外表述是好事［EB/OL］.（2024－07－19）. https://www.zaobao.com.sg/news/china/story20240719—4298406.

⑥ “WhatdoInvestmentBanksThinkoftheChineseCommunistParty'sLong—overdueThirdPlenum?”，SouthChinaMorningPost，19July，2024.

的准则，它帮助中国避免出现剧烈的变革”①。

其三，自主性。国际清算银行原高级经济学家赫伯特·波尼施（Herbert Poenisch）刊文说道，面对当前的地缘政治环境和全球经济碎片化，中共二十届三中全会公报提出的许多举措可以“追溯到中国古代成语——‘自力更生’”，“最重要的是，通过减少对外国技术、资金和专业知识的依赖，中国将调动自己的资源，变得更加强大”②。法国外贸银行（Natixis）亚太区首席经济学家艾丽西亚·加西亚·埃雷罗（Alicia García Herrero）认为，此次全会相关政策的出台，部分原因可能是中国“迫切希望减少对美国的技术依赖，实现自力更生”③。

其四，哲理性。《外交学者》总编香农·蒂耶兹（Shannon Tiezzi）重点讨论了新发展理念，她认为，“整个中共二十届三中全会公报可以概括为‘稳中求进’”，虽然“发展”与“稳定”往往存在直接冲突，但中国共产党一直在努力协调两者之间的关系。④ 巴基斯坦南亚与国际研究中心主任马哈茂德·乌尔·哈桑·汗（Mehmood Ul Hassan Khan）谈道，中共二十届三中全会公报展示了推进开放、现代化、创新、国际合作、经济全球化的风格，“中国的对外开放理念不仅仅是为了提高竞争力，而是上升到了文明的层面”，可见，“开放发展是中华民族包容性传统的延续”⑤。

三、对《决定》提出的重点改革举措的认知

（一）关于高水平社会主义市场经济体制和宏观经济治理体系

一是关于非公有制经济发展。日本日经亚洲网站发文认为，“民营”一词在《决定》中出现了10次，并关注到，中国将“制定民营经济促进法”。⑥ 《南华早报》关注到《决定》中“支持有能力的民营企业牵头承担国家重大技术攻关任务”等表述。经济学人智库（Economist Intelligence Unit）经济学家苏越（Su Yue）指

① “China'sThirdPlenumPushesInnovationAmidEconomicHurdles”, https://tippinsights. com/chinas—third—plenum—pushes—innovation—amid—economic—hurdles/.

② HerbertPoenisch,“ChinaLooksinwardforTechnology, In - vestmentandKnow—how”, https://www. omfif. org/2024/07/china—looks—inward—for—technology—investment—and—know—how/.

③ “XiVowstoRewireChina'sFinances,HelpIndebtedRegions”,BloombergNews,21July,2024.

④ ShannonTiezzi,“China'sThirdPlenumEmbracesa‘NewDevelopmentPhilosophy’”,TheDiplomat,19July,2024.

⑤ MehmoodUlHassanKhan,“China's3rdPlenumandPhilosophyofOpenness”,PakistanObserver,24July,2024.

⑥ KoheiFujimura,“China'sDesireforGrowthRevealedinWordCountofEconomicRoadMap”,NikkeiAsia,22July,2024.

出："这似乎显示了对吸引民营企业参与国家战略性任务的关注。"①

二是关于财税体制改革。英国《金融时报》（*Financial Times*）发表的一篇文章写道，"中共二十届三中全会提出了解决中央与地方财政收支不平衡问题的措施"，"包括拓展地方税源、完善财政转移支付制度，以及增加地方自主财力等"。②《南华早报》发表的多篇文章讨论了财税体制改革，认为中共二十届三中全会相关文件表明，"未来五年，中国将努力构建'权责清晰、财力协调、区域均衡'的中央和地方财政关系"③，进而"帮助地方政府实现财政可持续"④。

（二）关于经济高质量发展体制机制和全面创新体制机制

一是关于新质生产力。英文世界对新质生产力的反响热烈，认为国家主导的科技驱动战略将带来中国发展模式的创新性变革。美国布鲁金斯学会（Brookings Institution）的文章指出，中共二十届三中全会显示中共发展"优先事项"的重大变化。通过优先发展新质生产力，使中国成为高科技制造业的引领者。"这种努力在一定程度上是为了克服美国的技术限制。"⑤《纽约时报》（*The New York Times*）前驻华记者储百亮（Chris Buckley）观察到，《决定》表明，"中共加大了对产业的支持力度，并重点提及了完善推动八个领域战略性产业的发展政策"。⑥

二是关于创新驱动发展战略。摩根士丹利中国首席经济学家、董事总经理邢自强（Robin Xing）指出，"供应链自给自足、技术创新等主题在《决定》中占有重要分量"。⑦ 美国战略与国际问题研究中心中国商业和经济资深顾问斯科特·肯尼迪（Scott Kennedy）判断："如果中共能够掀起科技创新浪潮，改革关键的经济监管机构，并为国内民营企业和外资企业创造足够的机会，那么就可以在短期内推动经济

① "China'sThirdPlenumVowstoSupport'Capable'PrivateSectortoLeadTechInnovation", SouthChinaMorningPost, 22July,2024.

② "China'sXiJinpingBetsonHighTechfor'GreatRejuvenation'", FinancialTimes, 23July, 2024.

③ "FiscalShake—upMustbeaSuccessforSakeoftheChinaEconomy", SouthChinaMorningPost, 22July, 2024.

④ "China'sThirdPlenumHoldsoutHopeforDebt—hitLocalGovernmentswithFundingReform", SouthChinaMorningPost, 22July, 2024.

⑤ "HowisChina'sDomesticSituationEvolving?", https://www.brookings.edu/articles/how—is—chinas—domestic—situation—evolving/.

⑥ ChrisBuckley, "ChinaShowsFewSignsofTiltingEconomytowardConsumersinNewPlan", TheNewYorkTimes, 21July, 2024.

⑦ "China'sXiJinpingBetsonHighTechfor'GreatRejuvenation'", FinancialTimes, 23July, 2024.

复苏，并在长期内实现持续增长。”①

（三）关于高水平对外开放体制机制

一是关于以开放促改革。《巴基斯坦观察家报》的一篇评论认为：“中国正迈向更高水平的对外开放，从被动开放转向主动开放，从开放型发展转向发展型开放。”② 香港大学助理教授、罗德学者和牛津全球学会战略顾问黄裕舜（Brian Wong）发文指出：中国“成功的秘诀并没有改变，即保持开放并保留‘自下而上’的探索通道”，“中国正处于向拥有强大富裕中产阶级的知识型先进制造业强国转型的阶段”，在这个阶段，更要坚守成功的秘诀。③

二是关于营造一流营商环境。南非独立在线（Independent Online）网站刊文指出，“中共二十届三中全会政策制定者的首要任务之一是吸引外资流入中国”，此次全会承诺的“扩大鼓励外商投资产业目录，合理缩减外资准入负面清单”等举措，将在一定程度上支持这个任务的完成。④ 美国广播公司新闻网报道称：“中国政府承诺打造‘一流营商环境’，保护外商投资权益，为外商在华生活提供更多便利。中国政府还承诺为国有企业和民营企业提供平等的市场准入和支持，并健全‘国际宏观政策协调机制’。”⑤ 香港协力管理咨询公司旗下的《中国简报》（*China Briefing*）刊文认为：“《决定》提出了一系列改善营商环境的举措，意味着在未来五年内，各级政府都会投入大量时间和资源来实现这些目标。”⑥

（四）关于保障和改善民生制度体系

一是关于改善民生。拉惹勒南国际研究院的报告指出：“可以预期社会改革将以消费驱动型增长为重点。满足人民在就业、教育、医疗、住房和儿童保育等方面

---

① “ThirdPlenumHotTakes：SkepticismandConcern”，https://www.csis.org/blogs/third—plenum—hot—takes—skepticism—and—concern.

② MehmoodUlHassanKhan，“CPEC，ThirdPlenumandLessonsforPakistan”，PakistanObserver，24July，2024.

③ BrianWong，“HowChina'sContinuedOpeningUpSetsCountryonPathtoBetterFuture”，SouthChinaMorningPost，17July，2024.

④ “CPCChartsGrowthBlueprint—MajorInitiativestoBoostHigh—levelOpening—up，Self—relianceinSci—tech”，IndependentOnline，24July，2024.

⑤ “ChinaMovestoPepupItsSlowingEconomy，LaysOutRoad－mapforItsFuture”，ABCNews，22July，2024.

⑥ “China'sThirdPlenum—KeyTakeawaysforForeignInvestors”，https://www.china—briefing.com/news/chinas—third—plenum—key—takeaways—for—foreign—investors/.

的需求，仍将是确保人民从国家发展中提升获得感的重要因素。”[①] 美国有线电视新闻网引用英国经济研究机构凯投宏观（Capital Economics）中国经济研究主管朱利安·埃文斯－普里查德（Julian Evans Pritchard）的观点：“改善民生是‘共同富裕’的一部分，让更多人分享中国发展的成果，可以说是改革议程中最有前景的部分之一。”[②]

二是关于延迟退休。储百亮认为：“《决定》表明领导层对出生率下降和人口老龄化的担忧”，并“谨慎有序地逐步提高法定退休年龄”。储百亮补充说：“中国的平均退休年龄为 54 岁，是世界上最低的退休年龄之一。”[③] 英国广播公司（BBC）的一篇文章也对《决定》中关于调整退休年龄的内容给予了关注。该文章称，根据 2023 年年底发布的《中国养老金发展报告》，“调整后的最终结果可能是 65 岁”。[④]《中国简报》刊文指出：“由于《决定》提出的举措将于 2029 年完成，因此，企业可以预期法定退休年龄将在未来五年内逐步变化。这将对企业的劳资关系和人力资源政策产生重大影响，并可能影响招聘和薪酬考虑。”[⑤]

（五）关于生态文明体制改革

一是关于完善生态文明制度体系。南非《星报》（*The Star*）刊文指出，中共二十届三中全会提出的“协同推进降碳、减污、扩绿、增长，积极应对气候变化”，“落实‘绿水青山就是金山银山’理念的体制机制”，是在“着力解决贫困问题”的基础上同时推进的，这“为其他发展中国家在解决极端贫困之苦的同时应对气候变化提供了重要启示”。[⑥] 印度智库新南亚论坛（Forum for a New South Asia）创始人苏廷德拉·库尔卡尼（Sudheendra Kulkarni）指出，“中国要推进生态文明建设，实现人与自然的和谐共生”，“《决定》用了很大篇幅来讨论这个问题”，“印度应该与中国建立密切联系，因为中国是可再生能源、电动汽车和电池领域的全球领导

---

① “IP24058 | Post—PlenumAnalysis：China'sThirdPlenarySession”，https://www. rsis. edusg/rsis—publication/idss/ip24058—post—plenum—analysis—chinas—third—plenary—session/.

② “ChinaEconomy：KeyMeetingOffersFewCluesonHowtoTackleWorseningDownturn”，CNNNews，19July，2024.

③ ChrisBuckley，“ChinaShowsFewSignsofTiltingEconomyTowardConsumersinNewPlan”，TheNewYorkTimes，21July，2024.

④ “ChinatoRaiseRetirementAgeasPopulationGetsOlder”，BBC，23July，2024.

⑤ “China'sThirdPlenum—KeyTakeawaysforForeignInvestors”，https://www. china—briefing. com/news/chinas—third—plenum—key—takeaways—for—foreign—investors/.

⑥ “TheThirdPlenarySessionofthe20thCentralCommitteeoftheCommunistPartyofChinaContinuingaPathofRobustReformandDevelopment”，TheStar，5August，2024.

者”。①

二是关于绿色低碳发展机制。美国战略与国际问题研究中心高级研究员伊拉里亚·马佐科（Ilaria Mazzocco）提醒，“《决定》中关于碳治理的目标清单可能很容易被读者忽略，它是气候和环境领域通用目标清单的一部分”，“展示了中国以国家为主导的创新愿景将如何重塑气候领域”。② 英国气候与清洁能源网站“碳简报”（Carbon Brief）指出，“这是全会文件中首次提到碳排放”。与新质生产力相关联的，是“一个更具弹性、更具活力、长期繁荣的经济”。③ 巴基斯坦《论坛快报》（*Express Tribune*）发表的文章指出：“全会呼吁通过降碳减污，完善生态环境治理体系和绿色低碳发展机制等方式推动绿色发展。”④ 荷兰国际集团全球智库（ING Think）网站发表的文章称，“绿色发展仍是重中之重”，“中国的目标是在2030年达到碳排放峰值，在2060年实现碳中和，因此绿色经济很可能仍是发展的重点”。⑤

（六）关于国家安全体系和能力现代化

一是关于高质量发展和高水平安全。中国欧盟商会（EUCCC）在一份报告中表示：“中国政府的当务之急没有改变，仍是在经济复苏与国家安全之间取得平衡，同时保持社会稳定。”⑥ 美国战略与国际问题研究中心弗里曼中国研究讲席教授裘德·布兰切特（Jude Blanchette）指出，“国家安全在《决定》中占据了重要篇幅。《决定》把‘推进国家安全体系和能力现代化’单列新章，将‘国家安全’描述为中国式现代化行稳致远的‘重要基础’，党必须‘实现高质量发展和高水平安全良性互动’”。⑦ 另有观点认为，文件中的“国家安全”主要还是指“保护国家免受敌对外国势力的侵害”。安全与发展确实是需要平衡的，只是需要兼顾人们对中国经

① SudheendraKulkarni,“LessonsforIndiainChina'sGovernanceModel”,ChinaDaily,26July,2024.

② “ThirdPlenumHotTakes: SkepticismandConcern”, https://www. csis. org/blogs/third—plenum—hot—takes—skepticism—and—concern.

③ “Q&A: WhatChina'sPushfor ‘NewQualityProductiveForces’ MeansforClimateAction”, https://www. carbon – brief. org/qa—what—chinas—push—for—new—quality—productive—forces—means—for—climate—action/.

④ “ThirdPlenumTakeaways:ChinaBanksonInnovation”,Ex – pressTribune,21July,2024.

⑤ “China'sLong—termGoalsEmphasisedinThirdPlenumCommunique”, https://think. ing. com/snaps/initial—takeaways—from—chinas—third—plenum—communique/.

⑥ ChrisBuckley,“ChinaShowsFewSignsofTiltingEconomytowardConsumersinNewPlan”,TheNewYorkTimes,21July,2024.

⑦ “ThirdPlenumHotTakes: SkepticismandConcern”, https://www. csisorg/blogs/third—plenum—hot—takes—skepticism—and—concern.

济前景的信心。①

二是关于涉外国家安全机制。《南华早报》对《决定》有关"强化海外利益和投资风险预警、防控、保护体制机制，深化安全领域国际执法合作，维护我国公民、法人在海外合法权益"的表述进行了分析，认为这是中国在完善"预警"系统，"以更好地保护与外交事务和海外利益相关的国家安全"。该报道还引用了英国托尼·布莱尔全球变化研究所（Tony Blair Institute for Global Change）中国地缘政治分析师爱德华·奈特（Edward Knighz）的观点："这表明中国对全球安全的认识有所提高，并意识到全球安全问题对中国海外投资以及最终对国内经济的影响。"② 印度塔克什希拉研究所（Takshashila Institution）研究员马诺吉·凯瓦拉马尼（Manoj Kewalramani）注意到，《决定》提出了"建立健全周边安全工作协调机制"，表明以往"向内审视自身安全的中国，正在考虑塑造更加积极的外部环境"③。

四、结语

对上述内容的梳理表明，英文世界中不少媒体、机构、专家学者能够正确认识中共二十届三中全会的重大意义，并对《决定》的内容进行分析，客观上促进了中共二十届三中全会精神的国际传播。梳理表明，一些专家学者不只是停留在对《决定》内容的介绍上，还进一步探讨了相关政策蕴含的战略性、系统性考量。然而，一方面，不同英文文献存在一定的内容同质性，主要关注经济等具体领域的改革，而较少关注全会主题、改革总体要求、总目标以及原则等。另一方面，一些英文文献仍然存在"西方中心主义"甚至冷战思维等问题，选择性忽视中国共产党领导中国人民取得的伟大成就，狭隘地关注中国发展中的局部问题。对此，应予以正确认识和辨别。《决定》提出，要"构建更有效力的国际传播体系"④。对中共二十届三中全会的国际传播本身就是一个很好的"实战场"。为此，本文提出以下四点建议：一是加强理论研究阐释，对于英文世界关心的问题、存在的误解，进行有针对性的批判和解构；二是加强对全会精神的"转译"研究，不仅是中文到英文的转译，更

① "ChinatoDoubleDownonEconomyAmidHeighteningGeopoliticalTensions", TheStraitsTimes, 18July, 2024.

② " ThirdPlenum: ChinaWantstobeBetterPreparedforStrategicRisksLikeEconomicSanctions ", SouthChinaMorning-Post, 26July, 2024.

③ "ChinaSpektrumOnlineDiscussion: TheCCP'sThirdPlenumandChina'sFutureEconomicCourse", https://merics. org/en/video/china—spektrum—online—discussion—ccps—third—plenum—and—chinas—future—economic—course.

④ 中共中央关于进一步全面深化改革、推进中国式现代化的决定[N]. 人民日报, 2024-07-22(3).

是跨文化、超越意识形态的“转译”，要提高信息传递的准确性，减少“失真”和“失语”；三是加强传播渠道建设，针对不同对象，将研究出来的理论、“转译”完成的话语分众化传播出去；四是加强开放性对话，通过与不同观点的不断切磋、交锋或斗争，逐渐完成话语的建构及对话语权的掌握。

（本文作者尹俊、谢佩宏，工作单位：北京大学习近平新时代中国特色社会主义思想研究院）